西山学子　毓秀榜样

高国伟　邝洪波　主编

中国农业大学出版社
·北京·

内 容 简 介

国家奖学金是由中央政府出资设立的用来奖励高校全日制本专科(含高职、第二学士学位)学生中特别优秀的学生和普通高等学校中表现优异的全日制研究生的奖学金,其目的是激励高校学生勤奋学习、努力进取,在德、智、体、美、劳等方面全面发展,是当前高等学校学生能够获得的荣誉等级最高的国家级奖学金。自 2007 年到 2019 年,北方工业大学共评选出 276 位国家奖学金获得者,每年约 23 位。这些获奖同学来自学校不同的学院和专业,他们的家乡遍布祖国的大江南北,其中有近 40%的学生被学校认定为家庭经济困难。我们将 2016—2017 学年、2017—2018 学年、2018—2019 学年这 3 个学年中共 67 位获奖同学的学习心得和成长经历编订成册,全面展现获奖同学不忘初心、奋发图强的优秀事迹,以激励后来者奋发努力、全面发展。

图书在版编目(CIP)数据

西山学子 毓秀榜样/高国伟,邝洪波主编. —北京:中国农业大学出版社,2020.11

ISBN 978-7-5655-2470-7

Ⅰ.①西… Ⅱ.①高…②邝… Ⅲ.①大学生—模范学生—先进事迹—中国 Ⅳ.①K828.4

中国版本图书馆 CIP 数据核字(2020)第 219097 号

书　　名 西山学子 毓秀榜样

作　　者 高国伟 邝洪波 主编

策划编辑 潘晓丽　　**责任编辑** 潘晓丽

封面设计 郑 川

出版发行 中国农业大学出版社

社　　址 北京市海淀区圆明园西路 2 号　　**邮政编码** 100193

电　　话 010-62733489,1190　　**读者服务部** 010-62732336

编辑部 010-62732617,2618　　**出 版 部** 010-62733440

网　　址 http://www.caupress.cn　　**E-mail** cbsszs@cau.edu.cn

经　　销 新华书店

印　　刷 北京鑫丰华彩印有限公司

版　　次 2020 年 11 月第 1 版　2020 年 11 月第 1 次印刷

规　　格 787×1092　16 开本　17 印张　300 千字

定　　价 78.00 元

敦品励学
才德并懋
王光英

编者名单

主　编　高国伟　邝洪波

编委会成员（以姓氏笔画为序）

王　波　邓晶晶　田儒基　史　宁
刘祥坠　李　旭　李沥岸　杨　超
杨乾振　杨嵩松　库　颖　张少波
张平胜　陈　卫　赵　洁　贺映勇
隋俊宇

序

不忘初心，为国育材

培养和造就一代又一代担当民族复兴大任的时代新人是实现中华民族伟大复兴的迫切需要。习近平同志在考察清华大学的讲话中指出，我国开启了全面建设社会主义现代化国家新征程，“党和国家事业发展对高等教育的需要，对科学知识和优秀人才的需要，比以往任何时候都更为迫切。”高等学校必须要想国家之所想，急国家之所急，应国家之需，抓住全面提高人才培养的能力这个重点，坚持把立德树人作为根本任务，自觉担负起培养担当民族复兴大任时代新人的光荣使命。

世界经济和科学技术的迅猛发展，正日益深刻地改变着人类的生产方式和生活方式，这使得知识和人才、民族素质和创新能力越来越成为综合国力的重要标志。立足于中华民族伟大复兴全局和世界百年未有的大变局，这对青年学生的成长和发展带来了机遇，也提出了挑战。每一个青年学生都要增强奋斗精神，磨砺自我，将自己的理想同祖国的前途、把自己的人生同民族的命运紧密联系在一起，扎根人民，全面提升自身素质，奉献国家。习近平总书记强调，广大青年要肩负历史使命，坚定前进信心，立大志、明大德、成大才、担大任，努力成为堪当民族复兴重任的时代新人，让青春在为祖国、为民族、为人民、为人类的不懈奋斗中绽放绚丽之花。

在70多年的办学历程中，北方工业大学坚守“工业报国、工业兴国、工业强国”的情怀，投身于新中国从传统工业到现代工业的发展历程，已成为为地方经济和社会发展提供高级创新人才和先进技术研发的中坚力量。步入新时代，学校正致力于建设高水平应用型大学，为北京实现高质量发展、建设国际一流和谐宜居之都和具有全球影响力的科技创新中心提供人才保证和智力支撑。

在全校教职员工的努力工作和精心培养下，北方工业大学涌现出一批又一批全面发展的优秀学生，获得“国家奖学金”的学生是他们的杰出代表。我们整理出版这部 2016—2017 学年、2017—2018 学年、2018—2019 学年中学校获得国家奖学金奖励的优秀同学的事迹汇编，是为了激励和带动更多的学生不负时代重托，在全面建设社会主义现代化国家新征程中建功立业。

面向未来，北方工业大学一定会继续坚守“为党育人、为国育才”的初心，全面落实立德树人的根本任务，为国家和首都的发展培养更多、更优秀的人才。

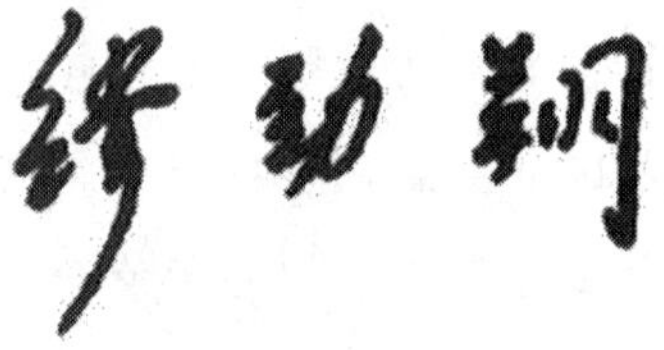

2020 年 11 月

目　录

成才之路　始于足下

作者简介

王功利，男，中共党员，数字媒体技术专业，在校期间曾任信息学院数媒15-1班体育委员，信息学院数媒本科学生党支部副书记，共青团北方工业大学第八次代表大会代表。现已保送至中国传媒大学动画与数字艺术学院攻读数字媒体艺术系硕士研究生。曾获2016—2017学年度国家奖学金、北方工业大学第三届青年“五四”奖章、2016—2017学年北京市三好学生、校级优秀学生干部、北京市优秀毕业生等荣誉称号。获得优秀学生奖学金以及其他各单项奖学金累计17项。曾任校相约晨光跑步协会副主席，被评为国家马拉松大众一级选手。

相约晨光

2019年5月4日

青年节，北方工业大学毓秀文化广场

距离自己本科毕业、获取学士学位还有40天，身边的应届毕业生们都开始为毕业论文发起最后冲刺。我内心怀着对身披学士服的期待，为毕业季最后的道别进行着规划。我在这里准备迎接的，也许就是我与学校留下的最后一念精神记忆——北方工业大学青年“五四”奖章。

即将轮到我登台领奖了，主持人在向台下的2019级大一学生宣读我的获奖简介，念到了“10900”这个数字，这让我思绪万千。

到毕业之前，这个数字变成了12040。这个数字的单位，是“公里”。说来也略感遗憾，如果能够在毕业之前让这个数字变成“12500”，也算是能完成在校跑出一回长征的里程。

时间回到6年前。一次体检，体重秤上面的数字给我敲响了警钟：101.5公斤。高一时就能有如此体重，“三高”的威胁可谓近在咫尺。“活人不能让肥胖给欺负死!”除了减肥，别无选择。从那时起我开始与长跑结缘，也开启了我作为高中体育特长生的训练生涯。

平时模拟考不过510分的我，高考冲到了563分。来到北方工业大学之后，按录取分数我在新生里面肯定得靠后站，不过论体重，还是得往前排。

6年的时间，从101.5公斤到70.25公斤，从小操场5圈跑得气喘吁吁，到大操场52.75圈轻而易举拿下。所谓“量变促成质变”，减肥期间，我这位曾经的肥胖症患者从没有想过，未来有一天敢去向半程马拉松发起挑战。不过那时候我坚信，我可以拥有的不只是自信。大一下学期的某一个周日，早6∶57，伴随着天安门广场两万余人的国歌声，发令枪响，属于我跑步生涯的第一场国家级大众赛事正式开始。

回顾本科4年的跑步生涯，一张张成绩证书记录着我的跑步里程碑。2016—2019年连续4届的北京国际长跑节——北京半程马拉松、2016年北京鸟巢半程马拉松、2017—2019年北京通州半程马拉松、2016—2018年欢乐跑中国（北京）10公里锦标赛等累计12项国家级大众马拉松赛事，半程马拉松最好成绩1小时39分38秒，达到国家大众一级、国家六级运动员（半程马拉松）成绩标准……如果和高校体育系的学生相比，这只能说是“小巫见大巫”，不过对我而言足矣。挂在宿舍床头栏杆上面的12枚奖牌，部分早已掉漆褪色，打开阳台的窗户，轻风拂过，奖牌间相互碰撞，叮叮当当作响，激起我在赛场的热血回忆，赛道两旁观众们的鼓励声与呐喊声仿佛萦绕于耳边。

能够实现这一切蜕变，必须要感谢学校举办的“相约晨光”活动。“星星之火，可以燎原”，整个学院的学生在早上齐聚小操场，那种氛围鼓动着我们，从被身边的同学带动，逐渐到自己带动身边的师生，甚至带动全校的马拉松爱好者一同参加“走下网络，走出宿舍，走向操场”的活动，享受跑步带来的益处，“相约晨光”这一活动媒介可谓功不可没。在担任班级体育委员和学校“相约晨光跑步协会”副主席之后，我更能用亲身践行的方式，带领身边人在晨练之中“遇见更好的自己”。

我用4年的时间，在北方工业大学的操场上反复回答着一个问题：“更好的自己会是什么样子呢?”那时候，操场是出卷人，我是答卷人，未来毕业的我则是阅卷人。这个问题的答案，在一场又一场参加马拉松赛事的经历之中，被不断修改。

新的起点

2019 年 5 月 25 日

入党两周年整，瀚学楼支部会议室

高考后漫长的暑假，我撰写了一篇有生以来篇幅最长的手写作文。作文的题目是“入党申请书”。

“未来向党组织郑重递交入党申请书，积极学习党的理论，时刻以先进的思想和理念武装自己的头脑，在党组织的培养与考察下，我入党的思想变得更加成熟，明确作为一名共产党员肩负的责任，坚定全心全意为人民服务的信念和理想……”刚刚在高中母校接受成人礼的我，还没办法体会到这些文字背后的分量有多重。我只知道未来去这么做是正确的，是很有意义的。

进入大学，学习、工作和生活不再有以往的束缚了。“一切自我发展都要从点滴开始做起，严以律己，宽以待人，尊敬老师，团结同学，谨记毓秀广场上面‘敦品励学，才德并懋’的校训，展示当代大学生良好形象的同时，起到积极的模范带头作用，得到老师和同学们的一致好评。”做到这些，我认为这只是一名合格大学生的标准。对于学生党员所需要具备的素养，这些还不够。

学校每年都会展示一些优秀学生党员与教职工党员的个人事迹和获得的荣誉，他们虽然专业不同，特长、优势不同，荣誉不同，但他们的事迹都有相似之处：那就是入党申请书上面表达的对党的忠诚、向往与决心，绝不仅仅是在红色信纸上面表个态而已。如今留存的入党志愿书草稿，记载了当时自己入党时的志愿与决心。党组织 3 年的培养考察，让我逐渐认清了作为中共党员的意义与责任之所在。

正式成为一名中共党员之后，我开始接手协助数字媒体技术专业本科学生党支部的管理工作。到即将毕业的那一年，有幸能看到新一届的发展对象即将成为预备党员，我的内心充满骄傲。他们为了成为党员而付出的努力，在朗读入党志愿书时激动的心情，让我也回忆起了自己入党期间学到的知识，积累的服务经验：参与并组织新生入党启蒙教育活动，学院的学霸讲堂课程辅导等多项党日活动；担任故宫北门旅游志愿者、万安公墓志愿者、平安地铁志愿者、北京西站春运志愿者等多项志愿服务、累计时长达到 200 小时……。

让我印象最深刻的，是两次在康庄军训基地的经历。大一学期末，我在康庄以出色的训练表现获得军训“优秀战士”的荣誉称号。一年后，我决定再次前往康庄，参与 2016 级军训团的工作。在此期间，我担任一连的副指导员职务。接受任务后我才知道，我所在一连的全体受训生中，包含学校刚刚组建的国旗班，对学校国旗班成员的选拔任务，是不能有任何疏忽和懈怠的。不仅是每位参与受训的国旗班候补学生们压力巨大，作为军训团的我们也是身肩重任。塑造好北方工业大学国旗第一班的优良形象，其意义与难度可想而知。

担任副指导员的这十几天时间，我需要不断变换自己的“角色”：为了寻求一个更好的队列拍摄角度，只能匍匐在被阳光晒得发热的地面拍照；看到连队的学生们有身体不舒服的，就要从连队到医务室往返十几次；若发现有学生出现不愉快或抱怨的情绪，还要耐心地和学生及时沟通，联系上级做好思想工作。当副指导员的那些日子，粗略统计，平均每天能走出 45 000 步的步数，总共用掉了 8 盒西瓜霜润喉片。

军训对学生们的内务要求也是严格的，要确保达到国旗班连队的训练要求，只能严上加严。我对自己和国旗班的同学们强调，宿舍的内务质量要细化到“平方分米”的级别。虽然已经强调了，但每次学生们整理完内务去训练后，我还是不放心，挨门挨户地又进行复查。让连队坚持如此严格的内务自查标准是不容易的，但付出最终得到了回报，连队在两次内务评比中分别获得了一等奖和三等奖。

这些辛苦与细心所换来的，是全连 200 多位学弟们对我的指导员工作的认可，大家在军训中收获颇丰，我也在军训团工作的经历中，再次得到了锤炼。

回到学校，数字媒体技术专业进行了大类专业的分流，我在大二学年融入了新的班级——数字传媒技术 15-1 班。面对新的班导师、新的同学，我选择主动担任了班级体育委员的职务，成了班委的一分子。我逐渐熟悉新的班级，主动帮助新的同学，在学期末组织晚自习辅导，开展班级课程复习活动。在大二下学期，我凭借着曾参加过“蓝桥杯”大赛的经验，为数字媒体技术专业 2015 级所有即将参加第八届“蓝桥杯”大赛的学生进行赛前辅导，最终班里 14 名参赛学生全部获奖。那时候我心中真的充满了成就感。

学院曾经在大一下、大二下、大三下学期开展了学霸讲堂课程辅导。大学物理课程在当时困扰了不少同学，甚至面临着不及格的风险。于是我主动请战，担任了大学物理课程的主讲员职务。此后我利用自己的课余时间，重新拿起大学物理教材与教案，认真翻阅大学物理的授课资料。在线上认真备好每一次课，以录课的形式完成了“大学物理 15 讲”。临近期末时，我为学院的 2015、2016、2017 级学生进行线下复习串讲。很高兴的是，甚至还有我们学院以外的其他专业的学生也前来听学霸讲堂课程。这些课程最终为同学们的大学物理课程复习提供了保障，有效降低了学院大学物理课程的不及格率，我的付出得到了回报。

“大师” 的外号

2019 年 6 月 11 日

毕业典礼，首钢篮球中心现场

身边一群穿着学士服的同学还是一如既往地称呼我的外号，是的，我有个自己始终不愿意承认的外号 ——“大师”。这个外号曾搞得我一头雾水。我不知道是从何时开始被同学们这么称呼，也不知道为什么就有了这种外号。相信这次毕业典礼过后，我可以摆脱这个外号了吧！

真正优秀的人、真正称得上“大师”的人，是从不外露的，是心甘情愿地保持沉默的。想要配得上这个外号，就要拿出绝对严肃、绝对冷静、绝对细致、绝对认真的态度。与我一同上过课的部分同学和授课老师调侃说：“上课的时候，想要在教室找到王功利很容易，因为连公共选修课，他都经常坐在第一排。就算不是第一排，从前排扫上一眼就能看到他那身熟悉的黑衣服。”

入学后我并不知道关于 GPA 的事情，只知道既然是专业培养阶段需要学习的课程，就一定要尽可能地完全掌握。还好，从大一到大四，我的学年绩点永远维持在专业前三，至少在学习上客观反映了我完成得还算比较好。比较幸运的是，我能够在大二就加入数字媒体技术专业的互动媒体工作室，在课余期间与工作室的老师和学长、学姐们一同参与专业研究与学习。在工作室的培养下，我能够有很多机会去不断提升自己的专业理论知识，增强自己的科研实践技能。我觉得这个实验室真的是个提升专业素养的好地方，在“打怪练级”（自我实现）的过程中，我的学业水平逐渐提高，是时候也该去尝试“打 Boss”（战胜强手）了。我逐步地积极尝试参加了各类专业竞赛去挑战自己，以赛代练，这也是提升自我专业知识实践运用能力的好方法。

“击败的 Boss 列表”里面记载着这些内容：全国大学生数字媒体科技作品及创意竞赛全国总决赛一等奖，“蓝桥杯”软件赛市级二等奖，“卓立杯”原创作品大赛二等奖等省部级、校级竞赛获奖共计 12 项。在 2016 年暑期社会实践期间与其他高年级学生合作，完成学霸讲堂 App，获得“2016 年首都大中专学生暑期社会实践优秀成果”，以第一作者身份发表专业论文 5 篇，并拥有软件著作权 1 项……

“打怪练级”的地方不仅是在学校这所练功房，我还有幸能够进行一次“远征”。2017 年寒假，从来没有离开过北京的我，决定放弃与家人过年团聚的机会，赴 CDM 加拿大数字媒体中心参加短期学习交流，在此期间我成功开发了 HoloLens 全息眼镜应用——混合现实宠物猫。那时候我还没有参与 CET-4 的考试，在温哥华生活的那段时间，训练着我的英语听说读写能力，我因此积累了不少英语学习经验。回国之后进入新的学期，我参与学院的相约晨光从体育晨练变成了英语晨读、英语早自习活动。在这些充足的备战时间里，我再也不怕自己的英语基础有多么糟糕了，最终在 2017 年 6 月的四级、12 月的六级考试中我均一次通过。

不怕基础差，就怕不知道该去做什么。

走进新天地

2019 年 9 月 8 日

2019—2020 学年开学典礼，中国传媒大学

离开北方工业大学之前的一天晚上，在小操场与足球协会熟悉的同学们踢了最后一场球，与跑步协会的伙伴们跑了最后一次十公里。真希望时间能够一直停驻，让我永远不知疲惫地去完成一次又一次的门前扑救，在跑道上跑上一圈又一圈。不过这美好就如糖果一般，终究会融化，终有结局。

新的学校，新的身份。母校“敦品励学，才德并懋”的校训镌刻在我的心间，新学校“立德、敬业、博学、竞先”的校训将指引我未来研究生阶段的一言一行。

12040 这个数字，留在了北方工业大学的操场上，并将在中国传媒大学的操场上继续增长。

躬行实践处　笃行觅真知

作者简介

斯琴，女，中共党员，信息安全专业14-1班学生。在校期间，绩点一直保持专业第一，曾荣获2016年中国互联网发展基金会颁发的国家网络安全奖学金，连续两年获得学习一等奖学金、实践一等奖学金、思想品德二等奖学金、体育三等奖学金等。曾获第九届全国大学生信息安全竞赛二等奖、全国计算机应用能力与素养大赛计算机基础赛项二等奖、第七届“蓝桥杯”C/C++项目北京市一等奖和全国优秀奖、第八届“蓝桥杯”嵌入式比赛北京市二等奖、全国大学生英语竞赛二等奖、外研社杯全国英语写作大赛选拔赛二等奖、海峡两岸口译大赛选拔赛三等奖。

时光如白驹过隙，转眼间，我已经毕业近两年了。蓦然想起几年前刚入学时稚嫩的自己，对比现在的我，虽然没有达到理想中的要求，但经过时光的打磨，我在不断地成长着、前进着。

思想篇

思想上，我积极上进，大一刚入学，我就积极提交了入党申请书。在考察期间，我认真学习了马克思主义、毛泽东思想、邓小平理论、“三个代表”重要思想、科学发展观和习近平新时代中国特色社会主义思想等理论知识，为思想进步奠定理论基础。起初我以为只要牢记这些知识就够了，然而事实却不是这样，我们不仅要在线上学习知识，还要进行实践，检验真知。我们不能只是了解其表面的含义，而且要深入内核，领会其重要精神。我将其内化于心，外化于行，在实践中检验真理，把这些思想应用到实际生活中。通过深入的学习，我端正了自己的思想，以党员的标准严格要求自己，积极进取，向党组织靠拢。在学习党的理论及思想的过程中，我逐步认识到作为一名合格的中国共产党人，要始终保持艰苦奋斗的精神。艰苦奋斗是中华民族自强不息的精神财富，是我们党的政治优势，是所有党员都应当拥有的精神品格。在新时代，艰苦奋斗的传统美德应该进一步发扬光大，它是成就事业所必需的精神，是我们党和国家传承辉煌的根本。我会秉持这种精神，不畏艰苦，不畏险阻，积极进取，坚持用一名共产党员的标准要求自己，在党组织的帮助和培养下，我于 2016 年 11 月成为一名光荣的中国共产党预备党员。

学习篇

学习，乃学生的本分，进入大学更是如此。天道酬勤，越努力，越幸运。对于学习，我从不懈怠。入校以来，我一直勤奋踏实，认真上好每一堂课，尽可能多地汲取专业知识。大学期间，我以优秀的成绩（绩点 90）一直稳居专业第一，并荣获 2016 年国家为信息安全专业首次出台设立的网络安全奖学金（3 万元）。这对我来说是莫大的鼓励，也更加坚定了我在信息安全这条道路上继续走下去的决心。

4 年的生活，有规律却不枯燥，每天看似一样，却又有着不同的收获，每一天都有所进步。因为我知道宿舍只是用来休息的地方，所以学习任务都在教室或图书馆完成。每天最享受的就是在图书馆结束一天的自习，或是在教学楼里自习到教学楼关闭，晚上走在回宿舍的小路上，回想今天的学习成果，那一刻，感觉生活还是挺充实的。

除了认真学习专业课知识，我还十分注重培养自己的综合素质，我希望能从竞赛这种近似实践的实际应用中提高自己的能力。所以 4 年里，我积极参加竞赛并累计获得国家级奖项 4 项、省部级奖项 4 项、校级奖项近 10 项。

记得大一时，因为刚刚接触编程，学习了 C 语言，为了检验自己的学习效果，激励自己更快掌握编程能力，我参加了 2015 年“蓝桥杯”全国信息技术专业人才大赛 C/C^{++} 项目，获得北京市三等奖。我认为“纸上得来终觉浅，绝知此事要躬行”，我在课余时间里不断刷题，动脑思考，总结规律，终于有了一些小小的进步，经过一年的努力，在 2016 年的“蓝桥杯”大赛 C/C^{++} 项目中，我获得了北京市一等奖，并进入到全国总决赛，获得了优秀奖。

大二我学习了信息安全导论、信息安全数学基础、密码学等课程之后，为了更好地将理论与实践结合，作为队长，我带领着我们团队设计并开发了一款作品——“基于移动终端的 NFC 防伪系统”，并参加 2016 年的全国大学生信息安全竞赛。从确定题目到作品的完善，整整几个月，我们几个同学除了上课，其余时间都泡在实验室，这是我第一次体会到全身心投入一个项目，以及团队合作、拥有好队友、大家分工协作为同一个目标努力的快乐。最后大家扛着设备去上海交通大学参加决赛，荣获了全国二等奖，每个人都成就感满满。

大三学习了硬件编程后，为了更好地掌握嵌入式编程原理，我参加了 2017 年的“蓝桥杯”嵌入式比赛。我认为学生必须具备的一项基本能力就是学习新知识的能力，尤其是对新知识的快速掌握能力，而最好的学习方法就是动手实践。在比赛准备阶段，通过大量阅读代码，分析各种功能的实现逻辑，不懂的地方反复推敲，最后在本次比赛中荣获了北京市二等奖。

具有良好专业素养的同时，我也不断努力提高英语水平。英语的学习无非听、说、读、写、译，整个过程是一种积累，而不是突击。获得荣誉则是努力之后水到渠成的结果。我的四六级考试均一次以高分通过；2016 年的全国大学生英语竞赛中，我荣获全国二等奖；在其他英语竞赛中，例如外研社杯全国大学生写作大赛、海峡两岸口译大赛中也有不错的表现，分别取得了选拔赛的二等奖和三等奖。

科研篇

我深知作为一名全面发展的大学生，一定要将所学理论知识投入到实际项目中进行实践，才能更快地提高自己。所以在课余时间，我积极参加北京市大学生科研训练项目。在 2016 年参加的“基于 Kinect 的姿势识别及应用”的课题中，我担任组长，与小组成员一起设计并开发了一款切水果体感游戏。在老师的指导和帮助下，我们规划了研究方案，并每周开展两次讨论、汇总项目进展。为了更好地实现整个游戏系统的功能和逻辑，我还根据视频课程的讲解，一步步改进完善代码，提高自己的 C++ 编程能力，以及学习 Kinect 涉及的体感数据获取的相关知识。该项目最终获得校优秀科研项目二等奖；此外，基于本课题的研究，我还以第一作者的名义发表了一篇名为《基于 Unity3D 的体感游戏设计与实现》的论文。2017 年，我参加了“基于文件系统的多重身份认证系统”项目，主要负责加密部分代码实现。在这些科研训练项目中，我受益匪浅，养成了谦虚谨慎的科研态度，学习到了许多书本上学不到的知识，我更体会到了团队协作的重要性。

信息安全领域分为密码安全方向和网络攻防方向两大类。大一、大二的两年学习，让我在密码安全方向打下了一定的基础。为了全面发展，我除了掌握编程这项基本功外，还在大三时积极选修了本专业开设的软件安全、网络攻击与防御、信息隐藏和数字图像处理等课程，并加入了本专业组织的信息安全协会。大三时，在老师的推荐下，我参与了 i 春秋“入侵与防御”课程的录制。我在录制过程中倾注心力，从动手制作课件到实验部分的准备设计和演示，全部独立完成。知识储备上升了一个台阶，专业技能、动手能力也得到了大幅度提高，收获颇丰。

在学习和接触到网络攻防相关知识后，在大三、大四两年里，我积极参加 CTF 比赛，曾参加过陕西省网络空间安全技术大赛、XCTF、全国大学生信息安全竞赛技能赛等。我在参加这些竞赛的过程中，学到了解题的方法与技巧，对信息安全这个领域的了解也更深了一步，逐渐接触到了渗透测试、漏洞挖掘等方面的知识。

2017 年，在大四时，我还参与了信息安全协会在我校举办的第一届信息安全 CTF 比赛。我和协会的同学一起奋战，从设计 CTF 题目到布置比赛环境，以及比赛时的运营维护，都认真完成，确保了比赛的顺利进行和圆满结束。回想自己从最开始只是参加比赛，遇到很多难题，然后像海绵一样吸收一个个遇到的知识点和解题思路，再到熟悉比赛规则后可以和团队一起参与举办一个比赛，我在开心之余，也希望能将自己的心得体会分享出来，帮助推广信息安全这个研究领域的知识，让更多的同学不再只是好奇，而是能认识、了解甚至喜欢上我们正在努力研究的内容。CTF 比赛中的题目既新奇又比较贴近实际生活，例如 Web 方向就是考验对脚本语言和各种漏洞的敏锐度；隐写题就是分析文件，尝试各种可能的信息隐藏方法；逆向就是考验对堆栈以及内存调用的熟悉度等，十分考验一个人的综合水平。在平常的课程学习中，或许会觉得逆向、信息隐藏这一个个知识点有些捉摸不透，但当知识点和比赛题融合、理论与实践融合时，便如同发生了化学反应，让人产生兴趣，吸引人主动学习探索，不知不觉地提高了自己的实践能力。

除了必修的课程内容和课程作业，为了更深刻地理解网络攻防中的这些技巧和原理，我还会上网找教程，看专业书籍，跟着已有的相关案例动手复现，做攻防相关的实验。我认为在学习过程中，最重要的还是自己的心态，有些知识点和理论知识确实会有一些难度，但只要耐下心，多练习，用动手实践来学习理论知识，总会慢慢进步的。平常我们在学习课堂上的知识时，单纯听老师讲解可能不太了解它在实际生活中到底有什么用处，但多参加一些项目或比赛，或者认真完成老师布置的实验，学以致用，将知识与实践相结合，一定可以很大程度上提高学习效率，强化对理论知识的理解和掌握。

生活篇

大学的生活是多姿多彩的，除了专业知识，还有很多其他事情可以帮助提升自己的综合素质。我热衷于参加志愿服务活动，学校和学院举办的各种志愿活动，我都积极参加，例如故宫北门志愿者、鸟巢志愿者、学院迎新志愿者等。在参与这些活动的过程中，让我感触最深的是作为一名学生党员，帮助别人，奉献自己的爱心，是一件让人感觉温暖的事。

体育活动也是我生活的一部分，学校举办的网球比赛、体育节等活动我都会积极参加。平常，我会坚持用跑步、跳绳等运动来锻炼身体。运动的过程既可以缓解压力，又能使人放松。还记得 2015 年，我参加了“一二·九”全国大学生校园跑步季活动，两个月累计跑步 129 公里，这对当时的我来说是一个不小的挑战，最终能够完成，这也让我十分骄傲。

大学这几年里，我还曾多次获得各种奖励和荣誉称号。除了国家网络安全奖学金，我也曾多次获得校内各种奖学金。例如：连续两年学习一等奖学金、实践一等奖学金、思想品德二等奖学金、体育三等奖学金等。此外，我还曾获得北京市故宫北门优秀志愿者、计算机学院优秀个人志愿者、优秀团员等荣誉称号。

大学，是人生中重要的一段历程，一路走来，那些经历，那些荣誉都是对我成长的一种肯定、一份助推力。在大学里能够拿到国家奖学金这项大学生的最高荣誉，是对我大学 4 年学习与生活的莫大鼓励和支持。目前，我已经在保研学校继续攻读硕士学位，以后将在研究生的道路上继续深造、前进。我不知道优秀具体的定义是什么，但我会尽自己最大的努力，立志在维护网络安全的道路上越走越远，朝着理想中的目标一路奋斗前行。

我的青春在路上

作者简介

李青雯，女，中共党员，通信工程专业通信 15-2 班学生。在校期间，注重个人全面发展，连续两年荣获校优秀学生奖学金，曾获国家奖学金、国家励志奖学金等国家级奖励。曾荣获“蓝桥杯”北京赛区二等奖、光通信产品设计大赛一等奖、北京市大学生数学竞赛（乙组类）二等奖、全国大学生英语竞赛三等奖、北京市大学生集成电路设计大赛二等奖、北京市大学生电子设计竞赛三等奖、北方工业大学优秀毕业生等奖项和荣誉称号。

从刚进入大学校门的那一刻起，我就暗自下定决心，要通过自己的努力改变现在贫困的境遇，让家人过得更加幸福，同时全面提升自己的综合素质，成长为更好的自己。所以我一直刻苦努力学习专业知识，努力奋斗，让自己的青春无悔。幸运的是，国家和学校有很多资助奖励政策，给了我很大的动力。

我来自河南的一个农村，父母都是普普通通的农民，虽然他们没有多少文化，但他们知道学习是改变生活的重要途径，所以从小他们就教育我，要有进取心，敢于拼搏，凡事要尽全力。我也一直谨记他们的教诲，一路奋斗，来到了北方工业大学，成为通信工程专业的一名学生。进入大学之后，虽然父母不在身边，但是他们的教诲我一直铭记于心。刚开始有些不适应，没有很好地适应从高中到大学的这个过渡阶段，遇到过一些小的挫折。但是这些都难不倒我，反而让我更好地了解成长的意义。成长就是一步步认识自己，提高自己，完善自己的过程。在这个过程中难免有些挫折，但从长远来看，这是人生的必经之路。

大一时，面对高等数学、线性代数等一些难度较大的课程，我没有退缩，遇到不懂的地方我就去找老师或者同学请教，在这个过程中，除了学到课内的知识外，还收获了许多学习之外的处理问题的思路和方法。之后，同学们有什么学习上的问题，也会来问我，我凭借自己的能力尽力帮他们解决，特别是在期末时，我帮助同学们复习知识，多次串讲各学科知识，并得到了大家的一致认可，还有幸获得“期末复习先进个人”“三好学生”“优秀共青团员”等称号。除了期中、期末考试，为了检验自己高等数学的掌握程度，我还参加了北方工业大学数学竞赛，最终取得了不错的成绩，这给了我很大的信心。后来听说有北京市数学竞赛，我积极参加，获得了二等奖的成绩。我始终相信付出了多少，就会收获多少。除了平常学习专业知识，我还经常去图书馆，因为我认为图书馆是一个可以让人心静下来的地方。在那里，一杯茶，一个凳子，我可以为一道难题认真钻研一下午，一点也不觉得累。在最后解出难题的那一刻，我内心是异常激动的，而且非常有成就感。当然，去图书馆，我也不只是为了在安静的氛围里解题，更重要的是我喜欢在书海里遨游。从《我的青春在路上》这本书中，我学到了作者的勇敢与坚持，我写的读书心得获得了学院读书心得分享二等奖。柴静的《看见》让我更加深入透彻地了解社会现实，罗贯中的《三国演义》让我看到了古代的谋略与义气，还有许多其他书也让我收获良多。希望自己在大学这 4 年里不辜负时光，爱上阅读，然后读万卷书，懂得更多的文化与知识。

在高中阶段，英语听力就一直是我的弱项，主要是在听说方面有劣势，进入大学初期，我就坚持听英语原声新闻，培养自己的语感；早上早起去背英语单词，练习听说；在课余闲暇时间，看英文文章，提升自己的英语读写能力。就这样，我一直坚持每天学习英语，并且在大二坚持上学院安排的早读，达到了很高的出勤率，最后还获得了学校“耐”字徽章。所谓“有志者事竟成”，在我的坚持与努力下，我的英语四级水平测试取得了不错的成绩，之后也顺利地通过了六级考试。因为我知道学好英语这门国际通用的语言，对我以后深入学习通信专业，看外文文献，也有很大的帮助。

除了学好数学、英语等基础知识外，更重要的还是学好专业知识，并且把理论知识与实践相结合，才能真正深入通信工程这个专业，才能更好地迎接未来研究生阶段的学习生活。

对于专业知识，除了课堂上认真听讲外，课下的理解运用也很重要。这些专业知识仿佛给我打开了一个崭新的世界，在这个电子的世界里，一个软件和硬件通过相互结合，可以实现千变万化的功能。电阻、电容、三极管可以通过一根根导线相连接，进而实现放大器、集成功放等功能。为了让理论与实践相结合，我积极参加老师的开放性实验。第一次参加实践，是在刘红老师那里学习 msp430 单片机的应用。第一次接触时，我对程序以及原理都一窍不通，觉得无从下手。但我是一个敢于挑战未知事物的人，首次接触的失败并没有打击到我，反而让我学习的意志更加顽强。于是，我自己上网查资料，看视频解析，在网上询问，求助懂程序的同学，虽然中间有些波折，但我逐渐理解了程序的内涵以及单片机的基础应用。虽然单片机的入门很难，但是入门之后，我发现越学越顺，当自己完成一个程序并且能够实现一定的功能时，我内心是非常激动的，也是幸福的。在学习单片机之后，我又加入了班导师组织的嵌入式相关的开放性实验。有了之前的基础，嵌入式相关的实验我也很快入了门，跟着老师的节奏，慢慢掌握了端口应用、中断查询等一系列应用。后来，我参加了第八届“蓝桥杯”嵌入式组的竞赛，通过自己的努力，获得了北京市赛区二等奖。这次竞赛带给我的不仅仅是一张奖状，更多的是给了我信心去学好通信工程专业。我知道想要弄懂嵌入式的很多深层次的知识，还需要继续努力。

到了大三这一年，我觉得自己还应该全面提升自己的实践能力，于是参加了光通信产品设计大赛、北京市大学生集成电路设计大赛、北京市大学生电子设计竞赛等赛事，均取得了不错的成绩，这些经历更加提升了我的专业能力与兴趣。这其中的收获对我以后的人生都有很大的帮助。光通信产品设计大赛让我在比赛中了解了光纤通信，并且自己动手制作了一根光纤，将理论知识转化为实践产品，让我看到了专业知识的重要意义。之后的北京市大学生集成电路设计大赛和北京市大学生电子设计竞赛，都是与电子电路设计相关的。在大一和大二阶段，虽然已经学过了模拟电路、电子电路等知识，也在课程的实验中学会了连接电路、排查电路问题并且设计简单的电路。但是在设计复杂电路方面还是有所欠缺。而这两个竞赛，需要针对若干个问题进行分析，并解决比赛中出现的各种问题，这极大地提高了我的电路分析设计能力。

在大学阶段，除了提高专业素养，我也一直没有放松体育锻炼。我时常在早上或者晚上去跑步，并且很享受这种戴着耳机跑步的感觉，这会让我的心静下来，思考自己的一天过得如何，或许有些遗憾、有些失落，但也少不了一些让人开心、幸福的细节。操场上从来不乏运动的人，有人在打篮球、有人在跑步、有人在踢足球，这些都是让人在学习之余快乐的事情。正是这种氛围让我有坚持跑步的动力。在校期间，我参加了学校的羽毛球比赛，在比赛中，我印象比较深的是，对手是一个水平比我高许多的同学，我虽然知道自己技术不好，但是放平心态，告诉自己尽力就好，不要放弃。虽然我最后没能赢得比赛，但是比赛过程却使我收获很多，我深刻认识到坚持到底、决不放弃的体育精神。运动除了能带来精神上的触动外，运动时的快乐也是其他事情无法比拟的。我深知，一个健康的身体对未来的自己有多么的重要，一个健康的身体，是未来一切行动的基础，也是未来实现自己梦想的基础。

除了学习与运动外，我在学校也参加了不少的活动。在学院辩论赛上介绍通信工程专业的优势，给学弟学妹们提供一些未来选择专业的意见。在学校的羽毛球比赛上，我作为裁判为运动员服务，保证比赛的公平。作为党员，我积极参加各项党日活动，包括看望老人等。初入大学的我，十分腼腆内向，无法想象站在台上当众讲话的感觉，大学期间的班级串讲活动、学院辩论赛以及学长学姐分享会等活动，让我去尝试不同的角色，我慢慢克服了心理上的障碍，能够勇敢地表达自己，交际能力得到了提高。

大学这几年，虽然我的家境并不好，但是有国家和学校的各种资助政策，加上我自身的努力，我先后获得了国家奖学金、国家励志奖学金、国家助学金、学校奖学金、勤工助学等资助。真心感谢这些政策让我的大学生活可以自给自足，减少了父母生活的压力，也让我能一直保持积极向上的生活态度。同时我也在校外兼职，通过做助教来赚取生活费，让自己能够经济独立。受到国家和学校的这么多资助，服务社会我当然也义不容辞。所以，我尽自己所能参加社会志愿活动。大一时我去扶残助教，帮助残疾人小朋友学习知识；在学校校庆时，参加校庆志愿者活动，并被评为优秀志愿者；大二时，参加各种体育赛事的志愿者活动，为运动员服务。积极参加北京马拉松志愿者服务的经历，让我收获很多，我现在一直在坚持长跑，我期待有一天能够跑一场全程马拉松。

在大学这几年，我一直以专业知识学习为主，并且在体育、思想、实践各方面取得了很大进步，获得了老师和同学的认可，并被顺利保研到中国科学院大学遥感与数字地球研究所。我知道，这又是一个新的开始，一切归零，重新出发。今后，我会加倍努力，不辜负老师和家人的期望。我相信我可以通过自己的付出，让家人以及自己拥有一个美好的未来！为实现中华民族伟大复兴的中国梦奉献自己的青春和力量。

机会总是留给有准备的人

作者简介

张天予，男，中共党员，北方工业大学电子信息工程专业2019届毕业生，现于中国科学院大学直接攻读博士学位。张天予同学在校期间成绩优异，积极向上，曾获国家奖学金、校级各类奖学金共10项，获评北京市优秀毕业生、北京市三好学生，连续两年获评校级三好学生，在专业竞赛方面曾获全国大学生电子设计竞赛北京赛区三等奖、第八届“蓝桥杯”单片机组全国总决赛一等奖（全国第7名）、第九届“蓝桥杯”嵌入式组全国总决赛二等奖（全国第11名）、北京市电子设计竞赛二等奖、第三十三届全国部分地区大学生物理竞赛三等奖等。大二下学期担任实验室固件组组长，主要参与的科研项目有“一种野外GPS接收机的设计与实现”“一种光谱仪的设计与实现”等，以第一作者发表论文1篇。

刚刚进入大学的张天予同学，对这里的一切都充满了好奇与憧憬，同时也有对未来的迷茫。在大学里该做些什么？能做些什么？该怎么做？这些问题始终困扰着他。学校组织的“O计划”介绍会给了他启发。他依然清晰地记得，郭玉良书记曾在会上提到了两个概念：一个是“慎独”，即无论周围是否有人，都始终要以同样的标准要求自己。一个是“优秀的人总是为未来做打算”，即一方面要做到今日事今日毕，拒绝拖延；另一方面要瞄准未来，为将来的发展做准备。那场介绍会让张天予同学深知，要想在未来取得更好的发展，就必须要学好自己的专业。

从大一入学开始，张天予同学就将自己的大部分精力投入到学习之中。在学习的过程中，他发现大学的教学模式与高中有着很大的差距。首先大学老师都有各自的科研工作，因此不会像高中老师一样，能够倾尽心力照顾到各个同学，了解每一位同学的学习状态和知识的掌握程度，同时课程容量和难度相比高中有了很大的增加。因此，在大学，课堂很难像高中一样，仅仅依靠课堂时间的学习就可以基本掌握课程内容，无法理解课程和跟不上课程进度的情况时有发生。

为了适应大学的学习环境，张天予同学一方面努力提高上课的专注度；另一方面他为每一门课准备了一个笔记本，课堂上着重记录知识重点和问题，课下整理笔记，复习每天习得的知识点，解决课上没有理解的问题。这样的学习方法取得了较好的效果。经过不断地适应与调整，他的成绩稳步提升，并于大二下学期稳居年级第一，之后连续两年获评校级三好学生，并有幸获评北京市三好学生。

忙碌于自身学习的同时，张天予同学还不忘帮助班里的同学提升成绩。大一上学期临近期末，同学们的学习情况千差万别，有些同学在逃离了高考的学习压力后，放松了对自己的要求，学业落下了很多。为解决同学们的学习问题，班委开会商讨是否可以让学习较好的同学串讲一学期的知识点和考试的重点，帮助同学们渡过期末考试难关。面对班委的请求，张天予同学欣然答应。他站在同学们的角度，尽可能用通俗易懂的语言讲授考试的重点及难点，在班里产生了不错的反响，有很多的同学在他的帮助下顺利通过了第一学期的考试。

由于第一次期末串讲活动取得了良好的成效，在同学们之中树立了良好的口碑，这项活动延续了下去，并渐渐成了张天予同学期末必不可少的一项工作。串讲的内容也从某一门课程中的某一章，逐渐变成讲一门甚至几门课。隔壁班的同学也成了听众，有时候在教室讲完，回到宿舍接着讲。虽然前期准备和为同学们串讲会占用一些时间，但是张天予同学并没有把这当成负担，反倒是乐在其中。因为他发现串讲的过程不仅能帮助同学们提高学习成绩，同时也是对自己学习情况的检验、对表达能力的锻炼，这种双赢的好事何乐而不为呢？

在学习之余，张天予同学积极参加各种活动来丰富自己的课余生活。他加入学院团总支组织部，先后组织完成了“Challenge 5”“绿色出行”等活动；参与了水立方演出服务、社区支教等志愿活动，为社会贡献自己的一份力量；担任电子信息工程专业 16-3 班的小辅导员，为新生答疑解惑，排忧解难；作为交换生到美国密西西比大学短期交流学习，了解西方的风土人情，拓展自己的视野。

大一下学期，张天予同学在学习基础课程的同时开始慢慢接触专业领域。这时，他遇到了自己的导师蔡希昌老师与领路人马鸿斌同学。蔡老师将张天予同学带入了实验室的大门，让他见识到了以前从未接触过的各种仪器、各种软件、各种项目成品半成品，而马学长带领他系统学习了单片机技术。这两个人仿佛是在昏暗的夜路上点亮的明灯，给张天予同学指明了前进的方向。

“师傅领进门，修行在个人。”马学长说：“想要取得成绩，关键在于个人的努力。”张天予同学将这句话铭记于心，并全身心地投入到单片机技术的学习当中。日复一日，张天予同学对实验室的热情和坚持不懈的品质逐渐凸显出来。他往往来得比别人早，走得比别人晚，充分利用课余时间到实验室学习。由于没有实验室的钥匙，他经常叫学长们来实验室开门，这可让他们“苦不堪言”。而且当他遇到问题时，在实验室一待就是一下午或一晚上，不解决就不罢休，一定要找出问题的原因。付出终有收获，在实验室学习的这段时间里，张天予同学从模电数电的基础理论出发，动手实践了各种放大电路等课堂中的知识点，学会了单片机编程，学会了示波器、信号源的使用，学会了看芯片手册等说明文档，为后续的专业学习打下了良好的基础。他也在实验室中崭露头角，在大二被任命为单片机组组长，参与到实验室的管理之中。

大二下学期，第八届“蓝桥杯”的报名和准备工作开始了。这项比赛张天予同学从很早以前就开始关注，一方面因为蔡老师的学生曾在该项比赛中取得过佳绩，他相信自己不比别人差；另一方面他也十分希望能在这样的大赛中证明自己，让自己的研究水平再上一个台阶。

张天予同学深知做事要有明确的目标，因为目标是鼓舞人前进的动力，像一台发动机，不断给人奋进的力量。同时他也明白，目标不能定得太高太远，否则就会成为空中楼阁，让人望而却步。因此，在准备比赛的一个半月时间里，张天予同学给自己制订了详细的计划，以一周为单位，安排好自己的学习内容。例如，第一周熟悉比赛用的开发板、完成点灯程序，第二周完成数码管和矩阵键盘程序的编写等，并且每周对自己的完成进度进行审核。最终的目标是瞄准省赛一等奖，获取国赛参赛资格。这一目标达成后，再朝着国赛一等奖努力。

张天予同学严谨认真的性格也贯穿比赛准备的全过程。每一个模块不单单需要调通，还要掌握其内部原理，理解每一行代码的意思。在调试矩阵键盘的过程中，他甚至还发现了编程中的错误。在研究单总线驱动代码时，他发现了代码对单片机的时钟有要求，而这一点直接影响了省赛的结果。

平日里的辛苦付出在竞赛中发挥了至关重要的作用。省赛当天，他发现本届比赛在驱动代码上做了一点细微的改动，改的恰恰是时钟的设置，很多选手因为根本没有研究过这一点而吃了大亏；国赛中，考到了往年从未涉及的数字模拟转换器的编程控制，张天予同学凭借平日里扎实的编程功底和经验，现场迅速阅读芯片手册，掌握编程方法，最终完成了任务要求，取得了一等奖的好成绩。

这项成绩对张天予同学来说是巨大的鼓励，之后他继续努力，又取得了全国大学生电子设计竞赛北京赛区的三等奖、第九届“蓝桥杯”嵌入式组全国总决赛二等奖（全国第 11 名）、北京市电子设计竞赛二等奖等奖项。

进入大三，张天予同学开始在实验室中努力锻炼自己的科研实践能力，参与了许多科研项目。主要有“一种野外 GPS 接收机的设计与实现”“一种光谱仪的设计与实现”等项目，并最终发表了相关学术论文。这些科研项目经历极大地提升了他的基础科研能力，为他日后的学术科研之路奠定了良好基础。

对于自己的专业，张天予同学勤奋刻苦、上下求索。但他也不是超人，也会遇到有些问题无法解决的时候，也会有非常劳累想休息的时候，还会有心烦意乱不想学习的时候。每当这些情况出现，他都会想办法坚持下去。因为他知道进步非一朝一夕可获得，只有坚持不懈的努力才是成功的唯一途径。

熟悉他的人都知道，张天予同学掌握知识的速度比较快，这主要得益于他在学习方法上的领悟。“理论与实践相结合”，这是他在大学学习过程中的最大特点。作为一名中共党员，张天予同学坚信“实践是检验真理的唯一标准”，相信理论对于实践具有指导作用，他相信众多的实践可以归纳出理论，通过演绎，一种理论可以应用于不同的实践之中。他重视专业课的实践，将模电数电中的典型电路实际组装一遍，在实际操作的过程中，发现了很多课本上没有的问题。比如，如何站在工程的角度思考问题，遇到问题如何通过软硬件调试加以解决等。张天予同学还会将实验中出现的问题进行总结归纳，和理论进行对比，加深自己的理解，这让他在学习上事半功倍。

法国著名的微生物学家、化学家路易斯·巴斯德曾经说过：“机会总是留给有准备的人。”张天予同学能取得如此优异的成绩，除了依靠其扎实的专业知识和动手能力外，更得益于他有明确的目标、正确的方法、不懈的坚持等一系列优秀的品质，而这些品质在我们整个人生之中都是不可或缺的。

脚踏实地　做坚定的逐梦者

作者简介

韩竹，女，汉族，中共党员，电子信息工程专业电实验15班学生，曾任班级英语课代表和电实验16班的小辅导员。自2015年入学以来，综合排名和绩点均为专业第一名，曾获国家奖学金、校优秀学生一等奖学金、思想品德一等奖学金、学习一等奖学金、实践一等奖学金、体育一等奖学金。专业竞赛方面曾获全国“蓝桥杯”总决赛单片机组二等奖、全国大学生英语竞赛二等奖、外研社杯全国英语写作大赛二等奖、北京市电子竞赛一等奖、北京市集成电路设计大赛一等奖、北京市光通信产品大赛一等奖、北京市数学建模二等奖、北京市数学竞赛三等奖等。同时，拥有较为丰富的科研学术经历，在校期间发表学术论文3篇，其中SCI论文2篇、国内会议论文1篇，被授予“校级三好学生”“院级优秀团员”“校级优秀毕业生”等称号，现已保研至中国科学院大学资源与环境学院攻读博士学位。

我是一名北京普通家庭的女孩，从刚进大学时的懵懵懂懂、不知何去何从，到现在我已经看清了自己前进的方向并为之奋斗。巴西作家保罗·科艾略在《牧羊少年奇幻之旅》中曾说过：“没有一颗心，会因为追求梦想而受伤，当你真心渴望某种东西的时候，整个宇宙都会来帮忙。”诚然，当我们具备真心、渴望、目标和承担4个条件时，我相信离梦想实现的日子就不远了。接下来，我主要从个人思想品德、学习成绩、校园生活、学生工作以及科研经历等几个方面与大家简要分享一下我本科阶段的学习生活体会。

在思想方面，我不断提高政治修养。一是加强政治理论学习，认真学习马列主义理论和习近平新时代中国特色社会主义思想，将其作为自己学习工作的重要内容，注意理论联系实际。二是在学习中紧密围绕党和国家的大事和政策方针，理论结合实际，不断培养正确的价值取向。通过学习，我提高了自己的政治觉悟和思想水平。我虚心向身边的党员学习，不断加强自身的党性锻炼，以便更好地服务人民、奉献社会。在平时的工作中，我时时刻刻用党员的标准严格衡量和约束自己的言行，不断提高综合素质和学习能力，积极完成党支部的各项任务。

在学业上，作为一名大学生，我一直把学习摆在第一位，大学阶段的学习和高中的学习最大的区别就是学习书本知识的同时，更加注重对专业知识的理解和积累。为此，我经常去图书馆查询相关资料。除了馆藏书本上的资料，电子图书馆里面的资源也是一种有效的查询方式。经过4年的学习，我以优异的学业成绩给自己的大学本科生涯提交了一份满意的答卷：综合排名和学习绩点专业第一，并荣获本科生国家奖学金、校优秀学生一等奖学金、思想品德一等奖学金、学习一等奖学金、实践一等奖学金、体育一等奖学金等。与此同时，我积极将所学专业知识融入实践中去，大二伊始，我就主动进入实验室进行单片机和电路设计的学习，并且参加了大学生创新创业项目和各项专业竞赛，取得了全国和市级的专业奖项。主要包括全国“蓝桥杯”总决赛单片机组二等奖，北京市电子竞赛一等奖，北京市集成电路设计大赛一等奖，北京市光通信产品大赛一等奖等，在这个过程中，我自己的专业技能得到了极大的提升，在感受将专业知识转化为竞赛成果所带来喜悦的同时，也锻炼了自己的团队协作能力和沟通能力。

在生活上，我勤俭朴素，谦卑有度，坚持严以律己、宽以待人的处世原则。身为班干部，我善于和同学沟通，乐于帮助同学，我主动担任了电实验16的班导师助理工作，协助班导师对班级的管理工作，解决同学们生活上和学习上的问题。这个过程帮助我建立了良好的人际关系，获得了大家的尊重和支持。在个人生活上，我积极参加学校或者学院组织的各类活动。在校期间，我积极参加学校运动会比赛，报名参加了女子组200米和400米跑步比赛，荣获了400米决赛第七名。对我而言，运动会不仅仅是一种比赛，而是一个锻炼自己意志力的机会。在这个过程中，我学会了坚持不懈和不退缩。此外，我积极参与各项志愿活动和社会实践项目，例如担任地铁志愿者、故宫北门志愿者、CBA志愿者，组织“美丽中国绿色北京”社会实践调研活动等，在这些活动中，我体会到了助人为乐的快乐。在活动中，我认识了很多优秀的人并且结交了很多志同道合的朋友，和大家一起进步、一起拼搏的时光使我受益匪浅。尽管活动时间有限，但是那一个个曾经挥洒汗水的瞬间都成了我刻骨铭心的记忆，志愿者精神永存于心。于我而言，这些记忆都将是我学生时代的宝贵财富，激励着我不断提高自己，成为更好的人。

在学生工作方面，作为一名大学生党员，我不仅要提高自己的思想修养，工作方面也要起带头作用。我积极抓住每一次机会来锻炼自己。自入学以来，我一直担任英语课代表，热心为同学服务，解决班级同学的难题。通过与老师的配合，带领电实验15班实现100%一次性通过英语四级考试的目标。自2017年5月加入党支部以来，我经常和学长讨论党的有关理论和国家的重大举措，在此过程中，我进一步了解了党、走近了党。付出总是有回报的，我先后被评为“优秀团员”和“校级三好学生”，这些荣誉是对我工作的肯定，也让我有了更大的动力去继续做好工作和服务每一位同学。

在科研方面，我认为科研工作者就是将隐藏在事物表象之下的科学规律挖掘出来并呈现在世人面前的探索者，我相信在无形之中有一股力量将我引向科学研究。机缘巧合下，我有幸进入学校的“人工智能与机器学习实验室”，在这里激发了我对科研生活的兴趣，我也从此发现了一个严谨、科学、协作、真理的新世界。在此，我要向张远老师表达最崇高的敬意，是他带领我走进了学术研究的大门。虽然对于本科生来说，所做的研究工作并不是很深入，但是探索一个科研问题并通过一行行代码解决问题的过程，不断地激发着自己的好奇心和探索力。从最初的学术新手到可以独立完成英语论文的写作，大量的文献阅读和调研学习过程，不断加深着我对研究领域的理解，也逐渐形成自己的研究视角。通过自己的努力和钻研，在本科期间我成功发表论文3篇，其中SCI论文2篇、国内会议论文1篇。我始终坚信“一分耕耘，一份分获”，时刻提醒自己要端正学习态度，努力使自己保持一种积极向上的心态，保持一种谦虚谨慎的作风和永不服输的精神。在科研成绩的背后，是我每天近10个小时的磨炼和学习。有时为了在第一时间获取到实验数据，需要几个夜晚的挑灯夜战。在此期间，困了就趴在桌子上休息，饿了就买点面包垫肚子。我深知这些成绩是自己不懈的努力换来的，所以我时刻提醒着自己不能因此而骄傲，应该再接再厉，为超越自我而奋斗。正是有了这一段科研经历，我更加坚信自己适合走科研之路，也更加坚定了我攻读博士研究生的信念。如是英雄，莫问出处，既然选择了远方，便只顾风雨兼程。

当然，大学生涯并不仅仅只有学业、竞赛、科研和志愿活动。在我看来，人生最幸运的事是遇到一群志同道合的可爱的人。来到大学，我深切体会到友谊的重要性，大家一起生活、共同学习。我们从刚开始的陌生到现在的无话不谈、相互关心，我们给予彼此帮助、建议、鼓励和支持，4年里我们共同生活、共同成长。我从她们身上学习到了很多优秀的东西，也使自己成长和成熟了很多，也更加懂得了关心集体、关心他人的重要性。在此，我要特别感谢我的舍友薛靖宜，虽然宿舍里只有我们两个人，但是在每次遇到困惑或难题时，她的细心开导和默默支持给予了我坚强的依靠和莫大的鼓励。未来的路还很长，我希望生命简单而平凡，日子幸福而快乐，虽然悲伤和无奈不可避免，但是我们可以一起微笑着走过，走过泥泞，走过坎坷，奔向幸福的彼岸。余生很长，有你们的陪伴实属三生有幸。

大学生涯是人生中的一段重要历程，是我们人生中的一笔财富。一路走来，那些经历、成功、失败、荣誉都在不断地促使我成长。无论何时，我都牢记任何荣誉都不仅仅是成功，更是对成长的肯定，是成长过程中良好的助推力。知识无止境，作为一名大学生，我要做的就是不断地适应时代的发展，跟上时代的步伐，不断去扩充自身的知识储备，以提升自身的修养。回想起大学 4 年的努力，是汗水与艰辛，让我学会了体验成长的滋味，学会独立，学会释放压力，学会给予帮助，学会绽放自信，真正明白了何为一名当代大学生的社会责任。对于之后的人生之路，我一定会严于律己，充分发挥自己的优势，克服自己的缺点，把握现在，不断完善和提高自己，创造出新的辉煌！

不懈努力　方得成功

作者简介

李亚敏，女，中共党员，电气工程及其自动化专业。曾任电气工程及其自动化专业本科学生第一党支部宣传委员，学院学生会体育部部长，班级学习委员。曾获北京市优秀团员、校级三好学生、院级优秀团员、院级优良学风先进个人等荣誉称号。曾获国家奖学金，多次获得国家励志奖学金、优秀学生奖学金。曾获 2017 年全国大学生电子设计竞赛（北京赛区）三等奖，第八届、第九届“蓝桥杯”单片机设计与开发组北京市三等奖，2016 年北方工业大学暑期社会实践优秀团队和优秀成果奖。

我出生在偏僻的农村，家境贫寒，父母文化程度较低，他们和大多数农民一样，面朝黄土背朝天，靠种地维持生计。每年酷暑，都是父母最忙的时候，他们顶着炎炎烈日在地里劳作，尽管汗水湿透了衣衫，却丝毫不抱怨。为了让我们姊妹 3 人吃饱穿暖，父母从来都是把最好的留给我们。从小到大，他们常对我说，“你现在的努力都是为了自己以后的生活，踏实走好每一步，无论能走多远，你都是咱家最优秀的闺女。”我也始终铭记这些话，以此时刻警示自己，只有读书才能改变命运。于是我坚持不懈地学习，努力拼搏。经过十几年的寒窗苦读，功夫不负有心人，我成功地考上了大学。虽然家境贫苦，但我并没有因此而失去自信，因为我拥有一个温暖和睦的家庭，还有非常疼爱我、无私支持我的父母。

学如逆水行舟，不进则退。刚进入学校时，我对周围的一切充满了好奇。因大学的时间相对自由，没有压力，我也曾一度放松了自己。但是在经历了成绩下降和老师的教导之后，我开始明确自己的目标，记起了自己的责任和父母殷切的期待。所以，我定下了读研的目标。在学习中，我严格要求自己，端正态度，勤奋刻苦。我上课认真听讲，做好预习复习，按时完成作业，积极向老师和同学请教。在生活中，我主动靠近优秀的学长学姐，学到了很多经验和方法。正是因为大家的鼓励和帮助，我才能变得更加自信与从容。

经过一年的努力，我各门课程都取得了优异的成绩。在自己进步的同时，我发现部分同学为一些学习上的问题所困扰。于是我主动督促班级同学学习和上课，把学习心得和学习资料分享给大家。在考试周，我会把内容系统地复习一遍，认真梳理知识，然后把重点知识发到班级群，在考试前进行班级串讲。有时候我还会给同学单独辅导，让他们把重点记录下来，有时对于一道题目可能要讲解多遍，但我从不厌烦。通过这种方式，同学们更加认真复习，班级期末成绩有了一定的提高。我为获得大家的信任感到高兴，也为自己付出的努力有了较好的结果而激动。

在学习之余，我还积极参加社会实践活动，分享信息，努力调动班级同学的积极性。在课余时间，我不断参加竞赛，将专业知识运用到实践中，这不仅加深了我对专业知识的理解，也提高了实践能力。“赠人玫瑰，手有余香。”我一直觉得帮助别人是一件十分快乐的事情，所以我很喜欢参加一些志愿活动。刚进入大学时，我就时刻关注身边的志愿服务活动。在大一下学期，我报名参加了每周日下午的红蜡烛社区支教活动。在志愿活动中，我积极认真地融入活动，看到孩子们学到了知识后的开心笑脸，我也感到很幸福。同时我还参加了学校的“助学联盟”活动，承担了在图书馆为同学们答疑的任务。当有同学求助的时候，我会很认真地给他们解答，因此我获得了老师和同学们的赞赏。大二上学期，我报名参加了“温暖衣冬”志愿活动，活动中，我牢记活动宗旨，办事积极认真，通过这个活动我收获很多，不仅充分利用了时间，也锻炼了自己的毅力，同时也体会到了为他人服务时的幸福感。

大学是一个展示综合能力的舞台，因此，我加入了院学生会体育部。在这里我交了很多的朋友，而且也养成了早起的好习惯。由于要带领大家参加“相约晨光”活动，我们会较早来到操场，准备活动器材，一段时间下来，我发现了体育的乐趣，变得更加热爱运动。通过不懈努力，大二我当选院学生会体育部部长，通过在早晨举办一些有意思的体育活动的方式，带动大一学生一起相约晨光，让他们也养成早起的好习惯。因为我能够早睡早起，在大二下学期，我带动班级同学积极参加早自习，并且认真负责同学们的签到，为大家备考英语四级助力。

我明白责任和担当的重要性，无论做哪方面的工作，我都十分严谨和认真。在担任班级学习委员的时候，我十分关心同学的学习情况，把班级情况及时向班导师反映，同时也和任课老师紧密联系；在担任院学生会体育部部长的时候，我组织了新生杯篮球赛、拔河比赛、跳绳比赛以及每周的相约晨光等活动，我还负责运动会项目选拔，运动会方阵训练；在担任电气工程及自动化专业本科学生第一党支部宣传委员小助手的时候，我积极协助宣传委员的工作，组织了两次党日活动，取得了很好的成效；我在担任党支部宣传委员时，工作更加细致，态度更加认真，工作成效显著。

一直以来，我都希望我可以给身边的人带来积极的影响。被评选为积极分子之后，我更加严格地要求自己，努力向身边优秀的学长学姐学习，希望能够进一步提升自己，能够对得起积极分子这个称号。在思想方面，我按时递交思想汇报，积极组织和参加党支部活动，带动室友竞选积极分子。在学习上，我能够保持优异的成绩，同时带动班级的学习积极性，调动班级参加竞赛的积极性。在生活上，我时刻保持着积极向上的态度，给身边的人带来正能量。

经过 4 年的大学生活，我学到了很多知识，更重要的是获得了较快掌握新事物的能力。同时我的思想变成熟了许多，性格也更加坚毅了。我认识了许多同学和老师，并与他们建立起了深厚情谊，在与他们交往的同时提升了自身素质，社会实践能力也有了很大提高，这些都为我将来走向社会奠定了基础。同时我也认清了自身的一些短处并努力改正，不断地完善自己。在今后的学习生活中，我会继续砥砺前行，用最饱满的热情去迎接新的挑战，不抱有一丝空想，不放弃一点机会，不停止一日努力，我将朝着既定的目标努力奋斗。

全力奔跑　终得展翼之机

作者简介

孙炳利，男，中共党员，电气工程及其自动化专业 2016 级学生，被保送至北京航空航天大学自动化专业，曾任电气工程及其自动化专业 16-2 班学习委员、相约晨光跑步协会会长，曾获国家奖学金、国家励志奖学金、优秀学生一等奖学金，曾获得北京市及校级三好学生、优秀共青团员等荣誉。他积极参与学科和专业竞赛，获得全国大学生数学竞赛二等奖、全国大学生电子设计大赛二等奖、全国大学生物理竞赛省一等奖等奖项。他热衷于社会实践和志愿服务，入选北京冬奥会前期驻会志愿者，曾获首都高校大学生暑期社会实践先进个人荣誉。

穷且益坚，不坠青云之志

孙炳利出生于农村的一个普通家庭，从小就过着俭朴的生活，从一个放羊的小孩，到在麦田割草的中学生，再到玉米地里面收获庄稼的大小伙子，他慢慢长大了，懂得了要努力奋斗，没有抱怨，他把生活的压力当作动力，刻苦学习知识，相信知识改变命运，立志成为国家的栋梁之材。

思想端正，愿为人民服务

经过党支部的培养和发展，他从一名共青团员成长为一名学生党员。作为党员的他，作风正派，为人正直，做事从不敷衍。他常怀感恩之心，热心服务同学和社会，主动帮助学习困难的同学，诠释了为人民服务的宗旨。作为班级的学习委员，他平时关注同学们的学习情况，考试前经常帮助同学梳理知识脉络，组织复习小讲堂；作为党支部的青年委员，他认真做好支部的积极分子工作，整理相关材料，积极配合老师的工作。赠人玫瑰，手有余香，为人民服务、帮助身边的人是作为学生党员的责任和乐趣。他坚决拥护共产党的领导，努力做“四有”青年，心怀远大理想，为身边的同学们起到了模范带头作用，努力在新时代做一个有价值的人。

学海无涯，必将上下求索

活到老，学到老。他把学习当作生活的一部分，坚持每天学习提高。在大学里他养成了自主学习的好习惯，能够主动发现并解决自身的问题，他坚信只有不断学习才能使人进步，只有经常反省自我才能变得更好。从进入大学以后，他认真上好每一堂课，从不无故旷课，按时去上早晚自习，高质量完成作业和各项任务。他的学习成绩基本都是优秀，他脚踏实地，肯下功夫，不断追求更完美的自己。他的专业排名一直是第一名。在平时的学习过程中，他经常向老师请教问题，主动与老师沟通自己的思路。善于思考和分析是他的一大突出特点，习惯成自然，经过日积月累，他慢慢总结出了自己的一套学习方法。

数学和物理是他最喜欢也最擅长的两个学科，喜欢逻辑分析的他经常沉迷在数学和物理的奥秘之中。悟天地之理，学万物之数，他真正地享受着学习的过程。除了基础课程的学习外，他主动地拓宽自己的知识面，在图书馆借阅了许多数学和物理方面的课外书籍，通过汲取课外知识增加自己的见识。学以致用，善于运用所学分析和解决新的问题，也是他的一大特点。老师们经常说许多科研突破和创新最终都要回到数学上来，于是他相信数学和物理是科学研究的重要基础，只有基础稳固才能走得更远。经过高强度的学习和长时间的认真准备，他报名参加了全国和北京市的大学生数学和物理竞赛，最终拿到了全国大学生数学竞赛二等奖和全国部分地区物理竞赛一等奖的优异成绩。

勤于实践，方得真知

通过不断的实践，他深深明白一个道理：“纸上得来终觉浅，绝知此事要躬行。”对于一个理工科学生而言，仅仅掌握理论知识是远远不够的，还需要在实践中去检验知识。在平时的实验中，他经常最后离开，有时候实验数据出现异常，他就会耐心地分析问题所在，甚至再重新做一遍实验来检查自己的问题。正是这种精益求精的品质使他不断地提高着专业能力。此外，他还积极报名参加相关专业的实验室开放项目。使他印象最深刻的是参加“西门子杯”智能挑战赛，他与团队一起，把一学期的空闲时间都付出在了准备工作中。在这次参赛过程中，他学会了如何去分析和解决已经存在的问题，更明白了如何通过自己的不懈努力去实现已定的目标。他还多次参与相关专业的竞赛，在全国大学生电子设计大赛中，他取得了团队二等奖的成绩，同时也锻炼了专业技能，并且提高了专业素养。

脑体结合，勇做追风少年

他从高中就喜欢跑步，到了大学能够坚持这一习惯并不断挑战自我，实现了人生中重要的突破。从第一次 10 千米比赛，到后来的鸟巢半程马拉松，再到北京马拉松，他一步一步地超越了以前的自己，把跑步当作生活中不可或缺的一部分。对于他来说，跑步就和吃饭、睡觉一样重要。越努力越幸运，在训练的过程中，他受过很多伤，但是因为心中的热爱他坚持了下来，并通过自己的不断训练，连续两年拿到了一签难求的北京马拉松名额，且顺利完成了比赛，成绩也实现了大幅度提升。多一份热爱，多一份坚持，就这样，他把自己真正喜欢的事情坚持了下来。不仅如此，作为相约晨光跑步协会的会长，他带动身边更多的朋友慢慢喜欢上了跑步，并且多次组织校内外跑步活动，这激发了同学们的跑步积极性和主动性。

社会实践，展大学生风貌

从大一入学到现在，他参加了多次志愿服务，如冬奥会驻会志愿者、石景山区科技展志愿者、北京国安中超志愿者等。2018 年暑假，他作为负责人组织了社会实践，实践主题是“乡村振兴，青年有为”，他们的实践团队到房山区佛子庄村进行了文化遗迹的调研，并且提出了自己的建议，为当地的发展献计献策，最终获得了社会实践先进个人和优秀成果的荣誉。被保送研究生后，他主动申请了北京冬奥会的志愿服务工作，并且顺利通过了前期驻会志愿者的选拔。他深刻地认识到大学生服务于社会的重要性，作为新时代的青年和未来的建设者，他积极投身到社会服务和建设中去，为社会的发展和进步贡献了自己的一份力量。

作为大学生，对他来说代表自己的学校参加活动是一种荣誉，也是一种责任。他曾先后两次代表学校参加首都高校徒步运动大会，并且在集体闯关项目中获得了一等奖和二等奖；他也曾代表学校参加 2018 年首都高校大学生运动会，作为北方工业大学方阵中的一员，他展现出了昂扬向上的精神面貌；他曾先后两次代表学校参加高校百英里接力赛，在 2019 年作为领队，带领队伍成员顺利完成了比赛。以前学校没有队伍参加此项赛事，正是他们的积极参与，让更多的人认识并了解了北方工业大学，也让人们见证了北方工业大学不断提高的实力。

砥砺奋进，不懈地追求

科技创新是一个国家科研水平的重要体现，我们党和政府大力重视和支持高校的科研工作，作为理工科的在校大学生，他经常提到我们要有历史使命感和责任感，要意识到国家对于科技创新的渴望和需求，要充分利用好学校提供的资料和资源，积极投身于实践创新中。在一次认知实习中，他注意到许多的公司和工厂都实现了自动化的生产，但使用的设备大多数还是为国外所垄断，这使他感触颇深：我们不能一直受制于人，不能被别人牵着鼻子走；我们要在学习和竞赛过程中勤于思考，要敢于质疑，敢于挑战权威，敢于有创新的想法，大胆实践，这样才能不断开拓思维，实现我们的科技振兴。

大学一入学，他就着手准备自己的考研计划，经过 3 年的不懈努力，他最终拿到了学校的保送名额，被保送至北京航空航天大学，继续在自动化专业深造，争取能够为国家做出自己的一份贡献，为母校争光。还没毕业的他就开始了研究生阶段的学习和研究，时刻没有松懈。他早早地进入了实验室，提前熟悉了新的环境和学习方向。努力奋斗是他生活的节奏，也是他不断进步的原因。他对生活和学习一直怀有热情，对每天充满着希望，相信努力终会有回报，越努力越幸运。愿他不断努力，更上一层楼！

一眨眼，2016 级即将要毕业，可闭上眼睛，眼前浮现的仿佛还是昨天开学报到时的场景。大学时光是那么匆匆，却又那么值得回味。还记得那句话吗？一个人的一生应该这样度过，当他回首往事的时候，不因自己虚度年华而悔恨，也不因碌碌无为而羞愧。正是这句话一直提醒着他要尽力过好自己的大学生活，这也是他最想送给学弟学妹们的一句话，一定要珍惜大学的时光，只有时间才是你们最宝贵的财富。

无论是在学习、工作，还是生活上，他一直保持积极、乐观、向上的态度，他明白奋斗的意义和重要性，懂得如何通过自己去影响身边的人，并且通过实践、比赛和活动展现当代大学生的精神面貌。愿他以梦为马，归来仍是少年！

不懈追求　成就美好未来

作者简介

罗进华，男，1996年10月12日出生，共青团员，籍贯湖北省，担任电气与控制工程学院电气工程及其自动化14-2班心理委员。大学前3年的平均绩点为90.19。大学期间获得“西门子杯”中国智能制造挑战赛国赛一等奖，“西门子杯”中国智能制造挑战赛省赛二等奖，全国大学生Robomasters机器人大赛全国二等奖，全国大学生Robomasters机器人大赛北部赛区一等奖，“蓝桥杯”大赛单片机设计与开发省赛一等奖等奖项。曾连续两年获得校三好学生称号，连续3年获得院优秀团员称号，连续3年获得学习一等奖学金；曾获国家奖学金，国家励志奖学金，北京市优秀毕业生等荣誉。

刚刚进入大学，我就郑重地向党组织递交了入党申请书，希望能够向党组织靠拢，积极要求进步，我也很荣幸地成了一名入党积极分子。我时刻以共产党员的标准来要求自己，时刻以先进、正确的思想和理念武装自己的头脑，永记党的宗旨，全心全意为人民服务。在平时学习、工作和生活中，我能够严格要求自己，力争做到工作中任劳任怨，生活中艰苦朴素，时时处处在同学中起表率作用。

我深知学业的重要性，平时刻苦努力，勤奋好学。因为我知道在这个充满竞争的社会里，我们只有不断地充实自己，才能使自己融入并适应这个社会。我希望能在大学期间学到更多更深厚的理论知识，因此我广泛涉猎，培养严谨的逻辑思维，将基础夯实。进入大学以后，我将大部分的精力投入到汲取知识中，由于刚进入大学阶段基础薄弱，学习过程中遇到很多困难，但通过在图书馆查阅资料、请教老师和同学以及自己的思考，很多刚开始看了想放弃的难题到最后也都迎刃而解。通过我的不懈努力，在大二结束时，我的绩点达到90.2。取得一些成绩后，我并没有骄傲，反而以更高的标准严格要求自己。自始至终我都认认真真地对待每一门功课，课下主动与老师交流，向老师请教自己不懂的问题，并在这个过程中我受益匪浅。所以我不仅成绩优异，还经常得到老师的称赞。我在保持自己良好成绩的同时，还努力帮助同学复习，给同学梳理各个学科的知识点、难点，大大降低了班级的挂科率。

在大学前两年学习理论的同时，我做过几十个实验，这让我受益匪浅。每一次实验都提高了我操作专业仪器的熟练度，并且每一次的成功都建立在对原理、仪器透彻理解和对实验步骤准确操作的基础上。只有对每个实验细节、方法和目的都能理解和掌握，我们面对实验过程中的意外情况时才不会慌乱。细节决定成败，忽略掉任何一个步骤的细节都有可能满盘皆输。另外，对于实验的思考分析才是最能体现实验价值的，也是最有趣的部分，在这些分析中，经常可以有新的发现。因此我的每一份实验报告中都有对于实验的思考以及实验结果与课本理论的对比。我觉得这些训练对于我今后从事实验方面的研究十分有意义。

积极报名各种竞赛能让我们成长更快。我在大二期间报名参加了学校的全国大学生机器人大赛，开始泡在实验室学习单片机。首次接触的单片机是STM32F407。在学习配置底层库函数编程时，我遇到了很多困难，不过在队长和同学的帮助以及自己的努力下，我渡过了一个个难关，同时也接触到了很多新鲜的东西。半年的时间里，从点亮流水灯到驱动智能车跑起来，从困难重重、难以入手到熟练流畅掌握，从垂头丧气到信心满满，我经历了很多，也更加感受到了智能控制的魅力。刚开始学习时，我需要常常停下手头的工作去学习一些前两年学过的但是有些遗忘的课程，像模电数电、C程序基础等，进度缓慢但一步一个脚印。特别感谢我的队长，他总是不厌其烦地教我，给我指明方向。遇到了不懂的芯片，我懂得了去alldatasheet查找手册资料；遇到了棘手的问题，我懂得了去OpenEdv、电子发烧友等论坛查找其他人的经验；遇到了不会的算法，我懂得了去中国知网、维普等查阅专家的研究。种种困难让我受到磨砺的同时，也督促我学到了更多知识，在不断地陷入困境而后努力地走出困境的循环中，我在控制领域的知识增长很快，更重要的是学会了科学研究的思维方法，同时也享受了一次次“柳暗花明又一村”的惊喜。这段学习的经历让我明确了自己未来的方向。

尽可能帮助别人，服务别人也是服务自己，这是我一直的理念。我在大学期间一直担任班级心理委员，我也很珍惜这个机会，经常与同学交流，了解同学的心理状况，并且在课外时间会在图书馆看与心理学有关的书籍来丰富自己的知识储备，以便更好地为班上的同学服务。我养成了批评与自我批评的良好习惯。我总是及时并真诚地指出同学的缺点错误，同时也能够正确对待同学的批评和意见，会诚恳地接受，不会对同学的误解和批评而耿耿于怀，由此获得了同学们的信任和支持，大家在学习上有什么困难，总是爱找我帮忙，我也尽自己的所能帮助同学们解决困难。每当快到期末考试时，我总是会和其他几名同学一起帮助班上学习有困难的同学一起复习，串讲整学期课程的重要内容，由此同学们的学习积极性得到了提高，班级里也形成了良好的学习氛围。在同学们心中，我也逐渐地成了学习的带头人，带领着大家一起进步。

勤俭节约，道德与学术同步提高。我性格开朗，乐观向上，对有困难的同学愿意伸出援手，乐于帮助身边的人，与室友、同班同学关系良好，大家互帮互助，团结一致，我因此得到了同学的支持和拥护，群众基础较好，多次被选为优秀团员。我觉得处理好与同学、朋友之间的关系非常重要，我结交了许多朋友，经常与朋友交流沟通，这不仅拓宽了我的知识面，还让我每天都过得很开心很充实。同时，我也一直坚持着勤俭节约的生活习惯，从不铺张浪费。有不再适合穿的衣服，我都会收到一个箱子里，等到学校有捐助活动的时候捐出去；我的室友也在我的劝说下不再随便丢弃衣服，而是捐给那些有需要的山区孩子们。我还积极利用课余时间和节假日勤工助学，这不但提高了自己独立生活的能力，而且还获得一定的收入，从而节省了家里的开支。

积极参加校内外各种各样的实践活动，使我拥有积极向上的生活态度和广泛的兴趣爱好，也使得我在社会实践和团体协作方面积累了许多经验，形成了较好的组织管理理念，提升了团队合作与社交能力。在“西门子杯”中国智能制造挑战赛中，每个参赛队伍由两到三人组成。由于当时刚开始接触工业以太网，对于很多基本的概念都弄不清楚，我和队友每天就在发现问题、查找资料、一起讨论和深入研究这样的循环中度过。从刚开始对比赛的题目都一知半解到后来想出一个又一个可能的解决方案；从刚开始的无从下手，甚至一度想要放弃，到后来写出了完整的解决方案并且在决赛时进行了实践，其中的心酸与满足，只有经历过锲而不舍的团队合作的磨炼之后才能理解。一个人的知识与精力总是有限的，只有团队合作才能实现一次又一次的突破。参加各种各样的社会实践，不仅将知识应用到了实践，也更好地将个体融入了团队。我参加过很多竞赛活动，也获得过很多奖项。虽然有些活动没有取得骄人的成绩，但我觉得那也是一种有益的体验，因为能够见识到很多优秀的人，也能将课堂上学到的知识应用到现实生活中，达到学以致用的目的。

4 年的大学生活已经过去，我也取得了一些成绩，这一切都离不开老师的指导和帮助以及同学的关心和鼓励。我深知自己做得还不够，谦虚使人进步，骄傲使人落后，我还是会以一颗平常心，踏踏实实地、一步一个脚印地去迎接更大的挑战，努力学习，全面发展，干好工作，锻炼能力，奋力前行，不断提高自己，希望将来我能够在学术上有所成就，为国家的科技事业献出自己的一份力量！

顽强拼搏　青春无悔

作者简介

张开燕，男，汉族，中共党员，1994 年 10 月出生于重庆市，2014 年 9 月进入北方工业大学机械设计制造及其自动化 1 班，曾担任机械设计制造及其自动化本科学生第一党支部副书记，校智能机器人协会会长，院学生会科技部部长，机械设计制造及其自动化 14-1 班班长。曾获北京市三好学生、北京市优秀毕业生、校级优秀团员、校级三好学生、北方工业大学军训优秀学员等荣誉称号；获国家奖学金、国家励志奖学金、优秀学生一等奖学金、思想品德一等奖学金、学习一等奖学金、实践创新一等奖学金、体育二等奖学金等；获全国大学生机械类建模大赛一等奖、华北五省机器人大赛一等奖、北京市工程训练大赛一等奖、北京市机器人大赛一等奖、北京高校联合纸桥承重大赛一等奖、北京市大学生科学研究与创业行动计划一等奖、北京市机械创新大赛二等奖、海尔创客杯产品设计大赛二等奖、全国工程训练大赛三等奖、北京市物理实验竞赛三等奖等奖项。

刚入学时，张开燕并不知道大学生活是什么样的，但是他始终牢记“知识就是力量”的格言。高中时期张开燕的成绩中等，学习方面尚有进步的空间，于是张开燕渴望着更上一层楼。为此，张开燕对自己发起了挑战，要求自己养成自律、坚持、勤奋的品质，要能够在知识的高峰上披荆斩棘。下定决心后，他抓紧每一分每一秒，刻苦学习。大一时他住在校外的金鼎公寓，为了达到目标，他坚持每天早上六点起床。无论是春光如练，夏雨滂沱，还是秋风萧瑟，雪虐风饕，他都坚持克服距离和早起的困难，在六点半准时到学校，用晨读、晨练开启新一天的学习生活。他也擅长利用课余的时间，常常在晚上图书馆关门后才回到寝室。室友们经常问他：我们醒的时候你怎么就不在了？我们都快入睡了你怎么还没有回来？正是这一份坚持和勤奋感染了身边的人，慢慢地在他的带动下，他的室友也开始重视学业，勤奋学习。

这一年，对大学生活从迷茫到坚定，张开燕的转变就是从对自己的挑战开始的。专注于学习的他上课在教室，没课的时候在图书馆。正所谓“一分耕耘，一分收获”，张开燕本着对学习的热爱，以绩点 93 的成绩，获得国家励志奖学金、学习一等奖学金、社会实践一等奖学金、体育三等奖学金、思想品德一等奖学金、优秀学生二等奖学金等，完成了自己对学习态度以及习惯的挑战。面对学习的挑战，他克服了懒惰、懈怠等容易放松自己的惯性，从普通的高中生转变为同学心目中的“学霸”，并且获得了扎实的专业知识，提升了高效率利用时间的能力，养成了做事区分轻重缓急的作风。

除此之外，张开燕坚信学习的过程是不断积累自身知识储备的过程，他知道现在社会对复合型人才的需求在不断加大，他所学的机械专业是工科中的基础学科，在学习好基础课程外，他还加大了对前沿科技的了解，开始学习单片机编程，希望能从中领悟到一些对未来所需知识储备的要求，以便继续汲取知识的营养。

时光飞逝，张开燕的大学生活进入了第二年。经过一年的学习，这个拥有醒目学习成绩的普通学生开始引起老师们的关注。大一不了解大学生活的张开燕除了每周参加志愿支教活动外，并没有参加学生会。但是每天早上都能看到张开燕早早来到学校的石卉老师坚信，这个学生身上具备的品质不仅能够使他学习进步，还能让他在学生工作方面有所突破。石老师了解到，张开燕自从来到大学起，就想成为一名学生干部，为周围的同学服务，但是因为对大学生活不了解，就错过了机会。这次机会来了，张开燕响应老师的号召，很荣幸成了学生会科技部的部长，主要负责学院科技类比赛活动的筹划和安排。他需要学习怎么可以短时间内高效地处理很多事情，既要在有限的时间内完成学习任务，还要高质量地完成任职事务。对于从来没有组织过活动的他来说困难重重，他不知道自己能不能做好，但是他想挑战自己，想从一个从未组织开展过任何活动的学生变成一个有想法、有规划、会统筹的学生干部。他的挑战也是能力成长蜕变的必经之路。后来他曾成功组织了“科圈科点”科技晚会，在晚会上向学校以及学院领导、老师和同学们展示了学院的科技成果；也曾组织学校的机械创新比赛，吸引了更多同学参加到科技活动中。他后来在班级担任班长一职，主要负责班级日常事务，为导师和同学分忧。在学习大学物理课程时，有的同学感觉学习有困难，于是张开燕组织了复习小课堂，为学习有困难的同学讲解题目，一起准备期末考试复习。最终参加小课堂的同学都通过了考试，学院老师对此大为赞赏。

经过这些工作的磨炼，张开燕从对组织活动没有经验到能够胜任多部门合作活动，从个人学习先锋到组织带动同学一起学习进步，从普通学生到优秀学生干部，他的自我挑战成功了。他不仅培养了活动统筹能力、多部门协作能力、学生组织能力，还为集体赢得了荣誉——通过张开燕和全班同学的共同努力，机械设计制造及其自动化 14-1 班在 Y 计划复盘会大赛中获得了二等奖。

在担任各种职务的同时，张开燕还发现了新天地——机器人比赛。从大二和大三开始，张开燕积极参加校级、市级和国家级的各种竞赛。竞赛在张开燕的心中不仅仅是比赛，更像一个擂台——新我能否战胜旧我的擂台。原来的自己站在擂台上，盯着现在的自己，心想：你有进步吗？你凭借什么来战胜我？想要战胜旧我就得迎接新的挑战——获得充分的实践能力以及自我革新的专业能力。为了在各项机器人比赛中创造佳绩，张开燕积极进入学院的开放实验室学习，这些实验室的学习经验为他的竞赛之路打下了良好的基础，他希望自己可以用这些学到的知识完成更好的竞赛作品，战胜原来那个止步不前、没有创新的自己。然而有时候问题来得非常突然，如果不及时处理就可能会耽误竞赛的整体进度，不利于比赛，他选择了熬夜进行实验优化来解决这些突如其来的问题。这一段时间你不会看到他去图书馆了，你只会看到他下课后匆匆地赶往实验室的背影。

后来张开燕多次参加华北五省（区、市）机器人大赛、机械创新大赛、工程训练大赛等比赛，他在比赛中体会到了妙不可言的乐趣，在他看来，竞赛过程是一个不断创新实践的过程。面对专业问题，他不断地自我革新，不断地汲取前沿知识，优化方案，举一反三。在第一次参加华北五省（区、市）机器人竞赛时他获得了二等奖，第二次时获得了一等奖，他成功地战胜了原来的自己，通过对旧我的不断挑战，从二等奖到一等奖，从方案 A 到方案 B、C、D；从校级市级比赛到华北区域比赛；从理论学霸到实践达人，张开燕秉持着实践为王、创新优化的观念，在比赛中屡创佳绩，也收获了将学科专业知识转化为比赛实践创新能力的喜悦。比赛的佳绩当然也离不开老师的指导。在机械创新大赛中，老师们向学生强调要积极培养自己的创新能力，能够在别人现有的作品中看出不足并加以改善，这样才会有更大的收获。老师们还经常组织社会实践项目来培养同学们的实践能力。张开燕也积极参与，例如在大二暑假，张开燕曾调研商品包装机的产品现状，学会了调研的流程，学到了课本上学不到的知识。

大一能够选课的时候，党课就已经被张开燕选入课程列表中。他系统地学习了马列主义、毛泽东思想、习近平新时代中国特色社会主义思想，学习用正确的理论武装头脑，树立正确的人生观、价值观、世界观，始终拥护中国共产党，践行全心全意为人民服务的宗旨。在日常生活中，他主动关注时政，了解和学习党的精神，积极向党组织靠拢，努力保持自身的先进性，在各方面严格要求自己，为周围同学树立了良好的榜样。在大三时，张开燕终于成了一名合格的共产党员，此时他担任了机械本科学生第一党支部的副书记一职，开始承担培养和发展新党员的工作。党员工作是比较烦琐细碎的，这极大地磨砺了张开燕的耐心和开拓工作的能力，他在这个过程中也结识了许多志同道合的朋友。

大学时光过得很快，转眼来到大四，大家都早已开始规划本科毕业后的去向以及完成毕业设计。这时张开燕也做出了决定：出国。然而这对他而言是一个挑战。查阅他大学的英语成绩，和他 93 的绩点比起来简直不可思议。他的英语基础比较薄弱，忙碌的比赛和学术工作也让他花在英语学习上的时间较少。然而他还是决心要挑战英语，他心想：虽然我英语差，但不能永远那么差，我要把它克服。于是不服输的张开燕又一次向他的新挑战出发了，他一定要拿到 offer（录取通知），出国深造。

这一年的时间，张开燕除了完成毕业设计就是准备英语考试。他依旧早早地起床，并且他现在住到校内了，可以有更多的时间来准备了。经过前 3 年时间的成长，他已经能够合理安排自己的时间了。在不耽误毕业设计的前提下，张开燕努力准备着雅思考试。他的毕业设计导师对他期望很高，希望他能高质量地完成毕业设计。成长总是痛苦的，挑战原来那个自己总是艰难的。在快要毕业的四月，张开燕还是没有收到 offer。毕业设计虽然已经基本完成了，可以毕业了，但是他的未来呢？在哪里？就在张开燕于艰难中准备雅思考试的时候，一封邮件来了，这并不是 offer 邮件，而是一封面试邮件。新加坡南洋理工大学接到了他的申请材料，并且希望他能参加 Skype 面试。他接到通知非常兴奋，开始准备几天后的英文面试。白驹过隙，面试的时间很快就到了，而面试过后，张开燕并没有收到肯定的答复。但他没有放弃，他还在学习，他相信即使这次没有成功，他还可以准备下一次。故事总是那么剧情化，就在他以为不会有回音的时候，他收到了南洋理工大学的 offer，他成功了，他能够出国深造了！这里的挑战包含着他对自己能力的把控，对自己有信心的笃定。

最后毕业设计审核时间到了，张开燕的毕业设计被评为优秀毕业设计，他被评为北京市优秀毕业生。

大学 4 年时光转瞬即逝，张开燕又重新踏上新的旅程，他坚信人生在于挑战那个原来的自己，新的征程又是新的挑战。他坚信毛主席的一句话：与天奋斗，其乐无穷！与地奋斗，其乐无穷！与人奋斗，其乐无穷！他希望与诸君共勉，一起奋斗，挑战人生。

初心不改　方得始终

作者简介

骆亭宇，机械与材料工程学院工业设计系 15-2 班学生，共青团员，曾任北方工业大学大学生记者团团长兼校报主编，工业设计系 15-2 班团支书。绩点 86.59，专业排名第一，获国家奖学金、优秀学生一等奖学金及其他 4 项基本奖学金。获得“校级优秀学生干部”“玉兰新闻奖优秀学生记者”“先进工作者”等荣誉称号，获实培计划大学生科研训练计划深化项目优秀成果奖，北京市大学生科学研究与创业行动计划项目二等奖，中国旅游商品创意设计大赛锡林郭勒主题赛铜奖等竞赛奖。

回顾大学 4 年我的表现，能够获得国家奖学金实在是侥幸，将自己与其他国家奖学金获得者放在一起，我未免相形见绌。那些没日没夜的实验室生活、机器人大赛、数学建模大赛，还有以第一作者发表论文这样的事，我都没有经历过。所以荣获国家奖学金时，我做的第一件事是反思。而现在距获奖已经过去两年多了，此刻的我像个旁观者，经过时间的沉淀，那些真正影响我、推动我的事，逐渐清晰起来。

对专业的热爱是我最原始的驱动力。实不相瞒，虽然是一个如假包换的理科生，但我天生害怕数理化，数学逻辑是我最不愿面对的，因此当年考大学时的第一志愿填的都是工业设计。设计是一件让人不得不保持好奇心和探索欲的事，这是人类的本能，当时的我大约认为这是靠本能就可以学习的专业。我是个兴趣使然的人，电脑里存着几百个国内外的设计网页，从名门正派的设计师到稀奇古怪的个人猎奇网站，我都一探究竟。*Architecture For Dogs* 这本书对我影响很大，像妹岛和世、原研哉这样的设计师为不同犬种做“狗的建筑”，他们的奇思妙想和深远思考打破了我的思维桎梏，让我深深为此着迷。然而从大二开始正式学习专业课后，我几乎是从头开始学。只上过小学暑期绘画兴趣班的我，在这一年里格外努力，原因很简单：勤能补拙。我至今还记得当时每晚背着画板和颜料、从九公寓走到四教西楼七层的自己，当然也还记得色彩课结课交作业时老师对我说的话，“这里面的作业，应该就属你的最厚了。”后来的各门课，我都抱着这样的心态去上，我想：没有天赋就没有吧，至少老师讲的我要理解、记住，作业要按质按量尽最大努力完成，既然有幸选择了喜欢的领域，就一鼓作气好好学。结果就是，和数学相关的科目分数都不怎么高，这是意料之中的事；和专业相关的科目都是90分上下，把绩点一下子拉高了很多，这也是意料之中的事。

对专业的热爱推动着我主动获取知识，“书中自有黄金屋”，诚不欺我。工业设计是一个以人为中心进行研究的专业，除专业的设计类书籍外，若能更多地留意人的行为、心理、生活方式，学习民风民俗，对专业学习必是有益无害。至今我都感谢大学期间的自己，读了佐藤大、诺曼、原研哉等大师的书籍，尝试理解设计师眼中的设计；读了余华、严歌苓、东野圭吾，看到了幸与不幸的人生；读了袁珂、王世襄，进一步认识神话传说和传统文化。一次偶然的机会，柳冠中先生到学校做“设计师第三种智慧”的讲座，其中关于“创新”“中国制造”“机制、系统”“观念转型”等一些观点启发了我，让我意识到工业设计是一项可能填补中国设计空白的事业，能够改善甚至改变人的生活方式，而不是单纯地做得更好看、更有经济价值。在做残障人士辅助器具研究项目时，我平时的积累发挥了作用。在确定选题之后，我和同伴先后几次到盲人学校、盲人按摩店、盲人图书馆进行研究，观察盲人的生活，与他们交流，听他们讲自己的生活经历。老师常说“设计好一个产品就是讲好一个故事”，以人为中心的故事，自然少不了人文关怀，了解用户的需求也要先探寻他们的内心。后来我们在这个设计中的立足点是帮助视障人群建立自信，当时盲人调音师说：“希望你们一直对设计充满热情，能够帮助更多人。”这个项目获得了“实培计划大学生科研训练计划深化项目优秀成果”奖。同年，锡林郭勒旅游产品设计也获得了铜奖，这个设计涉及地理环境、民风民俗，是文化输出的设计，趁这个机会我也学习了草原文化。虽然最后成绩一般，但这也证实了，想要成为一个好的设计师，不仅仅需要掌握基本设计技能，还要对设计的对象作全面了解；特别是在做文化输出时，了解得越透彻，就越有利于设计表达。

设计是不断输出的过程，而阅读能够让人沉淀下来，补充精神食粮，变得更有厚度，同时思维也会发生转变，帮助人从多角度思考，变得更有逻辑、更敏锐，成为一个有社会责任感的人。

在我的大学生活里，学好专业课就是我的主线任务，而后来能够在校报小有成绩，也要得益于学习专业课时的阅读和思考。早先，记者团还没成立，我还只是北方工业大学校报新闻采编部的一员，选择校报的初心很简单，仅仅是因为对记者、纸媒的好奇。同选专业一样，选择校报后发现这也是一项我热爱的“事业”。我是其中极少数的理科生，虽然“蠢蠢欲动”，但内心也忐忑不安。开始写稿时，无论是写通讯稿还是散文，我都小心翼翼，写“他们希望我写”的东西。所幸当时主编和老师耐心教导，“可以再深度报道一些别人不知道的”“不要站在上帝角度看待问题”……我第一篇独立完成的通讯稿是《来自异国的问候——国际文化节》，这也是我第一次采访韩国人和日本人。采访完我就立刻把内容整理出来，之后慢慢写，慢慢改，还特意发给学文科的同学看。结果这篇报道占了那期报纸很大一块版面，主编说写得不错，也是从那时起，我相信自己有这样的能力。另一篇受到编辑部表扬的文章是《颠倒岁月》，是《活着》的读后感，也是我对当时所读一系列书籍的思考，得到了编辑部的认可。后来我自己当了校报主编，收到了往期报纸的审稿单，出于好奇我点开了自己文章的审稿单，以一种微妙的心理品读上一届编辑们对我文章的评价，不时频频点头，对这篇《颠倒岁月》，三审的点评都是“写得不错”。我长吁一口气，总算是在校报立足了。

到此，我所讲述的都是从热爱开始，然后一以贯之的故事，好像对我而言并非“万事开头难”，我想，难的是坚持，于是这件事从“兴趣”转变为了“责任”。大三这年成立了记者团，我选择留任，成了记者团团长兼校报主编。对这一年的经历，我心怀感激，虽然课程变少，但是生活节奏却变得更快。当上记者团团长，我才真正理解了什么叫作学生干部。统筹、策划、审阅所有稿件、应对临时的活动等等，从暑假开始，我就忙于制定记者团规章制度，计划新学期第一期报纸，策划招新……好像等我闲下来的时候，已经是再次换届了。但是我由衷地感谢这段经历，这是不可多得的锻炼自己的机会，也是在有了亲身感受之后，我对大学里大型组织的负责人肃然起敬。我很喜欢在记者团的这两年，不仅结识了一群性格各异的同学，而且亲自采访了学校优秀的师生，甚至是工业设计系斩获大奖的学长学姐，听他们讲述奋斗的经历。我和校报的同学一同度过了迎新会、团建、元旦晚会、玉兰奖颁奖现场……我获得了“校级优秀学生干部”称号，且两次获得了“玉兰奖优秀学生记者”“先进工作者”称号。这些荣誉的背后是我对记者团的责任，是我对校报的热爱。

我本人大概是有些自卑的，直到最近看了一本叫作《非暴力沟通》的书，发现我常常处于逼迫自己和与自己比较的状态，回顾大学生活，更像是一段发现自己和认可自己的经历。到这里才写大一的自己，因为那时的我不自信，迷茫，甚至有些自闭。为了锻炼自己，我参加了校学生会的文艺部，默默地当一个小透明；连续两年参加了故宫北门的志愿服务，渐渐体会到帮助别人之后的快乐感；为了打破传统思维，我加入了思行学社，在读书会上大声朗读优秀的作品；我到南街村做暑期调研，主动去了解社会；为了身体健康，我报名参加运动会来督促自己坚持锻炼。所幸室友们和我团结一心，即便我们每个人跑得都不怎么快，最后还是获得了接力赛的好成绩，赢得了一年份的洗发水……我也尝试过坚持不下去的事情，但是这些经历同样塑造了现在的我，我之所以有了改变，很大程度上是由于找到自己热爱的事情来做。因为热爱，所以愿意付出；因为热爱，所以愿意坚持。

为什么我——一个平平无奇的人——能“集齐四大奖学金”？因为我一直想要改变自己，希望自己能够用心去做喜欢的事情，希望能“初心尽不违”。一个“尽”字，我还需用更长的时间来证明，始于热爱终于坚持，我还要努力成长为更好的人。

一分耕耘　一分收获

作者简介

谭盼，男，中共党员，机械设计制造及其自动化专业学生，曾任党支部副书记、班长、团支书等职。绩点 91.13，英语六级 558 分、四级 591 分。曾获国家奖学金、北京市优秀毕业生、北方工业大学天汇一等奖学金、优秀学生一等奖学金（2 次）、“五四青年奖章”提名奖等奖励与荣誉称号；获全国大学生英语竞赛二等奖（2 次）、华北五省大学生机器人大赛三等奖、北京市大学生数学竞赛三等奖、首都大中专学生暑期社会实践优秀成果奖等奖项。此外，曾被选入北京市卓越工程师教育培养计划高校联盟暑期学校（联盟各高校每校仅派一人参加），赴法国交流学习。

4 年前，北方工业大学的校园里，多了一个男孩，他从山城而来，皮肤黝黑。他从未见过如此“豪华”的校园，周围的一切都是那么陌生。他一个人走在校园，内心一直在问自己：什么是“大学”……

谭盼认为，人生是短暂的，可以用来为这个社会服务的时间更是短暂的。要想在这短暂的时间中得到最大的收获，唯有珍惜生活中每一分每一秒，方可实现自己的人生价值。青春的脚步如行云流水，容不得半点浪费。他常以毛主席的“恰同学少年，风华正茂；书生意气，挥斥方遒”来激励自己，身为“早晨八九点钟的太阳”，作为一名中共党员，理应争做一名适应社会发展需要的合格人才，全心全意为人民服务，奉献自己的光和热，这是义不容辞的责任。

为了加强与同学们的沟通交流，谭盼积极担任学生干部，工作出色，认真负责，总是在保证质量的前提下，以最快的速度完成组织下发的各项任务。在工作中他以饱满的热情和高度的责任感，以身作则，一直以一种高标准来严格要求自己，为老师和同学服务。在班级中，他担任团支书，积极主动为同学服务，协调好同学之间的关系，负责班里的团务工作，做好师生桥梁，配合老师的各项工作，组织开展班会；此外，他还担任党支部副书记一职，协助老师完成党务工作，组织党日活动。他深知一滴水只有放进大海里才永远不会干涸，一个人只有当他把自己和集体融合在一起的时候才能最有力量。几年来，他在老师和同学的关心、帮助下茁壮成长，潜力也得到了充分的发挥。党团各项工作，锻炼了他统筹安排和组织管理的能力，为他积累了大量的工作和实践经验，这些都将成为他终身受用的宝贵财富；同时也使他更加热爱伟大的共产党与共青团，并一直为之默默奉献着自己的力量。

与以往半强迫式的紧凑学习步调不同的是，大学的时间是可供自己自由支配的：可以选择舒适，譬如在宿舍打游戏；也可以选择忙碌，食堂图书馆两点一线。谭盼认为学生的本职就是学习，知识是人类进步的阶梯，所以他仍严格要求自己，勤奋好学，正确掌握学习技巧，积极进取，不投机取巧。常言道，学海无涯，图书馆与自习室是他待得最久的地方，一本书，一台电脑，便是一整天……知识的魅力、知识的力量一直吸引着他，这里便是他的“学海”。在这里，他能够向古今中外的大数学家、大物理学家吸取知识经验，甚至“促膝长谈”。他享受到了遨游在知识海洋里的畅快，领略到了隐藏在宇宙间的无限魅力。学习是一个漫长的积累过程，需要持之以恒的精神，他有着极强的自律性，正因为如此，他成绩优异，名列前茅。看着自己用汗水换回的成绩，他知道自己在进步，他知道自己正在变得越来越优秀。

他并没有骄傲自满，他深知，在这个五彩斑斓的世界中，还有很多新鲜事物没有去体验，也还有很多东西等着他去学习，所以他一直不断奋斗着，力争使自己成为一名综合素质优异、专业素质突出的大学生。

在生活方面，谭盼作风正派，坦诚乐观，生活质朴，并养成了良好的习惯，懂得用宽广的胸怀去包容万事万物。他乐于帮助身边的人，真诚相待，也得到了朋友的支持和拥护。他善于沟通，热情主动地与同学打成一片，及时发现同学的难处，并妥善地给予帮助。此外，他还积极投入到社会志愿活动中去：他投身支教，为贫困地区学校的孩子们带去知识；担任北京市希望马拉松义跑志愿者，为癌症患者点燃了希望；身为国家大剧院“莲花盛开”数字特展志愿者，只为向世人更好地传播敦煌文化……每一句真诚的“谢谢”是他一直坚持志愿者活动的根本动力源泉。他坚信，有能力帮助别人也是对自己的一种肯定，同时自身也能够在其中得到成长，爱与温暖肯定能够在这样一种氛围中永远地传递下去，这本就是中华民族的传统美德之一。

所谓“身体是革命的本钱”，做任何事情，都必须要有一个健康的体魄，这是成为一名优秀学生的必要条件。谭盼深知拥有良好身体素质的重要性，所以在平时的空闲时间里，他积极锻炼，坚持跑步、跳绳、网球等各项运动。在他眼里，某种意义上锻炼身体也属于学业的重要组成部分：运动不但能增强身体素质，还能缓解白日里紧张的学习压力，从而使得第二天的工作效率得到显著提升。他已连续4年代表学院参加校田径运动会，他在心里暗暗要求自己，一定要尽自己所能为学院争光。在第一年的比赛中，他虽发挥不佳，但他并没有因此而灰心或是放弃，反而奋起直追，后来居上。后3年均取得了优异的成绩：2017年5月，学生男子组4×400米接力赛第二名；2018年5月，学生男子组4×400米接力赛第一名，400米第八名；2019年5月，学生男子组4×400米接力赛第一名，400米第六名。每次比赛，他都会拼尽全力，毫无半点保留，甚至突破身体极限。在旁人看来可能无法理解，但这是他所执着追求的。驰骋在赛场上的快感，能够给他的心灵带来片刻的“宁静”，踏上跑道，发令枪响的那一刻，身体好像已经不听使唤，脑海中只有一个字：冲！

提升自己的过程是艰辛的，但谭盼凭借心中矢志不移的信念得以一直走下去。坚毅是他最大的优点，因为坚毅，所以他能够协调好学习、工作、生活三者之间的关系；因为坚毅，所以一路上的困难与挫折他都能够克服；因为坚毅，所以他在通往成功的路上无所畏惧，只顾一路前行。4年的汗水浇灌出了他现在所达到的高度，当初的目标实现了，他的所有付出都是值得的！

大学毕业是结束也是开始，他感恩北方工业大学给予了他第二次生命，感恩机械与材料工程学院栽培了他4年。这4年他成长了许多，解锁了人生中若干的第一次，触碰到了现代化的社会与世界，自身能力与眼界都得到了很大程度上的提升。同时他也收获了师生情与友情，感受到了无尽的温暖与关怀，他能取得如今的成绩离不开老师和同学的帮助与支持。北方工业大学和机械与材料工程学院是他的第二个家，是他人生道路上第一个意义深远的转折点，但成长之路颇为艰辛，尚未走完。坚定不移的意志，乘风破浪的勇气，终凌绝顶的信念，这些都将会是他抵达终点的制胜法宝！“孩儿立志出乡关，学不成名誓不还。埋骨何须桑梓地，人生无处不青山。”有朝一日，学有所成，定当效仿众多优秀校友，回馈工大，这是他给自己立下的誓言！

毕业前夕，他一个人漫步于这熟悉的校园，这一次，他终于有了答案：“大学”由“大”和“学”两个字组成，“学”固然是“学习”之意，那么为何还要在“学”之前加一个“大”字呢？马相伯曾说：“诸君皆系大学生，然所谓大学者，非校舍之大之谓，非学生年龄之大之谓，亦非教员薪水之大之谓，系道德高尚、学问渊深之谓也。”在大学，德、智、体、美、劳是一名优秀学生的“标配”，所谓“海阔凭鱼跃，天高任鸟飞”，只有全面发展，提升自己的综合素质能力，才能不辜负自己的大好青春年华。

时光荏苒，岁月如梭；美好4年，稍纵即逝。再回首，落败亦有完胜；忆往昔，惜败亦有险胜。世事纷乱繁杂，心自向远方。故皆是历练，尽是收获，终促成光辉。

道阻且长，定将上下而求索。成长之路总会布满荆棘，但所幸一分的耕耘便能换来一分的收获。在此，谨以一首百字令记录谭盼整个大学的心路历程：

寒
惋叹
望苍天
泪水无言
辗转离难眠
青春为梦浇灌
倒悬之危亦得安
曾记否挥斥方遒间
一路青春如火可燎原
晨昏交替心中热血不减
于怒涛汹波梦想作帆
不曾畏惧从容在案
逐梦少年心益坚
每忆似水流年
唯挑灯夜战
踏平艰险
尽向前
熊焰
燃

坚持梦想　不懈前行

作者简介

孙芦路，北方工业大学建筑与艺术学院城乡规划专业，曾获 2016—2017 学年国家奖学金及各项奖学金，大学生英语竞赛国家级三等奖，“乡村振兴”暑期社会实践北京市百强团队及国家级宣传奖，计算机大赛 PPT 组国家级三等奖、Word 组校级二等奖，北京大学生合唱大赛银奖、校辩论赛银奖、建筑学院快题大赛二等奖。曾获校三好学生、“五四”优秀学生，并多次获得“浩学榜样”称号。学习之余，在《建筑》杂志社、北京建筑大学规划院、少年得到公司完成 3 段实习工作。

2016 年 7 月，高考结束。我抱着对新生活的无限憧憬，认认真真查找、比对着志愿表上的每一项。怀揣着新的希望与梦想，我一路北上来到了这里——北方工业大学。进入校门时，我被道路两侧红色的宣传栏所吸引，那是国家奖学金获得者的照片和简介。我知道，国家奖学金，对于一个大学生来说，是一份莫大的荣誉。我在心里暗暗期待着，有一天我也能出现在这里。我不知道这条路还有多远，但机遇总留给有准备的人，我需要先做到脚踏实地。

于是我为自己写下了 5 年的梦想清单：学习、入党、课外实践、个人爱好。我希望我能度过一个既充实又有意义的大学生活，哪怕一路风雨兼程。

开学第一课，院长说了一句我至今记忆犹新的话：“做这行是需要天赋的。”我不知道什么是天赋，我也不知道我有没有这样的天赋。如果有天赋，怎么会在别人都谈论密斯·凡·德·罗的时候，默默拿出我的成都锦里旅游照片？又怎么会在别人一次就搞定的作业上摔三次跟头，还被嘲讽笨手笨脚？

但我向来是个不服输的人，我坚信天道酬勤，一分耕耘，一分收获。于是，手绘班，专业课程，作业图纸，我的时间表三点一线，不肯在吃饭和睡觉之外浪费一分一秒的时间。在别的同学还在享受被窝温暖时，我已在教室里早读；当太阳西沉，同学们愉快地结束一天的课程时，我总是整理好东西进入图书馆或专业教室，我知道，我的一天才刚刚开始。

我的刻苦努力不仅换来了优秀的绩点，更换来了方方面面的荣誉与肯定。无论是专业方面的快题大赛，“乡村振兴”社会实践，专职委论文写作，还是公共课方面的计算机大赛，英语竞赛和四六级考试等，我都取得了不错的成绩。在进校的第二个金秋，我更是如愿以偿收获了国家奖学金，我的名字也出现在红色光荣榜上。

我想，什么是天赋？能把自己的时间表排满，那就是一种天赋。正如我敬重的一位前辈所说，努力与踏实，才是年轻人最难得的天赋。

初进大学时，学生会是绝大多数同学除了学习之外，最想要一展拳脚的地方，我也抱着这样的期待，进入了院学生会学习部。在部门的工作中，我快速地适应了大学生活，不仅学会了制定策划案，更是在一次次与老师、学长学姐和同龄同学的沟通中，懂得了如何与不同的人交往。凡是老师和部长安排的任务，我都尽职尽责地完成，在学校和学院的各项大型活动上，时常能看到我的身影：服装设计大赛上记录上千个分数并统计结果的分数统计员，快题大赛中策划奖项并联系和邀请评委老师的工作人员，学院模型大赛的总策划者和主持人……

在一次又一次原本以为“不可能”的任务中，我收获了扎扎实实的成长，比如在模型大赛结束时，我对着台下数十位来自各大高校的老师和同学即兴进行了一分钟的结束致辞。在大家的掌声中，我感到数月的疲累都是有意义的。在这一学年的工作中，我被评为“优秀学生干部”，也一步一步成了部门里的核心成员。虽然因为学业逐渐紧张，我婉拒了留任部长的邀请，但我留下的各项活动和“浩学加油站”策划案，在我离开后仍旧发挥着作用。能以这种形式继续为学生工作出一份力，我感到万分荣幸。

大学正是学生世界观、人生观和价值观形成的主要阶段，从高中走进大学，从稚嫩走向成熟，我们的“三观”面临着各种考验。因而从进校的第一天起，我便坚定了自己的信仰，认真学习马列主义、毛泽东思想、邓小平理论、科学发展观、习近平新时代中国特色社会主义思想。学习期间我因为表现突出，在大一时被选为入党积极分子，大二时成为预备党员，大三时转正为正式党员。

在党支部的工作中，我收获颇多，不仅得到了与高年级学长学姐交流学习、一同完成课题的宝贵机会，更是与支部同学们一道完成了爨底下村“红色 1 + 1”的活动任务。在这个为期两年的活动中，我从一个内向的学生成长为一名积极的活动组织者，从对软件一无所知到独立完成宣传视频，从不善言辞到熟练与村民交谈，由懵懂无知的学妹逐渐过渡为支部内独当一面的中坚力量，成为带领学弟学妹们前进的学姐……我与支部一起成长，而这成长最终不负众人的期望——我们支部在北京高校“红色 1 + 1”的评比中脱颖而出，荣获一等奖。

支部老师常说，人不能总为了利益而做事，我们需要梦想，需要不懈前行的追梦人。而我身在这个优秀的党支部中，时至今日，终于可说一句不辱使命，不负老师与前辈的教诲。那野火般生生不息的希望，我们将之传递给了更加年轻的后辈。时势虽难免艰难，但我们一苇以航，未来可期。

“岁月不居，时节如流”，在 2019 年的新年贺辞中，习近平总书记以孔融《论盛孝章书》中的此句开篇，在表达时光飞逝之意的同时，更是鼓励和期望全国人民继续保持时不我待、昂扬奋斗的精神状态。我想，生活在这快速发展的新时代的我们，更加需要以坚如磐石的信心、只争朝夕的劲头、坚韧不拔的毅力，做好本职工作，不断思考学习，一步一个脚印，把新时代的伟大事业推向前进。

我在工作中严肃认真，学习时一丝不苟，但生活却丰富多彩。繁忙的学习工作没有影响我享受生活的乐趣，开朗的性格使我乐于参加社团活动和各类比赛，借此拓展生活的边界，感受不一样的自己。在大二时，我代表学院参加了学校的辩论赛。从未接触过的比赛形式、陌生的队友、学习的压力，初战的失败更是让我们每个队员的内心都充满了焦虑。在这种情况下，我们尽力挤出时间，白天在教室讨论辩论点，晚上根据讨论结果写辩论稿。夜以继日的不懈努力终于换来了结果——我们逆风翻盘，代表建筑与艺术学院站在了决赛舞台上，并拿到了学院有史以来的最佳名次：第二名。在接受掌声的那一刻，我真正感觉到，我是一个合格的“浩学榜样”，我为学院争得了荣誉。

同一时期，我还参加了校艺术团，成了合唱团的成员。虽然一周两次的训练并不轻松，但在这里我不仅提高了音乐技巧，还交到了许多兴趣相投的朋友。合唱团时常参加校内外各类演出，“一二・九”晚会、元旦晚会、“清明雨”公园表演，每一次登上舞台，都是我从学生到表演者的身份转换。虽然一次又一次的排练是枯燥的，但当《不忘初心》《草原月色美》《北方工业大学校歌》的前奏响起时，我心中不仅充满了对于音乐的敬畏，更有一种自豪——我是每一场演出的一部分。这是我对艺术的坚守，更是我对团队的责任。一次次的坚持训练，换来的是在清华剧场的一展歌喉，换来的是北京市大学生合唱比赛银奖的荣誉。或许我们的表演还有细小瑕疵，我们离目标的金奖仍旧有一步之遥，但在演出结束的那一刻，我们虽有遗憾，却无后悔。

一次又一次的课外活动，促进了我的成长，我也为学院、为学校争得了宝贵的荣誉。那些奖状既凝聚了我的坚持和梦想，亦为学校与学院增添了一点微光。

在学有余力的假期时间里，我参加了两份实习工作。我相信，学习不能只是在书本里，工作中的成长亦是社会的必修课。在工作中，我勤恳踏实，能吃苦，敢挑战。在《建筑》杂志社的实习中，我不仅加深了对于建筑行业的了解，还随领导一道采访了一位“千人计划”教授，并独立写出一篇专访。作为工科生，我从未接触过这样高规格的文章写作，但每当我想放弃时，采访时教授的声音总是萦绕在我耳边——我想起，我笔下的教授也是经历了 20 年的拼搏，辗转国内国外，历尽冷暖与艰辛，才最终实现梦想，成为学术“大牛”。带着敬佩与憧憬，我坚持完成了走访写作。最终我写出的文章获得了领导的好评，并被中国知网等平台收录与转载。

在北京建筑大学规划院的实习，让我更快地成长：跟随项目组完成实际工作，让我了解到了理论与实践、图纸与现实的差距。而领导老师教给我的工作思路和流程，又与我的学校课程相互联系——上位规划、详规、修规、城市设计……一个个原本陌生的名词，最终变成了一段段鲜活的体验。我在规划院里学到的 CAD、GIS 等软件操作，也为我城市设计课程的学习带来了极大的帮助。

学习让我对工作有了更多的思考，而工作让我得以更有重点、更高效地学习。同时，在回校后，我将在规划院学习到的软件知识分享给了同学们，让大家更快、更好地完成了由“建筑思维”到“规划思维”的过渡。

大学时光是人生最宝贵的时光，与其以后扼腕叹息，何不从现在开始努力奋斗呢？时间还在向前，生活仍在继续，我将继续不懈奋斗；匠人营国，图绘方圆，我将以饱满的热情，不懈的努力，争取早日为祖国的建设增光添彩！

不甘人后　争做先锋

作者简介

刘佳沂，女，1995年2月出生，共青团员，曾任动画14-2班团支书，建筑与艺术学院团总支办公室主任，建筑与艺术学院学生会主席。曾获北方工业大学第一届“五四青年奖章”提名奖、院级优秀团员、院级三好学生、校级优秀学生干部等荣誉称号，曾获得国家奖学金、思想品德奖学金、社会实践奖学金、体育奖学金，在北方工业大学服装服饰创意大赛、陶艺大赛、文化衫大赛中多次获得奖项。

心系时政，争作榜样

在进入大学后，刘佳沂认识到：“中国共产主义青年团是中国共产党领导的先进青年的群团组织，是广大青年在实践中学习中国特色社会主义和共产主义的学校，是党的助手和后备军。”作为一名共青团员，她明白要严格要求自己，完善自己。她深入学习了马克思列宁主义、毛泽东思想、邓小平理论、习近平新时代中国特色社会主义等重要思想，遵守学院各项规章制度，认真学习《中国共产主义青年团章程》，自觉履行团员的义务，遵守团的纪律，完成团组织交给的任务，发挥团员的模范作用，尽到一个团员应尽的责任。同时她有坚定的政治立场，也有着良好的道德修养，积极上进。她经常反思自身的不足加以改进，争做一名合格的团员。

勤奋乐思，锐意进取

“学无止境，永攀高峰”这句格言始终鞭策着刘佳沂不断学习，她先后获得了思想品德奖学金、社会实践奖学金、体育奖学金、学习奖学金。她积极参加学校举办的各类比赛，曾成功入围“首届银河昊星杯鸡年纪念币包装设计大赛”，在北方工业大学服装服饰创意大赛获得最佳视觉奖，在十一届陶艺大赛中获得优秀作品奖。

作为一名大学生，要想做到全面发展，社会实践是必不可少的一部分。刘佳沂同学曾多次参加社会实践活动，并获得2016年首都大中专学生暑期社会实践优秀团队奖和暑期社会实践先进个人荣誉称号。大学期间的社会实践使她在得到历练的同时，也懂得了如何通过积攒经验让自己更加成熟，如何通过总结让自己更快地进步，更加符合当今社会对大学生的要求，这为自己进一步了解社会、认识社会积累了宝贵的经验，也为今后进入社会、融入社会打下了良好的理论和实践基础。

生活中的她性格开朗，朴素节俭，品德端正。在寝室，身为寝室长，又是学院学生干部，她带头做好宿舍的卫生工作，杜绝一切不良的生活作风，平时与同学们相处融洽，善于和同学沟通，在生活中建立了良好的人际关系，获得了大家的尊重和支持。她具有积极向上的生活态度和广泛的兴趣爱好，经常参与一些社会活动，为学院和班级争得荣誉。

服务师生，感恩社会

学习之余，刘佳沂还担任建筑与艺术学院学生会主席，用她的话说，既然同学们相信我，选择了我，我就要对得起这份信任，用自己的努力回报大家。

经过3年学生工作的锻炼与学习，她增强了自己各个方面的能力，也在工作中学到了许多在书本和课堂上学不到的东西。她曾带领各部门举办了学校的一系列招牌活动，如“服装服饰创意大赛”“建模创意大赛”“陶艺大赛”“廉政文化设计大赛”等活动。还参与举办了“建筑评估晚会”“元旦晚会”“学风建设启动大会”等活动。她曾说，在历届学生会的功绩光环下，我们需要借鉴，但我们更需要思考。学长们所开创的我们秉承，学长们所忽略的我们寻找，但最重要的，我们必须学会反思，积极发现问题并解决问题。我们需要在总结中创新，去其糟粕，取其精华，明确工作内容与方向，我们倡导集思广益，群策群力，力求将团总支学生会建设成学习型、创新型、思考型、实干型的团队。在院学生会工作的这几年中，她深深地体会到：大学以其精深的文化底蕴和严谨的学风滋养着她的心灵，学术精湛的老师对她悉心指导，诲人不倦；志同道合的同学相互启发，互相进步。正是因为这一切才有她今天的成绩；也正是因为如此，她不敢有丝毫的懈怠和自满，而是时时刻刻自省，倍感任重而道远。

她先后获得“2014—2015学年院级三好学生”“2015—2016学年校级优秀学生干部”“2015—2016学年院级优秀团员”等荣誉称号，在工作期间，她始终以

“全心全意为服务同学”为宗旨，真正做到为同学服务，为校园建设尽心尽力，积极奉献自己的一份力量。

不忘初心， 砥砺前行

在当今这个科技发展迅猛、竞争激烈的时代，刘佳沂同学明白只有把自己打造成为具有创新思想的新一代大学生，才能在今后竞争日趋激烈的社会中立于不败之地。因此，她广泛涉猎和学习各种新的文化思想和专业知识，全力打造一个全新的自我，同时，她始终牢记，作为一名学生干部，应当在各个方面都争做同学们的带头人。大学的生活给了她许多锻炼的机会，在不断的失败和成功的经历中，她变得更能适应社会。“天行健，君子当自强不息”是她的人生格言，也是她对自己的要求。

通过 3 年的学习和实践，刘传沂各方面都得到了提高。相信在今后的学习生涯中，她也会秉承这样的人生态度，努力奋斗，努力地提高自身的素质和修养。心中有更高的追求，人生才有继续向前的动力，学习就如逆水行舟，不进则退，只有不断地努力，才能取得更多优异的成绩，才能创造更美好的将来，她会继续用双手去创造属于自己的未来。时间还在继续，生活还在进行，她依然拼搏并且努力着。不断地提高，不停地挑战，争取全面发展，相信她会拥有更加美好的明天！不忘初心，砥砺前行！

心之所向　素履以往

作者简介

谭辰雯，女，中共党员，城乡规划专业，北京市三好学生，获国家奖学金，优秀学生一等奖学金。谭辰雯积极参与社会实践和专业竞赛，曾获全国大学生暑期社会实践匠心传播好作品奖，首都大学生暑期社会实践百强团队一等奖、优秀团队奖，首都大学生科学研究与创业行动计划项目一等奖，入选国家级大学生创新创业年会，在国家级期刊上发表论文两篇。谭辰雯个人才艺突出，曾任校大学生艺术团团长助理，获得北京大学生艺术展演银奖，曾获 70 周年校庆展演杰出演职员称号。谭辰雯工作尽心尽力，任学院城乡规划专业学生党支部副书记期间，与支部成员共同努力，获 2019 年北京高校“红色 1+1”示范活动一等奖。

谈到本届获得国家奖学金的是一名刚刚转专业一年的“新”同学，多少有人会有这样的疑惑：“她是怎样下定转专业的决心并付诸行动的?”其实，转专业这个决定并非她一时之意，对建筑学科的向往，早在高三之前就已经在谭辰雯的心中埋下种子了。那时的她想：在大学里能够每天接触自己向往的知识，学习自己喜欢的技能，是一件多么幸福的事情啊！

选择前的摇摆

大一刚入校，友爱的集体与和蔼的老师们给了她不小的惊喜，让她不知不觉对现有的环境产生了喜欢与依恋。同时，她也凭借着自己的满腔热情和多才多艺，一口气加入了校学生会、校艺术团、班委会。就这样，伴随着满满当当的入学课表，她开始了连轴转的大学生活。

在参加的组织团体中，她认识了一些建筑学院的伙伴，于是她有机会去旁听他们的专业课，并参与制作课程作业，对于建筑学科的教学模式有了一个初步的了解。同时，她也通过与一些学长学姐的接触，得到他们对于建筑行业的看法和意见。彼时，正值建筑行业进入所谓的寒冬期不久，行业内也出现了不少劝退的声音，而她当时经过初步学习，也发现了自己的思维方式并不能很好地与建筑设计的逻辑相契合，再联想起学习过程的不易，便开始迷茫了起来。

她又咨询了学院和建筑学院的老师，老师们也都站在各自角度给予了她相应的一些建议。经过四处询问和交谈，直到在与一位同乡学姐的接触中，她看到了另一种可能：与建筑学同宗同源的城乡规划学正值研究和实践的上升期，它也是基于对空间设计的学习，十分适合自己所擅长的统筹思维运作。于是，她的关注点便开始转移到了城乡规划学科身上。

经过一个学期的准备，她在保持高绩点的同时，刻苦训练手绘，最终顺利通过了转专业考试，从此正式成为一名城乡规划学本科学生。

转变中的磕绊

大一结束之时，正值学校筹备 70 周年校庆的关键时期，当时身处校艺术团骨干位置的她所面临的排练和工作任务一下子多了起来。期末考试才刚刚结束，她便开始了校庆准备工作。每天面对大量的参演人员统计和节目设计，本应军训的时间里她也留在学校，开始了表演节目的排练。那是她的第一个大学暑假，在家待的时间只有短短十余天，剩下的，都在为了校庆和写生实习而忙碌。同时参演 3 个节目，还有导演组的统筹和管理工作，期待已久的小学期写生实习也因工作需要而缩减时间，她早早地就回到了学校继续工作。那时的日子过得很快，炎热的夏日在跑动和汗水中悄然逝去，伴随着秋日脚步的到来，校庆也越来越临近了。她没有什么时间来适应生活的变化，好在都是自己做出的选择，工作和学习上的任务再多都觉得甘之如饴。

新学期选课结束后，安排更为紧凑的课表又给了她不小的压力。因为是转专业，不仅是缺少一年的专业基础训练，新专业大一一整年的课程还需要自己安排在往后的 4 年里修完。原本建筑学院的专业课需要耗费的精力就比较多，加上补修的课业量，真可谓是难上加难了。那段时间里，她面对新的专业学习，以及与新同学的相处和接触，让她感觉到有些手足无措。在城乡规划学科求索的道路上，她有时因为方案没有完善好而陷入深深的自责，有时看到自己苦心倾注的方案落后于人而自我质疑……诸如此类的低谷状态困扰了她很长一段时间。即使再压缩睡眠时间，也不可能保证能产出一个优秀的作品，她开始对需要投入如此大量精力的专业感到缺乏信心，甚至开始质问自己是否确实适合这个专业，曾经的热情似乎已经被现实打压得没有了。她略显局促地穿梭在一节又一节新课程中，面对着一张又一张陌生的面孔，绞尽脑汁地在有限的时间里消化知识，仿佛只剩下自己与时间在对峙。

幸运的是，她在这里遇见了学识渊博、循循善诱的老师和热心无私的舍友和同学。她当时总会抱有一种一次性就能做到最好的想法，但看过了诸多优秀案例，脑袋里剩下的只是他们精彩的形式处理，自己东拼西凑起来却总不成一个方案。经过老师的指点她终于明白，设计的形成是有其逻辑和推敲过程的，她所要学习的应是设计的方法与思路，而不仅仅是做好一个方案。从此往后，她在学习经典案例的时候，都会注意总结设计师们的设计逻辑，深挖他们的设计思想，最终汇集到自己的思考逻辑上。与此同时，她所结识的同学与学长学姐用他们的专业热情给予了她强大的助力，一方面他们与她分享先进的理念思潮和优秀作品，一方面也给她树立起了榜样的旗帜，让她更为坚实地踏出前进的脚步。

在他们的帮助下，她渐渐从自己一点一滴的进步里找到了学习节奏。从小积累的美术基础给了她很大的助力，在素描课上，她轻松愉快地完成；每节专业必修课上老师介绍的理论知识她也积极吸收，愈发感知到城乡规划学科的强大魅力；一直不怎么被认可的手工能力也在反复的练习里开始有所长进，模型也能在新的材料和方法的尝试下做得越来越好；设计软件先是向年级里优秀的同学反复请教和学习，之后也能自己学着进行表达……她终于清醒过来，之前自己对城乡规划设计着迷的地方不就是这些吗？

迷茫的时候要选择难走的路，刚入学一年里展露的锋芒被悄然收起，历经阵痛与重新起步，给了她一次宝贵的认清自己的机会。

整装后的期待

历经 4 个月紧锣密鼓的筹备，校庆汇演的圆满结束给她注入了一针强心剂。她从此能够抽出更多的时间投入到专业学习当中。她每天积极地参与到每一节课，感受着先前的不足在被一点点地充满，直到自己已经能自如地完成一份设计。至此往后，她的专业课成绩逐渐攀升，最终稳定在了第一的位置。

城乡规划专业在中国城镇化快速发展的背景之下，自始至终与国家政策有着千丝万缕的关系。生长在一个党员家庭的她，自小耳濡目染，对中国共产党怀有向往和敬意。在专业联系和成长背景的双重推动下，她郑重地向党组织递交了入党申请书。在考察期间，她与党支部的学长学姐深入社区进行调研，为社区养老驿站做志愿服务，组织文艺表演，同时，凭借专业知识为养老驿站的布局和组织进行了优化设计。这次活动结成了一份沉甸甸的调研报告，并斩获了省部级的多项专业奖项，她发表了数篇论文，取得了丰厚的研究成果，也为党支部的年度工作添上了灿烂的一页。

这份经历让她第一次深刻认识到，城乡规划学科是与大众生活紧密相关的，她平时所做的那些表达个人想法的设计，是可以真正被应用到现实中对人们的生活进行实质性改善的。再结合党员为人民服务的宗旨，这份工作不知何时在她眼中已经多了一份崇高感，那句“为满足人民日益增长的对美好生活的需要而不懈努力”突然变得那样深刻。若是个人所习能与国家需要相契合，是一件多么荣幸的事情啊！

顺利的是，她如愿通过考核，加入了中国共产党，成了一名光荣的党员，开启了漫长而充满期待的奉献之路。于是，她也在搭建好各项专业基础的同时，开始组织队伍参与学科界的设计竞赛，并积极加入老师的科研队伍，借助更多的机会深入到一个地区的环境问题当中去，利用专业知识为人们生活环境的改善建言献策。彼时，国家正值推行乡村振兴战略的重要阶段，她建立团队，利用假期时间实地调研了北京市周边的多个传统村落，立足于每个村落的实际情况和村落特色，从生态环境到风貌修复再到产业建设，为每个村落制定了一套规划方案。在与村民的接触过程中，调研小组也被村民的淳朴、艰辛、善良所打动，也更加坚定了她们要将村子建设得更加美好的决心。调研小组的研究成果也一路斩获了从校级到国家级的丰厚奖项，为组内每个人的经历增添了光辉且难忘的一页。

回望那段最为艰难的岁月，现在的她能够欣喜地发现，相比较曾经的自己，自己的认知和思考能力可以说是提升了一个层次。经历了这么多，此时的她再回望当初的决定，留下的只有欣慰。

她所留在学校和专业的，是她的青春；学校和专业所给予她的，是对人生和社会的思考。

岁月本无虞，来日犹可期。

心怀感恩　一路前行

作者简介

于兆源，男，出生于1996年1月，中共党员，山东临沂人，曾任北方工业大学土木工程14-3班班长、土木工程学院学生会副主席。曾获北京市优秀学生干部、校级三好学生、校级优秀团员、校级优秀学生干部、军训优秀学员等荣誉称号；获国家奖学金、国家励志奖学金；全国大学生英语竞赛三等奖、北京市大学生建筑结构设计大赛一等奖、校级优秀学生一等奖学金等奖项。

世间的一切都是遇见。就像冷遇见暖，有了雨；春遇见冬，有了岁月；而青春遇见感恩，有了美好的人生！

我出生在一个普通的农民家庭，是农民的儿子，母亲身体欠佳，经常生病，家境并不富裕。都说“穷人的孩子早当家”，出生在这样的家庭，使我从小就比同龄人更懂事、更独立也更坚强。我的父母没有什么文化，他们只知道用尽全力供我读书，对我倾其所有。从小学每天风雨无阻的接送，到中学每天无微不至的关怀，再到大学望眼欲穿的期望，我能够有机会到大学读书，有一半的功劳都归于我的父母。如今看着父母那刻满皱纹的额头，看着那饱尝雨雪风霜的脊背，看着那历经沧桑岁月的丝丝白发，我不禁哽咽了。人的一生最应该感恩的就是自己的父母，正是他们让我们在前行的道路上充满了动力和信心。

2014年9月，怀揣着梦想和希望，我开始了大学生活。在这里我遇到了关心学生成长的学校领导，遇到了幽默风趣的班主任，遇到了可亲可敬的辅导员，遇到了知识渊博的老师，也遇到了很多和自己一样为梦想奋斗的同学……

入学以后，由于我做事积极，得到了老师和同学们的认可和支持，被选为班长。从担任班长以来，我学到了不少东西，也改变了我的一些想法。在班级工作中，我积极认真，对于班级的一些活动，例如一些班级比赛、专业学习及主题班会等，我总是认真筹划，在召开每一次班会之前做好充分的准备，为大家制作学习目标卡，做主题班会PPT来引导大家，使大家能够更好地学习每一次班会的内容和积极主动地融入进去。土木工程14-3班更是在老师和同学们的共同努力下，先后取得了“优秀团支部”“先进班集体”等荣誉。当然我在工作中也遇到过很多困难和麻烦，组织工作的不顺利、同学之间的矛盾、同学们的不理解等，但正是这些困难给了我不断进步的机会，让我有能力继续进行学生工作，并且能够进入学生会。

在学生会的工作中，我从不懈怠，一旦有任务，我总是积极地出谋划策，力争把每一次学生会的活动都做到尽善尽美，因此也得到了学工办老师的一致认同。在学生会，我的工作能力和为人处世的能力得到了极大的提高，在这成长的3年里，我收获了经验，收获了友谊，同时也提高了思想觉悟。各种各样的人或事，让我的心中充满了感激。感恩学校为我们创造了良好的学习环境，感恩老师对我们毫无保留的教诲，感恩同学在成长道路上的互帮互助。

大学是一个学习氛围很宽松的地方，你可以在图书馆挑选自己喜欢的书，汲取你需要的营养，课余我就去图书馆看书来调节一下生活的节奏。平时，我积极学习专业知识，积极参加各种专业竞赛，其中让我进步最大的就是北京市建筑结构设计大赛，这个比赛既锻炼了我的实践能力，也让我学到了很多书本上没有的知识。在准备比赛的过程中，我们一共6个人，有4名同学是土木工程学院的，有2名同学是建筑与艺术学院的，想法的差异，专业知识的不同，让我们在初期遇到了很多困难，也曾一度想要放弃这个比赛，但是我们还是坚持了下来。整个比赛过程让我们成长了很多，也收获了很多，我们体会到了人与人之间信任的力量，学会了感恩，也培养了我们分析和总结问题的能力。我非常感激学校能创造环境来提高我们实践的能力，当我们最后在比赛现场成功的一刹那，之前所有的困难和挫折都已经释然，留下的只是专业知识的提高和同学之间更加深厚的情谊。

经过这次竞赛，我深知自己的专业能力还很不足，大学里的知识要靠勤奋好学才能变为自己的。对于土木工程专业的学生，只抓住在课堂上的时间是远远不够的，必须要在课下挤时间多去实践。于是我在专业课上加紧学习，除了把课堂上的知识掌握外，有空我就去图书馆翻阅有关的知识来丰富自己的学习深度和广度，再加上施工现场的实习锻炼，最后我的专业水平得到了很大的提高。

作为当代大学生，我们最需要的就是认真踏实地做事，简单诚恳地做人，多一些“莫问收获，但问耕耘”的努力，最后的结果一定不会辜负一个积极努力的你。一个人在做人做事上，要想达到理想的境界，应当使自己保持情绪安宁、心地澄清。无论怎么忙，每天最好能安排出片刻的独处时间，在这宁静的氛围中，人的思想会宁静而清晰，情绪也最容易归于平和。独处时，我喜欢沏一杯茶，打开一本书，一个人享受宁静，有时画一些画，用笔端把自己的心情倾泄于纸上，享受那时心情的舒畅；相聚时，我会和同学们一块出去尽情聊天，大快朵颐，享受畅谈的喜悦时光。

我一直把锻炼身体放到重要的位置上，锻炼不仅能给自己一个健壮的体魄，还能锻炼自己的心态和意志。所谓“身体是革命的本钱”，有好的身体，才有拼搏的资本。锻炼身体能让自己改掉很多坏习惯，还能提高脑部记忆力，一举多得，何乐而不为呢。

另外，大学期间正是学生形成“三观”的时期。从高中走入大学，人生观、世界观、价值观都在复杂的生活环境下面临着各种挑战，在这关键的时期，我坚定了自己的信仰——加入中国共产党。作为一名中国共产党党员，我时刻以党员的身份和标准督促自己，检查自己，总的来说我的作风优良、待人诚恳，能较好地处理人际关系，处事冷静稳健，能合理地统筹安排学习、工作以及生活中的事务，并且品行端正，一直在追求人格的升华。

大学 4 年中，一路走过艰难险阻，坎坷荆棘。我一直坚守这些原则：不给自己压力，是不知道自己有多大的潜能；运气是留给有准备的人的；不论是好是坏，都感恩经历过的一切；奋斗过不论成败，都坦然面对；拼搏过不论进退，都积极向前，风雨兼程。漫漫人生道路，我只走了一小部分，并不平坦的道路给了我很多启示。无论生活的风雨最终馈赠我什么，只要我甘于淡泊，心怀感恩，只要我的付出无愧于社会和我钟爱的事业就足矣！我想，作为一个人，应该像河水一样透明和鲜活，又要能像抵御风暴那样，去抵御形形色色的诱惑，人就是要在困难中不断磨炼，才能逐渐成熟。处在过于安逸的环境中，会丧失很多能力，如果激发不出自己的潜力，探寻自己的极限，就会像温水中的青蛙，安逸久了，当水温逐渐升高的时候，它就无法摆脱被烫的命运。这给我的一个警醒就是：不要过分地满足于安逸的生活。

“路漫漫其修远兮，吾将上下而求索”，获得的荣誉已经成为过去，前路艰辛需要再接再厉。不管曾经取得怎样的成绩，那都只代表着过去。不能因为一时取得好的成绩而骄傲，也不能因为成绩一时不理想而气馁。所以心中应该要有更高的追求，才有继续向前的动力。学如逆水行舟，不进则退。只有不断地努力，才能取得更加优异的成绩，才能创造更加美好的将来。

康德说过：有两样东西，愈是经常和持久地思考它们，对它们历久弥新和不断增长之魅力以及崇敬之情就愈加充实着心灵：我头顶的星空和一颗感恩的心。站在大学生活的“尾巴”上，紧紧抓住研究生生活的“触角”，我依旧带着感恩的心仰望星空，依旧感恩父母和老师，依旧感恩一路走来遇到的许许多多的人和事……

天道酬勤　贵在坚持

作者简介

王思敏，女，中共党员，土木工程专业，曾任土木14-3班团支书、土木本科生第二党支部副书记、校团委组织部副部长、中共北方工业大学第八次党员代表大会学生党员代表。曾获“首都大学、中职院校先锋杯”优秀基层团干部、校级优秀团干部、校级优秀团员、校级三好学生、北京市优秀毕业生等荣誉称号；获国家奖学金、思想品德一等奖学金、学习一等奖学金、实践创新一等奖学金、体育一等奖学金、优秀学生一等奖学金，全国大学生英语竞赛二等奖、北京市建筑结构设计大赛（结构方向）一等奖、首都大学生阳光体育体能挑战赛一等奖等奖项。

“古之立大事者，不惟有超世之才，亦必有坚忍不拔之志。”每当我遇到困难时，苏东坡的这句话总是会在我的耳边响起，告诉我，这点苦难算不得什么，唯有坚持下去，方可柳暗花明。

刚步入大学的校门，身边的一切都是陌生的。面对陌生而新奇的生活环境，我彷徨过、迷茫过，也胆怯过。我不知道该如何融入这个小社会，那一刻，我很迷惘。

记得大学的第一堂课是被老师戏称为“很多人都挂上去”的高数课，这门课很重要，可是老师讲课的速度显然不会因为课程的重要性而放慢下来，我听得也是云里雾里。“没办法，只能课后加加油了”。此后，每当有空闲的时间，我都泡在图书馆里，翻阅各种学习资料，几乎每次晚上都是伴着闭馆的音乐“被迫”离开图书馆的。如果说高数是中学数学的延续，那么线性代数就是一个新的开始，面对全新的解题模式，我的内心有一丝胆怯。即使每天预习、复习、做题巩固，我还是很难完全理解其中的逻辑，这种状态一直持续到学期末。当时，为了把线性代数的逻辑完全搞懂，我从图书馆翻阅了大量线性代数的辅导资料，系统地学习，反复地研究。通过高强度的学习，我总算在期末考试之前把线性代数这门课程的逻辑和解题模式掌握了，知识点也完全吸收了，做题也变成了一种享受。期末考试结束后，看着我的成绩（高数99分、线性代数100分，其他科目都是90分以上），内心的喜悦油然而生，每天的刻苦坚持终是有所回报的。

其实每一段的坚持都是痛苦的过程，当然其中也不乏欢乐，但是对我来说，大部分时间着实令我苦恼，可是每当我尝到胜利后的喜悦，我又鼓足勇气，想要继续坚持下去。

可能是因为小时候缺少学习舞蹈的机会，我心中一直有一种遗憾。我一直对健美操有着一种偏爱。在大二的时候，我很幸运地加入学校的健美操队，也正是这一选择，让我与健美操结缘，能够有机会跟着队里的学姐们一起参加训练。既然是健美操，老师对身体的协调性和柔韧度的要求就格外的高，因为我没有舞蹈基础，可想而知，训练结果不尽如人意。那段时间我疯狂地练习，为了提高柔韧性，每天早起去大操场“相约晨光”，压腿、跑步，再压腿、踢腿，最后再压腿，这5个环节一个也不能少；为了能够让自己的身体更加协调，也为了能够记住舞蹈动作，我和同在健美操队的舍友每天晚上都会约定在瀚学楼十二层的空地练习动作。就像毛主席说的，“世上无难事，只要肯登攀”。劈叉对我来说曾经是一件很困难的事情，参加北京市的健美操比赛对我来说也是一件难以置信的事情，如今我都做到了，回首往日的坚持和拼搏，我不禁含着眼泪笑了。

大一、大二那段时光里的学习和坚持磨砺了我的意志，提高了我的综合素质，也让我具备了在困难面前不低头、不服输的勇气以及势在必得的信心。到了大三，除了要保证自己的学习课程不被耽误以外，我还要兼顾好社团以及学生组织的活动。首先，我在班级中担任团支书，需要组织主题团日等活动、协助班长管理班级各项事务；另外，我在校团委组织部中担任副部长，需要整理各学院团员资料、协助老师处理各类文件；最后，作为党员，要时刻响应党的号召，协助老师组织并参加各类党支部的活动。这样的生活持续了大三一整年，每天的生活既充实又快乐。这一年，正赶上北方工业大学70周年校庆，为了校庆的演出，健美操队每天中午和晚上高强度的训练已经让我力不从心，除此之外，我还要策划并组织校团委组织部的招新活动。在那段匆忙的时间里，我的内心一度崩溃，我曾无数次地后悔自己参加了这么多的活动，让我分身乏术，也曾想要放弃，可是之前的经历告诉我，不能放弃，唯有坚持，方得始终！

或许正是那段繁忙的生活，提高了我处理交叉事务的能力，在大三下学期的健美操比赛和建筑结构设计大赛的磨砺中，我充分利用课余时间，很好地将二者协调起来，感受到了充实和快乐。感谢坚持，让我在70周年校庆的演出中获得了“杰出演职员”的称号；感谢坚持，让我得到了校团委老师的肯定；感谢坚持，让我在首都大学生阳光热力操挑战赛和北京市建筑结构设计大赛中都拿到了一等奖。坚持做一件事情的过程无疑是乏味的、艰苦的，可是当胜利过后，细细回味其中的细节，别有一番滋味。

时光如流水，转瞬即逝。大学 3 年的时光一晃而过，转眼毕业季来临，到了大四，我面临工作和读研的选择。思索再三，我选择了继续深造。很幸运，我拿到了土木工程专业为数不多的保研名额，没有了考研和就业的压力，每一天的生活都归于平淡，枯燥而乏味，只是静静地等待着毕业典礼的到来。学如逆水行舟，不进则退。看着大把的时光就这么在手中消散而自己却一直在原地踏步，我有些不甘心。“总得要给自己找些事情做!”我听了同学的推荐，买了一年在 App 上学习英语的课程，这个课程的规定是，只要你能坚持一年并且最后达标，学费全返。一年 365 天，说长也长，说短也短，学费的返还只是激励自己坚持的一种手段，更重要的是为了提高自己英语的听说能力。此后的每一天，我都会找一个安静的地方，一个人学习，没有一天间断过，虽然每天只有半个小时的学习，但是量变引起质变，“不积跬步，无以至千里；不积小流，无以成江海”，日复一日的坚持让我的英语水平在无形中提高了很多。

我趁着学习英语的劲头正盛，再次报名参加英语六级考试以及全国大学生英语竞赛，也是为了检验一下这段时间一直学习英语的成效，因此两场考试我都并没有特别的准备，只是在考前几天熟悉了一下题型。令人惊喜的是，听力考试的过程并不像之前参加英语考试的时候那样吃力，根本不存在听不懂的情况，反而让我觉得非常的简单和轻松。当成绩出来，我也深深体会到了“功夫用在平时”的重要。回想曾经考前抱佛脚的我，英语六级考试不到 500 分，英语竞赛也未曾得奖，而现在我的英语六级考试考到了 560 多分，轻轻松松地就拿到了英语竞赛的二等奖，这些确实得益于我每天的坚持。正是印证了“有志者，事竟成，破釜沉舟，百二秦关终属楚；苦心人，天不负，卧薪尝胆，三千越甲可吞吴。”

只要方向是对的，就不必害怕遥远；只要认准是值得的，就不要在乎沧桑变化。不负今日，未来可期。坚持下去，清风自来。

我不是一个天资聪颖的人，也曾一度消极，面对截然不同的学习方式一筹莫展；我不是一个十分自信的人，也曾暗自惆怅，面对人数众多的公开场合羞羞答答。但是我知道，只要持续地努力，不懈地奋斗，就能取得最后的成功。于是我逼迫自己克服内心的怯懦，告诉自己，只要明确了目标，就要坚持，不能放弃。就像《一个人的朝圣》的主人公哈罗德那样，“为了坚持到底，他一定要诚实坦然地面对最初推动自己迈出步子的感觉”，不管遇到什么困难，回想当初自己设定的目标，不管他人的目光如何，要坚定信念，要一直坚持、坚定地走下去！

光阴会将曾经的苦涩化为日后的笑谈，岁月也终会抚平青春的骚动，生活有艳阳高照，也就会有漫天寒意，只要坚持，风雪总有停的时候，阳光总会如期而至。如今看来，我要感谢曾经忙碌却又咬牙坚持的自己，感谢那个愈挫愈勇、绝不放弃的自己。天道酬勤，贵在坚持。目标就在那里，不远不近，而我也在这里，不卑不亢，一路坚持，不会放弃！

勇于拼搏　未来可期

作者简介

于文奇，女，汉族，中共党员，1996 年 11 月出生，经济管理学院会计系 2014 级 4 班学生，现于首都经济贸易大学会计学专业攻读硕士研究生。于文奇学习刻苦努力，曾获国家奖学金，连续 3 年获得学习一等奖学金，并高分通过英语六级和全国计算机等级考试。大学期间曾被多次授予校级优秀学生干部、校级优秀团员、经济管理学院优秀党员、学习优异生等称号。曾获会计商业案例竞赛“启课程杯”大陆地区选拔赛二等奖，全国第 25 届助残日“优秀志愿者”，北京马拉松志愿活动“优秀志愿者”。

我来自一个普通的家庭，父母用他们质朴的言行教会了我：无论做什么，都要凭借着自己的努力去奋斗，去改变。我在无形中养成了不服输、有韧性、敢拼搏、能吃苦的性格。我相信，泪是酸的，血是红的，奋斗来的生命是美丽的！美好的未来，是需要自己去创造的。

2014 年 9 月，何其有幸，我来到了北方工业大学，来到了经济管理学院，和可爱的老师和同学们汇聚，开启了我人生中“大学”这段全新的学习旅程。这里的一切对我来说都是新奇的，同时第一次离开父母的我也有许多的不适应：陌生的人群和环境让我充满了迷茫，我甚至在很长一段时间内都没法从消极的情绪中跳脱出来。带着这样的烦恼和舍友以及老师进行沟通，我才慢慢觉得自己的这些烦恼都太多余，甚至在浪费我自己的时间。既然不能改变现状，为什么不换一种态度去对待它、去克服它呢？所以，我摆正自己的心态，觉得应该去努力让自己成为学习上、生活上和工作上的强者。在老师和同学们的鼓励及帮助下，我的大学生活逐渐变得丰富多彩起来，真正去享受着大学生活带给我的全新体验。

在我的大学生活里，学习永远是我的一个主题。刚开始大学课程时，我对自己的专业和未来都没有明确认知，对大学里自主安排个人时间的学习方式也很难适应。在和同学的相处中，自己的缺点愈加显现出来，于是我开始主动走出自己的“舒适圈”，慢慢成长，一步一步塑造更好的自己。如此一来，图书馆就成为我最为频繁出现的场所，我如饥似渴地去丰富自己的知识。对于专业课程，我非常重视，毕竟掌握专业知识的程度是衡量成绩好坏的重要标准。同时我还努力学好每一门课程，在课余的时间去学习英语，尽管英语基础不好，但我还是坚持每天去做阅读、练听力。在我长期的努力下，原本英语基础薄弱的我取得了很大的进步，一次通过了英语四级考试。从老师的认可与同学的称赞中我认识到：作为一名学生，学习永远是最重要的任务，没有人一下子就可以取得优秀的成绩，这些都需要每天的坚持和努力。

大学里的知识浩如烟海，作为一个想要全面发展的我来说，只取一瓢饮当然是不够的。除去课本之外，我充分利用图书馆的学习资源，对课堂形成补充，同时拓宽思维，提升眼界。在阅读时，我能够放下杂念，专注地投入一本书为我创造出来的广袤世界，徜徉于方寸的天地里和无尽的思想中，这对我来说是非常享受的独处时间，这个过程让我认识自己，也凝视真知。在课余时间我积极参加学科竞赛，锻炼自己深入学习一门学科的能力，在竞赛中发现和完善自己的不足，同时也感受到学科本身的魅力。

我深知自己不是一个聪明的人，学习新的技能或知识都很慢，需要花费比别人更多的时间才能入门；但我懂得笨鸟先飞、勤能补拙的道理，我可能不是学得最快或者最好的那一个，但我相信，自己在高数课上认真记下的每一行笔记、诵读英语的每一个早晨、专业书上思考过的每一个疑问，都不会辜负我，也都会成为我大学里最美好的也最珍贵的回忆。从大一时的跌跌撞撞、懵懵懂懂，到大四时的目标明确、敢想敢做，每一年我都在进步。虽然每一次进步都不容易，需要打破自己内心的枷锁，去寻找，去尝试，去失败，去重构，但最终会得到一个更好的自己。

与此同时，我加强政治理论的学习，努力提高自己的道德修养，用知识武装自己的头脑，牢固地树立了社会主义荣辱观，学习和实践科学发展观。大二的时候我参加了党课培训，在日常生活中对自己的言行举止严格要求，于 2016 年成为一名光荣的中国共产党员。入党后，我在继续学习党的基本知识的同时，更加注重党员的模范带头作用，在德、智、体、美、劳等各方面起表率作用。我在大一的时候加入了学生会宣传部，大三时担任校团委志愿者部副部长。在此期间，我以服务同学为宗旨，认真完成各项活动，活动的开展不仅使我个人的组织能力与沟通技巧得到了提升，同时也服务了同学。

在课堂学习之外，我也认识到自己很少参加其他活动，在科研能力和实践经验上还十分欠缺；母校和经济管理学院给予了我许多机会去学以致用，提升自我。学习之余，我积极参加各种文体活动，抓住每一个展示自己、提升自己的机会。

大一学年，我积极参加学校以及学院举办的各种实践活动，从“商业模拟辩论赛”到“我的理想演讲比赛”，从“交换空间”到“一战到底”，从“一二·九晚会”到“新生篮球比赛”，都能见到我的身影。广泛地参加各种业余活动让我硕果累累，曾获“素质之星”比赛三等奖，五子棋大赛第七名。这些实践活动在锻炼个人素质的同时，也开发了我的潜力。

大二学年，我尝试步入新的领域，积极参加“红色 1 + 1”社会实践活动，与学长学姐共同制作实践所需的海报、答题纸，筹备奖品，亲临实践场地，全程参与，并在完成实践后与学长学姐共同作总结汇报。在这次活动中，我学着从更高的角度来思考，学着纵观全局，合理安排，学着如何做一名管理者，而不仅仅是一名参与者。

大三学年，我参加了暑期社会实践、挑战杯以及各种大型志愿活动，心存公共情怀，走进国计民生。同时在学校和学院的支持与帮助下，我还参与了大学生科研项目，这项活动可以说是我大学生活中最大的一项挑战。在老师的耐心指导下，我和组员从零开始，深入研究“众筹”这一课题。从初始的研读相关论文、中期的组间深入讨论到后期的总结思考，都令我受益匪浅。在最终的评选中，我们的项目获得了校级二等奖。这次的项目研究过程就像在慢慢搭建一座城堡，它的一砖一瓦都凝聚着我们的心血与汗水。

作为班长，在任职期间，我对工作一丝不苟，认真履行工作职责，热心为同学服务，在完成本职工作的前提下，积极为老师和同学们服务，尽心尽力地关心同学们的生活，并与其他班干部积极配合。我认真参与每学期的班级奖学金的评定，组织班级每周三的学习座谈会，组织班级同学课外活动，团结了班级同学，在同学中树立了一定的威信。

从这些实践中，我真正体会到“纸上得来终觉浅，绝知此事要躬行”的含义。在课堂上学习到的专业知识、人生哲理与处世之道只有应用于实践，才能够实现知识的转化，也才能检验自己学习程度的深浅。同时，大学生活也能够培养我们发现问题、解决问题、总结经验教训的能力，并逐步形成不唯上、不唯书、敢于质疑、敢于突破的可贵精神。我想，大学生活教会我们的不仅仅是认同与接受，还有改变和创造。

茅盾曾经说过这样的一句话："奋斗以求改善生活，是可敬的行为。"一直以来，我都把这句话作为我的座右铭，时时刻刻提醒着自己：还有无尽的事情等待我不断尝试，不断努力奋斗，切记珍惜当下每一分每一秒用以充实自己。我本平凡，我本渺小，但我一直相信，人应该有改变自己的力量，在书本和实践中不断学习，不断淬炼，终有一日能锻造出一个更好的我，去看更广阔的世界，也让世界因为我而有一点点的不同。作为"90 后"这一个颇受争议的群体，我相信我们会用自己的双手规划属于自己的大学生活，创造属于自己的未来！时间还在继续，生活还在进行，我会一直拼搏并且努力着。不断地提高，不停地挑战，争取全面发展。我相信只有更加地努力才能不断前进，唯有努力奋斗，才能改变人生！

惜时如金　不负初心

作者简介

朱妮，女，汉族，1996 年 12 月生，中共党员，经济管理学院国际经济贸易专业，在校期间担任过经管学院学生会办公室副主任、国际经济贸易专业 15-1 班学习委员、国际经济贸易 16-2 班小辅导员、宿舍长。绩点连续 4 年稳居专业第一，多次荣获校级“优秀团员”，学院“三好学生”“学习标兵”和“优秀实习生”称号，获国家奖学金，连续 3 年获得思想品德、学习优秀、体育、实践与创新、优秀学生奖学金，多次在重大学科竞赛中获得奖项。

在学习上，我态度端正，刻苦用功，大学 4 年一直保持着专业第一的好成绩。同时积极参加学科竞赛，并多次获得各类奖项。

我积极递交了入党申请书，成为同学中第一批中共预备党员，并多次被评为校级优秀团员、学院三好学生、学习标兵和优秀实习生。我还担任了班级学习委员、2016 级新生小辅导员、宿舍长、院学生会办公室副主任等职务，所在院会部门获“优秀部门”称号。身为学习委员，我经常解答同学们的问题，积极地帮助每一位同学。

在工作中，我勤勤恳恳，老师交给的每一项任务我都认真完成，做好上传下达及事务性工作，是老师的得力助手。有一次，16-2 班辅导员老师提议成立高数辅导团队，我很荣幸地成为其中一员。为了能给大家呈现出最好的辅导课程，我与其他几位团队成员认真备课，在一起讨论知识难点，想办法把知识难点用最简单的方法和最简洁的语言表述出来。同时为了讲课时不出纰漏，我们在正式上课前找了一间教室，进行试讲。试讲过程中，团队成员们互相提出改进的建议，从而使得我们的课程内容更加丰富。正是因为我们充分的准备，正式上课当天非常顺利，同学们反响很好，我们也因为帮助了大家而感到特别开心。

生活中，我积极参加志愿者活动，其中记忆犹新的是小飞象探望敬老院志愿活动。那天，我们几个同学一同乘坐公交来到了提前联系好的敬老院，到达以后，敬老院的工作人员和老人们对我们很热情，我们也组织了一些活动与老人们进行互动，比如下棋、写卡片、聊天等，希望通过我们的热情、活力为老人们带来欢声笑语。在聊天过程中，我们得知有一位老人精通英语，每天早上这位老人都要早起教大家英语。我们都被老人的好学精神折服，不禁感叹，我们作为当代大学生，也应该抓住青春时光好好学习。同时，作为宿舍长，我团结同学，乐于助人，我经常敦促舍友一起锻炼身体，早起晨练对于我们来说的确充满挑战，但是如果大家相互鼓励，相互督促，相约晨光便不再是难事了。如此一来，我们宿舍的同学们都在学习之余练就了健康的体魄。

作为一名中共党员，最令人印象深刻的莫过于我们支部的红色“1+1”活动了。当时我们的红色“1+1”支部是门头沟区妙峰山镇涧沟村党支部，我们的主要任务是为该村的玫瑰销路出谋划策。从学校出发有很长的车程才能到达目的地，到达目的地后，我们便前往支部会议室，汇报大家事先准备好的销售推广方案，并进行讨论。同时我们也向支部书记询问了相关的问题和困难，希望能共同解决。随后，我们参观了妙峰山情报交通站遗址，在那里，我们聆听了专业讲解员的讲解，深刻了解了那段值得铭记的历史。通过参加党支部的活动，我深深感受到中国共产党创建的不易，同时进一步坚定了自己的理想和信念，希望可以通过自己所学的知识来回报祖国。

从小学加入少先队，到大学递交入党申请书，参加党课学习，党在我心中从模糊的红色记忆变成了更加清晰而崇高的形象。我觉得，加入党组织，不仅仅意味着组织上的加入，更重要的是思想上的不断提高。党的根本宗旨是全心全意为人民服务，我作为一名当代的大学生，也在很努力地从身边平凡的小事做起。

求知的路途是艰苦的，每个人前行的信念都不相同。对于我来说，通过学习来不断加深对这个世界的理解与认识，从而成为一个更好的人，是我不断前行的目标，更是我披荆斩棘努力求知的动力。探索固然辛苦，但我觉得这更是一份快乐，一种享受，一个年轻人的责任。

虽然身兼数职，但我并没有把这看作一种负担，而是把这看作一种责任，我更感谢赋予我这些责任的老师与同学，感谢大家的信任，所以我每次都会以最积极的态度面对每一项工作，相信只要再多一份努力就能更好地完成工作任务，从而突破自我。大三下学期，学院开始进行全学院范围的查课堂出勤工作，我主要负责为每一位查课的同学分配所查课程，并汇总每天的查课结果。虽然整个工作非常繁复，但这是必须要完成的任务，因为这是对同学们上课出勤的监督，可以增强同学们的学习自觉性。工作中，我没有抱怨，更多的是思考如何更好地配合老师完成这项任务。

我也经常会面临工作和学习如何平衡的问题。一开始也比较苦恼，但后来发现应该提高课上的学习效率，并把事情按重要程度从大到小列出来，这样可以高效地完成任务，从而做到学习工作两不误。

大学 4 年的时光是宝贵的，这 4 年的努力使我各方面都得到提升。我觉得，青春就是用来探索与突破的，这样的青春才能拥有它本该有的样子，而作为中共党员，我也觉得有义务将正能量传播给周围的每一个人。

不断探索，不断突破，希望自己可以通过不懈的努力成为一个更加优秀的青年。

在大学 4 年的学习生活中，我的学习成绩和综合素质都获得了很大的提高，这些都与老师深入的指导以及同学们在工作和生活上的支持和帮助是分不开的。

感恩父母，在我上大学之后仍然给予我无微不至的关怀；感恩院领导，对我的努力给予了充分的信任和肯定；感恩老师，用自己精湛的教学方法和广阔的知识储备不断满足我对知识的渴求；感恩室友，是她们给予了我家人般的温暖，并且在我们的共同努力下营造了一个积极向上、拼搏进取的学习氛围；同时，我还要感恩自己，感谢自己在 4 年中的辛勤付出，感谢自己没有虚度 4 年的光阴，感谢自己仍然心怀远大的理想，并愿意为之努力奋斗。

特别要感谢班导师 4 年来对我的关心与细心指导。班导师孟东梅老师是我的本科毕业论文指导老师。一开始，我对于如何写毕业论文完全摸不着头脑，是孟老师一步一步指导我如何查找文献、阅读文献，如何书写文献综述，如何组织行文逻辑等，也是孟老师一遍又一遍不辞辛苦地为我指出论文中需要修改的地方。我也曾一度害怕论文达不到专业标准，是孟老师一直鼓励我大胆地往前走。最终，在孟老师专业且耐心的指导下，我的论文被评为北京市优秀毕业论文。同时，孟老师在生活上也经常关心我，当我有疑惑时，为我指明方向。

拥有一颗感恩的心，即使前方充满荆棘，我也能带着力量前行。

以梦为马　不负韶华

作者简介

陈晴，女，满族，中共党员，2014年9月入学，在校期间担任北方工业大学会计14-1班体育委员，并参加北方工业大学校女篮队，获2015年、2016年北京市star杯篮球联赛亚军以及2016年北京市京都念慈庵篮球超级联赛冠军，获得“华为杯”会计技巧竞赛二等奖、学校数学竞赛三等奖，获优秀实习生、军训优秀标兵称号。获国家奖学金、学习一等奖学金、体育一等奖学金、实践与创新二等奖学金、思想品德二等奖学金、优秀学生二等奖学金。

我叫陈晴，曾是北方工业大学经济管理学院会计14-1班的学生，目前在华北电力大学会计学专业攻读硕士学位。回想大学的4年时光，各种美好场景浮现在眼前，曾经和小伙伴们一起“相约晨光，遇见更好的自己”；曾和舍友一起奔波于励学楼、广学楼、瀚学楼，赶着一节又一节的课程；曾和篮球队队友在烈日炎炎的训练场上挥汗如雨……

其实仔细想想，我觉得一个人最重要的就是“敢想”。“想”就是要确立目标、梦想，这是万事的第一步。即使别人可能会嘲笑你不切实际，但是你所向往的远方，即使山一程水一程，也能以梦为马，不日抵达。

进大学后，没有老师的时刻监督，没有厚厚的习题试卷，也没有严格的晚自习安排，时间显得格外宽裕，但是我并没有因此放纵。大一时，我就在学习上有一些“想法”，即给自己设立了一些目标，首先是四级考试要一次性通过。为了实现这个目标，我每天早上都会和同学一起“相约晨光”，参加学院早自习打卡活动，每天的相约晨光不仅可以充分利用早自习的时间，而且可以有效预防自己“睡懒觉”。有时早上没课，自己参加完晨读活动，吃完早饭回到宿舍，发现有的室友还没起床。这样一比，我一天中就相当于多了好几个小时的学习时间。学习的方法有千千万，别人的方法不一定适合你，每个人都要找到适合自己的学习方法。我算是个学习比较高效的人，上课认真听讲并记笔记，下课复习老师所讲的内容并完成作业，考前将学期内所学的内容串联复习，并通过做试题巩固提高，这样能将知识学得比较牢固。大一慢慢开始接触专业课，我知道学习专业课不仅仅是为了应付考试，也是日后我们将理论转化为实践，在工作领域发挥自己作用的基础。学习不是为了“糊弄”自己，而是为了充实自己。在这样的思想引领下，我每节专业课都会认真听讲，各项作业都会认真做，在不懈的努力下，我获得了班级绩点第一的成绩。

在学过专业的课程之后，为了能让自己的所学在今后有用武之地，为了能将我的知识结构与当今社会的现实相联系，解决一定的现实问题，我也经常参加一些学术和实践研究，使自己的所学在科学研究和创新中得到印证。我曾经参加“华为杯”会计技巧竞赛并获得二等奖，参加“北京本科生科学研究与创业行动计划项目”，撰写了《中国碳交易发展现状研究》《碳交易下企业碳资产管理情况分析》《国际碳排放权交易制度比较研究》等多篇论文。在这些论文和实践调查撰写的过程当中，我进一步加深了对自己专业的理解，同时也开始关注相关的社会问题，用自己的所学对这些社会问题作出自己的分析和判断，让自己能学以致用。

在我看来，除了学习之外，课余生活也很重要，这有助于帮助自己找到适合的兴趣爱好，对以后的生活也很有好处。我曾是北方工业大学校女篮队的一员，北方工业大学女篮队算是一支传统强队，在北京市的比赛中多次获得冠亚军。大学生活里，最让我自豪的一件事情就是加入了篮球队并且一直坚持下来。其实加入篮球队一直是自己上大学之前的一个梦想吧。但是自己真的加入之后，我真的被球队的训练强度给吓了一跳，每天训练 2～3 小时，每周有 6 次训练，而且十一、寒假和暑假都会有集训，球队的每个人都是没有受到任何照顾的“体育特长生”。以前我的体质在高中里算是比较好的，但是第一次训练后，我就已经累得靠在栏杆上大口喘气。球场稀缺、课表不一、体力不支这些都不是我们放弃的理由，我们依靠着心中的热爱，克服了种种困难，去坚持训练。大一的时候我就给自己定了一个目标：要打上球队首发。为了这个目标我不断努力着，虽然在膝盖积液后比赛状态屡屡低迷，但我终于在大三完成了自己的这个梦想，成了球队的先发。因为“敢想”，我实现了自己的小小梦想。

此外，从小我心中就有一个党员梦，希望长大后能够入党，为国家奉献力量。每次在电视新闻里，看到那些为这个社会默默无私奉献的人们，我的心里都会异常的感动，正是因为他们的存在让我们感到安心。我们看似平静的生活，其实是因为有人替我们负重前行。因此在大一时，我便上交了入党申请书，其间我积极参加党课学习，在支部活动中表现优秀，不断地学习新思想，积极主动地向党组织靠拢。凭借自己的坚定信念和勤奋努力，我通过了党组织对我的考验，在大三时成为一名光荣的共产党员，我感到无比自豪。

在大三时，我也曾为未来的方向选择而迷茫，纠结于直接工作还是考研，最终在咨询过班导师以及学长学姐后，我坚定了自己考研的信念。经过了多重考虑，我选择了华北电力大学。选好目标后，就为自己的这个目标而努力，首先在大三下学期，有课的时候，先好好上课，把专业课上好，这样可以在大四专心备考。在考研的时候，我几乎放弃了网络社交，我感觉网络社交让人分心，碎片化信息摄取过多会影响人的思考能力。英语和数学我很早开始复习，因为这些科目决定着能否考上，是考研的基础。尤其是数学，是最能拉开分值的科目。虽然我的家在北京，但是在考研期间我回家的次数非常少，抛开了所有事情，只为心无旁骛地考研，人的一生有几次可以这样专心地做一件事呢？之前在网上也有一些经验贴谈到考研期间可能会有好多次想放弃、坚持不下去的时候。其实对于我来讲，几乎没有过这种想法，因为我是以破釜沉舟的决心来面对考研这件事的。每天早上天还没亮就起床，过着三点一线的生活，有时候晚上趴在被窝里还会背一会政治。最终，我以笔试、总成绩第一的成绩考研。

大学期间，我获得了不少的荣誉：两次获得院级优秀团员、两次院级三好学生、校级数学竞赛三等奖、“华为杯”会计技巧竞赛三等奖，北京市 star 杯篮球联赛亚军、京都念慈庵篮球联赛冠军、三次优秀实习生、军训优秀标兵，多次获得体育一等奖学金、学习一等奖学金、实践与创新二等奖学金、思想品德二等奖学金、优秀学生二等奖学金等。我并不是以获奖为目标，只是在完成一个又一个的小目标中自然而然地获得了一些荣誉。同时我也要感谢北方工业大学老师们的帮助，在这里我想特别感谢一下与我接触最多的 3 位老师：第一位是我的班主任田翠香老师，她和蔼可亲，平时对我们非常关心，也会给我们提出一些有用的建议。第二位是我的毕业论文兼大学生创业项目导师黄晓蓓，她也是我最敬佩的导师之一。黄老师讲课思路清晰，课程内容十分吸引我，有机会真的想再听一节她的中级财务会计课程。更为巧合的是，黄老师的研究生导师也是我现在的研究生导师。第三位就是我们的辅导员张平胜老师，张老师总会为我们考虑，在同学中的人气很高。正是有这么多优秀的经管学院老师，才能够培养出一届又一届的人才。

读了研究生之后，我并没有放松对自己的要求。上研究生之前我就给自己立下一个目标：读研期间考下注册会计师。在研究生入学前的暑假里，我一直在准备财务管理与审计的考试，最终在研究生一年级时通过了注册会计师两门科目的考试。研究生二年级时，我花了更多的时间和精力在注册会计师考试上，最终功夫不负有心人，我通过了注册会计师的所有考试。上了研究生后，在科研方面，我自主学习 stata，eviews 等计量经济学软件，每周花一定的时间阅读文献。做科研经常要参考很多文献，在看文献的过程中总会有很多想法，我会把突然想到的一些研究点或者思路记录在笔记本上面，然后选择一些能够尽快落实的点付诸实践。在阅读了大量文献后，我也找到了一个自己感兴趣的方向，目前已经发表了一篇中文核心期刊文章。在项目研究方面，我在研究室导师的带领下，参与了一个国家电网的课题研究，通过对这个课题的研究，我可以将以前的专业知识运用到实际的领域，而且也学到了很多新的知识。

将来，还有很多目标等待着我去完成，我会尽自己的一切努力实现自己的梦想，以梦为马，不负韶华！

越努力　越幸运

作者简介

李东霓，女，汉族，中共党员，曾任文法学院学生会体育部部长、法学本科学生第二党支部宣传委员、法学 14-2 班学习委员。现考取清华大学法学院（国际法专业）攻读法学硕士学位。曾作为 2018 届毕业生代表在全校毕业典礼上发言；曾入选北京市实培计划，获中国社会科学院法学研究所刘仁文研究员指导本科毕业论文资格；曾获得国家奖学金、北方工业大学优秀学生奖学金；曾获北京市优秀毕业生、北京市三好学生、北方工业大学 70 周年校庆优秀志愿者等荣誉称号；曾获全国大学生英语竞赛二等奖，全国大学生金融法知识竞赛三等奖，北京市暑期社会实践优秀成果奖，第二届文法纵横杯辩论赛一等奖、最佳辩手等荣誉奖项。

"愿你在被打击时，记起你的珍贵，抵抗恶意；愿你在迷茫时，坚信你的珍贵，爱你所爱，行你所行，听从你心，无问西东。"

——摘自《无问西东》

读书求学不宜懒，天地日月比人忙

历史长河中的兴败浮沉早已证明，只有知识是人类手中所向披靡的"利剑"，唯有学习是人们终生都不能停止的一项活动。大学生必须要以学业为重，这一点李东霓始终铭记于心，本科 4 年她没有丝毫松懈。截至毕业，她的绩点为 91.16 分（百分制），连续 4 年位列年级第一。法学课程的学习培养了她的思辨能力，法学理论的基础性、多元性也引起了她极大的研究兴趣。本科期间她定期发起读书沙龙，就"刀制还是水治""动物的法律主体资格""死刑的留弃"等法学热点问题与老师和同学们展开深度交流。此外，随着大 IP 时代来临，她跟随老师对文化创意产业中的著作权问题展开课题研究，进一步了解了文化创意产业的法律现状，详细界定了同人作品、孤儿作品、体育赛事直播节目等作品的法律性质，现已独立发表学术论文《关于同人作品侵权问题的思考》。

然而，努力学习并不意味着大学生活的枯燥单一，在保持优异个人成绩的同时，李东霓也积极投身到集体生活的建设中去。无论是学生工作还是志愿活动，都能看到她的身影。作为学校学生会外联部成员和学院体育部部长，她参与筹办了文法学院篮球比赛、运动会方阵训练、迎新晚会、毕业晚会、挑战主持人大赛等活动。作为班级的学习委员，新学期伊始，她会事先了解每门课程所需的教材以及各位老师的上课特点等事项，方便同学们接下来的学习生活；与班导师认真协商后，她还曾定期在班里举行“英语沙龙”，为同学们备战英语四级创造更好的条件。此外，她坚持在闲暇时光定期去学校附近的小飞象自闭症儿童中心，教自闭症小朋友们画画、唱歌、跳舞，用陪伴去温暖那群单纯善良的天使们。

纸上得来终觉浅，绝知此事要躬行

法学是一门需要理论与实践并重的学科，法律问题的解决过程就是将法律知识应用到现实生活的过程。为深入洞悉法律生态和及早确定职业发展方向，李东霓在本科期间积极参与大量社会实践。

大一暑假，她作为大学生暑期社会实践项目负责人，组织同学前往京郊农村地区，进行依法治国热点问题调研，这使她更为深刻地理解了法治本土化的必要性，她撰写的调研报告获得了“北京市暑期社会实践优秀成果”。

大二暑期和大三下学期，她分别前往北京市石景山区人民检察院、北京知识产权法院进行专业实习，在司法系统的切身体验中，她及时将理论知识运用到审判实践中去，基本掌握了审判工作规律，也认识到自己和检察官、法官们的差距，鞭策自己在学习和生活中继续努力。

大三上学期，她借助学校模拟法庭平台前往上海华东政法大学进行为期一周的学术交流，并代表北方工业大学参加全国大学生金融法知识竞赛，同龄人扎实的知识功底与刻苦的求学精神让她敬佩不已，给予她前行的动力。

大四上学期，在学院老师的提携和帮助下，她有幸参加了中国民事诉讼法学研究会组织的 2017 年年会暨 2017 年世界诉讼法学大会，初次接触学术界，让她心驰神往。

当时若不登高望，谁识东流海样深

结合实习经历和师长经验，李东霓决定在本科毕业后继续攻读法学硕士学位，让自己未来能有更好的平台和更多的选择机会。但在选择目标院校时，李东霓既坚定又挣扎：坚定在于决定考研之初她便想去清华大学读书，心中有目标，有渴望，有梦想；挣扎在于“想去清华”和“能不能去清华”完全是两回事。本就容易纠结的性格使她在这件事上有数不尽的担忧和考量：如果选择保研便可以兼顾司法考试，在最后一年为自己的本科生活划上一个完美的句号，成为别人口中的“人生赢家”；但选择清华便大概率无暇顾及司法考试，同时还要承担无学可上的风险；此外，作为非“211”“985”出身的学生，在复试中会不会被歧视？对自身实力的判断是否准确？是否过于高估自己？是否要为了一个看不到的梦想放弃十拿九稳的“圆满结局”？这些问题一直在困扰着她。

整整一个月，李东霓在“相信自己”和“怀疑自己”的痛苦中摇摆不定，直到保研截止报名当天，男朋友问她：“若干年后回想起放弃清华和放弃保研，哪件事最让你意难平？”她毫不犹豫地选择了前者。人类好像经常会在一瞬间顿悟曾经百思不得其解的困境，是啊，考不上清华又能有什么后果呢？就这样，李东霓带着一腔热血和不管不顾的劲头，勇敢又独立地在人生第一个重要的十字路口做出决定，开始走向清华。说不上披荆斩棘，但这确实不是一条好走的路——专业课教材她翻来覆去背了 4 遍，最近 15 年的英语真题和政治真题她刷了 3 遍，此外还要面临不定期崩溃的心理防线，备考过程中她不知流了多少眼泪。

风雨过后便是彩虹，这也是一条温暖的路。虽然李东霓的父亲在最初得知这一消息时多次劝她考虑保研，不要好高骛远，但了解到她的心意后给予了她充分的尊重和信任，她的母亲更是自始至终地提供支持；她的男朋友在她数次崩溃时表现出了极大的耐心与体贴，陪伴她经历考研全程，巧妙化解她的负面情绪；当然还要感谢学校法律系所有的老师，文法学院的每一位老师都曾运用自己的知识背景和资源为她提供帮助——王海桥老师曾帮她修改复试简历到深夜；相庆梅老师在学术知识、面试经验等方面不断指导她；尹好鹏老师在多次谈话中从来没有对“李东霓能考上清华”这件事表示过质疑；刘祥坠老师考研前一天把自己的联系方式发到群里，告诉大家有任何困难可以随时找他……这一切都让李东霓动容且深感幸运，感谢她在用坚持和热爱证明自身价值的过程中，母校和老师们永远站在她身后。

与其说考研让人成长，倒不如说“决定考研”这件事情本身是对李东霓的极大考验，从中她学到了人生最珍贵的一课，即任何人的起点和出身都不应该且本就不能成为他（她）的枷锁，在面对未知的事物或者挑战时，不要怀疑自己成功的可能性，当你的心里没有上限时，你的人生便没有上限。

大学 4 年是李东霓最怀念的 4 年，她经常想起漂亮又气派的博远桥，想起五食堂的卷饼和烤冷面，想起校园里的松鼠和大白（充气机器人），想起八公寓的 137 寝室，想起夕阳西下的学校后门铁轨，想起校园里卖蛋糕的小姐姐，想起毓秀广场上帅气的滑板少年，当然最想念的，还是自己单纯又美好的青春时光。感谢各级领导和老师们的全心付出，让她生活在一所“对学生最好的大学”；也感谢昔日身边的小伙伴们，彼此扶持走过这最美的 4 年！

从抗拒长大到独立做出人生选择，从犹豫挣扎到自信笃定，4 年大学生活见证了李东霓的成熟与蜕变。回首这 4 年，她的经验是：努力是通往一切成功道路的捷径。“当你开始努力的时候，全世界都会来帮你”这句话不是无用的心灵鸡汤，而是颠扑不破的真理。最后，感谢母校辛勤培育，感谢亲友陪伴同行，感谢自己努力前行！

精益求精　厚积薄发

作者简介

李鹏飞，男，1997 年 1 月出生，山东德州人，曾任法学 15-4 班组织委员、模拟法庭校队队长。曾获国家奖学金，多次获得学校各类奖学金；曾获校级三好学生、校级优秀团干部等荣誉称号；获得第八届北京市大学生模拟法庭竞赛二等奖、第九届北京市大学生模拟法庭竞赛二等奖、第十五届“科园杯”大学生科技活动二等奖、2016 年北方工业大学篮球季团体组冠军、2017 年北方工业大学篮球季团体组亚军等奖项。现被保送至中央财经大学法学院。

初入大学的演讲比赛

如果说高考以前，人生的每一步都是规规矩矩的，每天只是上课、写作业、考试，那么上大学以后，就是我们解放理性、成就自我的转折点。大学生活是否精彩，取决于我们自己的选择——是做一个包揽各项奖项的学霸，还是做一个叱咤风云的学生工作领导者，抑或只是窝在宿舍里沉迷于“开黑”（一群人对战游戏）。有的人觉得大学生活是人生阶段中最轻松的，但是也有很多人觉得大学这几年的时光才是最辛苦的。小的时候总是抱怨没有选择的权力，所有的事情都是为了高考做准备，那么来到了大学，当我们拥有选择的机会时，千万不要浪费，砥砺前行，珍惜这美好的 4 年。

依然清楚记得作为新生，我在开学第一天踏入北方工业大学时，内心百感交集。受家庭环境的影响，我培养了一种不甘现状、积极向上的品质。每当面对困难的时候，我懂得负面情绪只会成为绊脚石，因此不会陷入悲观，而是正视自己的缺点，接纳自己的不足，最终在取得成功的同时，也收获了更优秀的自己。刚踏入大学，我心中充满了对大学的好奇，想要快速融入大学的生活，于是积极参加各类喜欢的活动。开学一个多月时，听说学院要举办法学专业演讲比赛，我心里非常激动，因为这是一个能够展现自己才华的舞台。但参加演讲比赛对我来说是件困难的事情，因为自己属于性格内向的人，平时表达能力欠佳，也从未参加过任何类型的演讲比赛，这次我想勇敢地尝试一下，挑战自己，从而突破自己。准备比赛的过程是艰辛的，由于缺乏演讲经验，我在网上寻找了大量的演讲素材，利用课余时间学习演讲仪态和语言技巧。艰难出稿后，我对着镜子反复练习，只为给大家展现最好的自己。本想抱着“谢谢参与”的心态参加，没想到一路过关斩将进入了决赛。在决赛中，意外获得了第二名的成绩，这是我从未想到的。我从来不相信所谓的运气，只相信自己平日里的努力。

努力学习只为最初的梦想

我曾经因为仰慕律师的唇枪舌剑、法官的威严气势，所以选择了与法律结缘。我的梦想是当一名优秀的法律工作者，为弱势群体伸张正义，为社会的不平事而发声。作为一名法律系的学生，自从入学以来，我认真对待每一门科目、每一堂课，能够较好地做到课前预习、课后复习，遇到疑难问题可以运用各种媒体及图书馆的资源来答疑解惑，熟练掌握各门专业课的基础知识。因为内心始终将研习法律当作神圣的事去对待，每一个法律条文、每一个案例我都会用心去分析对待，在探索中不断掌握法学学习的各种方法。作为一名文科生，我坚持每天阅读文史哲类的书籍，希望在学习法学的路上开拓个人视野，以“修身齐家治国平天下”的伟大抱负来督促自己可以为中国的法学进程添砖加瓦。作为一名普通学生，我的专业课成绩名列前茅，并且对于自己所获得的荣誉能够淡然对待，希望在今后可以取得更好的成绩与荣誉。人有了梦想才格外努力，每天上课过后我都会去图书馆复习当日所学，并且阅读相关书籍，慢慢地成绩有了显著提高。在大一第一个学期，我的绩点达到 92，年级排名第 4。成绩的高低不是最重要的，学习态度是我最看重的。在第二个学期，我保持了年级排名第 3 的优异成绩，并且获得了多项奖学金，这让我明白了努力一定会有回报的道理。

法学专业需要与司法实践相结合，进入大学校园后，我就积极参加各种专业实习活动。我累计在法院实习半年，在司法的第一线体会法律的冷暖，用旁听庭审、阅读裁判文书的方式来检验日常法律知识的学习程度。我运用专业知识进行法律文书的撰写，通过阅读判决书来辅助学习，知行合一，这些经历让我深入浅出地了解了法学知识，如此一来学习与实践便形成了良性循环。

思想积极，默默奉献

能够入党是每位共青团员心中的梦想，因此我早早地向党支部提交了入党申请书，并且经常和老师进行沟通交流，帮助老师负责党支部的一些活动。在平时也经常学习党章党规，关注新闻，不断提高自己的理论认知水平。有幸成为积极分子后，我多次随党支部参加“红色 1 + 1”活动，多次参加党支部组织的志愿活动、献爱心活动。自从 2016 年 12 月成为预备党员后，我始终以正式党员的标准要求自己，积极努力地为党支部分担各项工作，辅助党支部处理各种日常事务。作为同年级第一批成为正式党员的同学，我注意发挥自己的模范带头作用，主动学习党的十九大报告精神，在“大爱无疆”爱心捐衣活动中表现积极，帮助大家收集捐赠的衣物，清点数量，整理打包，努力争当青年楷模。在学校 70 周年校庆之际，我积极地参加志愿活动，为学校的 70 周年校庆增添色彩。无论是班级工作还是学校活动，默默地奉献都使我收获良多，也认识了很多志同道合的朋友。在学业之余，我还参加了打工子弟小学的支教活动，利用自己的知识服务更多的孩子，为培养祖国未来的花朵献出一份绵薄之力。

每当遇到工作上的难题时，我都独立思考，自立自强，锐意进取，虚心向别人学习，勤勤恳恳。因为坚持信念，我遇到任何困难从未放弃，这些工作经历让我深切体会到了责任的重要，也给我的青春增添了一笔宝贵的财富和回忆。

参加活动，丰富生活

“不闻不若闻之，闻之不若见之，见之不若知之，知之不若行之。学至于行之而止矣。”作为一名法学生，我深知理论知识的重要性，更懂得理论与实践相结合的必要性。自从来到学校，我就加入了模拟法庭这个大家庭，通过不断地实践，我检验自己学习的成果，发现自身的不足。性格内向的我，在模拟法庭上，参加各类演讲比赛和辩论赛来提升自己的表达能力与思维认知深度。由于老师的认可，我担任了模拟法庭竞赛队的队长，我深知身上的这份责任与压力之重。当北京市大学生模拟法庭竞赛来临之时，我认真备战，带领队员为了荣誉而奋斗。站在省部级竞赛的舞台上，与京津冀 40 所高校的优秀团队激烈竞争，我们获得了二等奖的优异成绩，这与指导老师、模拟法庭每一位队员的努力是分不开的。

作为一名法学生，心中关怀社会才能感受到法律在社会中的温度。我在新闻上看到外来打工者的子女上学十分困难，于是希望用自己的绵薄之力帮助他们，所以我积极参与了“北京市打工子弟学校现状调查”的课题活动，通过走访各个打工子弟学校、与每位校长进行沟通、与区教育局的工作人员沟通，我希望能够为他们争取到更多权益。经过为期一年的努力，我将工作经验总结出一篇论文投递到期刊并且成功发表，希望通过媒体为那些孩子争取更多受教育的权利，让他们享受到学习的快乐。另外，由于爱好篮球，我踊跃参加学校的篮球季的比赛，并获得男子团体组的冠军。在活动中，我结交到很多志同道合的朋友，在活动中展现自我，收获了胜利的喜悦。

“天行健，君子以自强不息；地势坤，君子以厚德载物。”我愿争当生活中的强者，自立自强，直面挫折，永不退缩，坦然面对，勇往直前。磨难教会我自强，自强促使我自信，我的梦想是成为一个有正义感的法律人，以实际行动不断地为自己的梦想拼搏！相信将来在法律这一行里会有我的一片天地，相信我的奋斗会助力自己梦想的实现！

当你离开一贯身处的环境，隔开距离重新审视曾经的环境，就能发现不一样的景致。不断提升自身修养，保持自我意志，摆脱康德所说的“咎由自取的受监护状态”，只有这样，我才能成为一个不断进取的我。

追梦奋进　砥砺前行

作者简介

林一诺，女，共青团员，广告学专业，曾任校团委学生副书记、校团委办公室副主任、毓廉社社长、广告15-1班组织委员。曾获北京市优秀团员、北京市优秀毕业生、校级优秀学生干部、校级优秀团干部等荣誉称号；获国家奖学金、思想品德一等奖学金、学习一等奖学金、实践创新二等奖学金、体育三等奖学金、优秀学生二等奖学金；全国大学生广告艺术大赛平面类三等奖、文案类优秀奖、首届京津冀“品牌故事”大学生广告创意大赛平面类二等奖等奖项。

2015年9月，怀着无限的向往与憧憬，林一诺的大学生活正式开始了。报到、领宿舍钥匙、买生活用品、体检、办理银行卡和校园卡手续……和大多数同学一样，这也是林一诺第一次离开家，开始和室友们一起过集体生活。

有人说，大学生活4年就好像鲁迅先生的4部书：大一是《彷徨》，大二是《呐喊》，大三是《伤逝》，大四是《朝花夕拾》。也有人说，大学，就应该是早起吃点早餐，跑跑步，专业课认真听，公共课看看自己喜欢的杂志，中午小睡一会儿，下午参加个社团活动或打打篮球，又或者，晚上陪着喜欢的人散散步，一个人去自习室安静地看看书，带一杯热水，找一个靠窗的位置，翻开书本，写写算算，勾勾画画，看水汽袅袅升腾，听笔下沙沙的响声。其实，大学是一个充满才华、学问，同时又是一个充满竞争和挑战的小舞台，每一个人就在这个舞台上扮演着不同的角色。

履职尽责，勇于担当

大一刚刚入学，因为对广告的热爱，林一诺便加入了学院团总支宣传部，希望能在专业学习之余更好地进行广告宣传实践。随后在学院老师的推荐下，她进入了校团委英才班，经过英才班一年的学习与锻炼，她发现办公室的岗位更加适合她。在担任北方工业大学校团委办公室副主任一职以后，林一诺同学深知自己的肩上有了更重的责任。校团委，给了她一个更大的施展才华的平台，也让她有了更大的动力。她需要让自己迅速成长起来，将团委职能部门的工作有条不紊地运转起来，于是她积极主动为老师分忧解难。

进入到大学阶段以后，她对学习有了更加明确的方向，她的人生有了更加清晰的规划。在班级，她是组织委员，在同学们评优入党期间积极和同学们沟通，为同学们答疑解惑。作为一名团干部，她积极地组织开展班级团组织的各项活动。作为一名入党积极分子，她虚心向身边的党员求教，学习他们身上那种坚毅的品格。

她深知，作为班干部，她是班级里的中坚力量；作为校团委办公室副主任，她是这个部门的领头羊，无论是在班级活动还是在学校事务中，她都竭尽所能，照顾到每一个细节，处理好每一个环节。她在学习中不断成长，在成长中不断收获，也在收获中不断突破自我，期待着遇见更好的自己。

不忘初心，紧跟党走

林一诺同学在大学中积极向党组织靠拢，经过推优成为入党积极分子。她对党组织有着很高的热情，积极和党支部取得联系，参与党支部组织的活动。此外，她积极参加党课的学习，在党课的学习过程中，她提升了个人素质、能力以及思想境界；在参加党的活动时，她热心帮助他人；她在平时关注时政消息，学习习近平总书记系列讲话精神。她时刻以党员的标准严格要求自己，时时刻刻起到先锋带头作用。大学是人生成长的重要阶段，她一直很注重思想的发展和成熟，以培养自己正确的人生观、价值观、世界观，以提高自己的政治觉悟。

肯于钻研，积极进取

作为一名学生，她知道自己现阶段最主要的任务是学习专业知识，增强实践经验。她在积极开展各项工作的过程中从来没有耽误过自己的学习。在老师的积极培养和自己的不断努力下，她的专业能力在逐步提高。

在进入大学以后，她学会了更加合理地安排自己的学习时间。她每天都有固定的学习时间，课余时间也会去图书馆查阅一些专业方面的相关材料，阅读文学作品以提高自己的文化素养，努力做一个德才兼备的大学生。为了能够更好地平衡学生和学生干部这两个角色，为了能够高质量地完成老师交给的学习任务和自身的工作任务，她学会了合理分配自己的时间，并且找到了平衡点，保证既能取得优异的成绩，也能保质保量地完成老师布置的工作。在校上课期间，她认真听讲，积极发表自己的意见，课下遇到问题积极向各位老师和同学求教。在完成各项学习计划之余，她还积极参加学校组织的演讲、征文等比赛、专业技能竞赛以及挑战杯等来锻炼自己的能力，并且取得了不错的成绩。

立足专业，全面发展

作为广告学专业的学生，林一诺同学深知实践能力的重要性，学会自主学习以及进行专业技能的拓展更是必备的能力。因此，在学习专业知识的同时，她积极参加专业竞赛，参加各种专业竞赛是对她专业能力最好的锻炼，在比赛中获奖则是对她的实力最好的证明，她曾获得“2016 年第八届全国大学生广告艺术大赛平面类三等奖”“首届京津冀‘品牌故事’大学生广告创意大赛平面类二等奖”等。

此外，她积极参加科研项目研究，并且学习撰写科研论文，并发表学术论文两篇。将专业知识付诸实践，这对她专业能力有非常大的提升，对未来的工作学习也是经验的积累，并且学到了很多课堂上学不到的知识。刻苦学习，积极钻研让林一诺在学习道路上勇攀高峰，不断进步。

积极主动，热情洋溢

不论是作为班级里的组织委员，还是校团委的办公室副主任，抑或学校毓廉社的社长，林一诺同学都认真对待每位同学以及校内的学生干部。在对待工作方面，她一贯是一丝不苟，对干事们严格要求，对自己更加严厉。但是在私下的生活中，她也是一个很风趣幽默的人，在组织内能有效营造好的团队气氛，使大家能够在活跃的氛围中愉快地工作；在生活上她能与同学们成为无话不说的朋友，成为大家诉说衷肠的对象。

在班级中，她积极活跃的处事态度和热情开朗的性格受到大家的欢迎。同学们有什么疑惑、问题都愿意跟她敞开心扉，她也热情地帮助同学们解答疑问，同学有需要帮助的地方她也会尽力帮忙。面对同学们的信任，她深知自己的责任重大，她经常和同学们聊天谈心，了解同学们的思想动态和生活状态，向身边的同学传播积极向上的思想。对于校内的学生干部，她也热心地引导他们解决工作上的难题，传授他们解决问题的办法，她还主动给干事们进行一些工作上的指导，教给他们一些工作方面的实用技能，让他们在工作上能更加高效率地完成任务。学生干部们、团委干事们对她评价最多的是热情、热心、热切。她这种积极向上的生活态度，让她在学习生活中结识了很多志同道合的朋友。

努力拼搏，无悔青春

大三到来了，看着身旁的朋友不是开始准备实习就是准备考研，她回想起前两年的经历，思索对于未来的规划，突然一阵迷茫……

在确定了想要继续攻读研究生后，她开始到处搜集关于考研的信息与资料，购买了相关辅导书，不断浏览院校信息和考研经验，制定学习规划，开始准备考研。

她想到自己前两年积累的还不错的成绩可能给自己争取到保研的名额，在和父母及老师、朋友谈心交流后，她决定把保研作为自己的首要目标，只管一心向前，不再惧怕艰难，也不再畏惧可能的失败，放平心态，放手去做。她开始搜集各个院校接收推荐免试研究生的信息，准备专业课知识，并最终被北京工商大学新闻与传播专业录取。

现在她回想起这些日子里的辛勤，满是感慨，好像真正感受到了青春的热血与激情；曾有的崩溃、焦虑以及所有的情绪，到头来才发现这些全是生命里不可多得的感动与体验。

这时的她，真正感受到了“努力不会被辜负，憧憬的未来如期顺至”的美好。

总的来说，林一诺同学的大学生活是充实而忙碌的，希望她能在接下来的日子里继续努力，用自己的热情与信念撰写属于她的美好青春。

砥砺前行　上下求索

作者简介

刘思雨，女，满族，中共党员。理学院 2014 级统计专业学生，曾任理学院学生会志愿者部部长、院团委常务副书记。在校期间，曾获北京市三好学生、首都先锋杯优秀基层团干部、北京市优秀毕业生、全国百强暑期调研实践团等称号，曾获国家奖学金、国家励志奖学金，并获得全国大学生市场调查分析大赛三等奖、北京市"挑战杯"大学生课外学术科技作品竞赛一等奖、本科优秀毕业论文等奖项。因表现优异，刘思雨获得 2017 年推荐免试研究生资格，被保送至北京工业大学攻读研究生。

"青春是有限的，智慧是无穷的，趁短暂的青春，去学习无穷的智慧。"高尔基的这句话便是对刘思雨大学时光最好的总结。

孜孜不倦，爱拼才会赢

2014 年的 9 月，是开学季，刘思雨作为一名新生步入北方工业大学。由于高考成绩优异，她在开学初便获得了新生入学奖学金。这一奖学金的获得没有使她变得骄傲，反而更加虚心好学。她积极参加相约晨光活动，并因此获得了"晨读之星""晨练之星""耐"字徽章等称号。

很多人上了大学后，都会吐槽"高数"是一门较难的学科，但刘思雨并不害怕，在她的不懈努力下，高等数学Ⅱ(1)、高等数学Ⅱ(2)、线性代数Ⅱ、概率论与数理统计Ⅱ这 4 门数学类学科均得到了 100 分。很多人的高考英语没有考过听力，他们对英语四六级考试没有底气，但同样没有练过听力的刘思雨，从不逃避，坚持练习，不放过每一次模拟练习。"一分耕耘，一分收获"，最终她顺利通过了大学生英语四六级考试，其中四级 508 分，六级 510 分。

刘思雨深知专业知识一直处于理论阶段是不够的，要想学得好，就要通过比赛来将知识应用于实践。大三时，她和同学组队参加第七届全国市场调查分析大赛北京分赛区选拔赛。这是她第一次参加专业类竞赛，她始终对赛事充满渴望，动力满满。她对负责的 logistic 回归和 Amos 结构方程模型，更是不断钻研。这些都是她此前从未接触过的新知识，为了超越自我，永攀高峰，她不断到图书馆查找统计书籍，查看相关文献。在掌握了基本的原理后，她便开始用 SPSS 软件自学分析操作。对于 Amos 结构方程模型，其评价首先需要对路径系数或载荷系数进行统计显著性检验，前期由于分析与操作不熟练，使得检验始终无法通过。为此她付出了很多努力。那段时间是付出的过程，是探索的过程，在她不懈的钻研下，终于成功实现了模型的检验与构建。比赛中面对老师犀利的提问，她更是凭借自己掌握的专业知识，沉着应对，冷静回答。在她和团队成员的默契配合下，她们最终获得了北京市二等奖、全国三等奖。此外，她还参加了第九届“挑战杯”首都大学生课外学术科技作品竞赛并获得北京市一等奖。她很感谢曾经一起参赛的队友，感谢比赛中的指导老师，感谢学校、学院提供的每个机会。通过参加大赛，她深刻体会到理论与实践相结合的重要性、掌握专业知识的必要性、团结互助精神对团队到达胜利彼岸的关键性。

作为学生，专业学习当属第一。作为一名有追求的大学生，思想政治学习更应当加强。刘思雨在大学刚入学时，便向党组织递交了入党申请书，她借助党课不断提升自身的思想觉悟，并最终成为本年级第一批被发展为党员的学生。她时刻以一名合格党员的标准严格要求自己，按期转正成为一名中共正式党员。作为一名共产党员，她也是统计学系本科学生党支部的骨干力量，工作涉及党支部大大小小的事情，从入党积极分子的推优培养、考察发展到预备党员转正等，这一系列复杂又严谨的程序她都牢记于心。同时，每周四下午的党日活动、“红色 1 + 1”活动也都少不了她的身影。大三这一年，在其他同学选择泡在图书馆与学习为友时，刘思雨为了方便工作，选择泡在院团委和学工办与工作为伴。种种的坚持和付出，更让她体会到了“一分耕耘，一分收获”！她孜孜不倦的精神，让我们相信：爱拼才会赢！

真情奉献，青春更靓丽

每到开学季，学校都热闹非凡，各社团都在忙忙碌碌招纳新的力量，开始新的工作。对于初来乍到的新生，她们该如何选择？对于胆小没有做事经验的新生，她们应该去试一试吗？刘思雨的亲身经历告诉大家，不论做什么，都要勇敢地迈出第一步。

刚入学时，她是一个胆小、不敢做事的姑娘，带着自己对志愿工作的一片热情，通过面试进入到理学院志愿者部。在这里，她经历过很多悲伤，但同样积累了很多经验。曾经的她会因找不到合适的志愿活动而哭泣，会因无法掌控一场活动的秩序而焦急。但后来一次次按时、保质地完成任务，使她从中找到了自信，一路从干事走到部长。暑期时，她便开始制定开学迎新生志愿者策划活动；开学后，便开始寻找适合大学生的志愿活动，最终她们成功组织了学校附近的石景山区杨南社区支教志愿活动、石景山民族敬老院志愿活动、国庆北京南站志愿活动、积水潭和西直门地铁站志愿活动、北京万事达 CBA 赛事志愿活动等。两年的组织和参与，让她深深体会到帮助他人的满足和幸福，以及无言的快乐与感动。

“没有翅膀也能往上飞，心在跳动为何不去追”，面对曾经无法越过的山丘，坚定目标，努力向前。大学第三年她成为理学院第十三届团总支常务副书记，主要负责学院“理苑传媒”微信平台的推送。在刚开始接手的暑假期间，由于大一同学参加军训，从未接触过推送工作的她带领同年级其他同学，亲自写稿件、做排版；在军训过后的暑期，更是从 7 月 17 日开始连续工作 12 天，持续将理学院暑期实践团队的进程推送到公众号上，努力为理学院的实践团队做好宣传工作。

对于学校及学院的重大活动，“理苑传媒”持续跟进与宣传，特别是在北方工业大学 70 周年校庆来临之际，更是多日持续推送精彩内容。对于与学生息息相关的考试，如英语四六级、考研交流等，“理苑传媒”也定期发表对大家有帮助的文章，通过新媒体平台来帮助老师实时督促大家学习。

她带领的“理苑传媒”工作组，成员们相互关心和帮助，相互谅解和勉励。在这里，“理苑传媒”就是一个大家庭，大家为了一个共同目标而努力着。通过相互交流，工作组达成了默契，也提升了组织管理能力和自我管理能力，加强了团队协作意识和社交能力，真正达到了“形”“神”一体。“心若在，梦就在”，她们为成就更加出色的自己而努力，为更加优秀的团体而奋斗！

3 年的团委学生会工作，教会了她很多，也改变了她很多。志愿者部的工作使她对组织活动成竹在胸，“理苑传媒”的历练使她对文章内容导向更加敏感，对文字检查更加用心，这些也对她日后撰写毕业论文起到了很好的作用。如果说志愿者部修炼了她的外在性格，那么“理苑传媒”一定提升了她的内在素养。她在工作中能正确认识自己所负的责任，在贡献中实现自身的价值。

丰富阅历，实践中成长

只有学习和工作的大学是不完整的，人都要有属于自己的那片自由天空来丰富自己的课余生活。少数男同学将打游戏作为自己的课余生活，少数女同学将看电视剧作为自己的主要生活内容，但更多的同学会将“读万卷书，行万里路”作为自己的主要生活内容。刘思雨便是后者。她在2016年暑期和学院学生会主席团成员们，共同前往河南省孟州市调查农村淘宝对民生的改善情况。大雨和酷暑并没有阻挡团队的调研热情，她们先后走访了阿里巴巴“农村淘宝”孟州服务中心、孟州市网络经济发展促进中心、农村淘宝东韩村服务站、孟州市莫沟村，不断探寻着农村淘宝的发展与理念。在去东韩村服务站时，店主马婵娟给刘思雨留下了深刻的印象。马婵娟是一名大学毕业生，毕业后便返乡开始自己的农村淘宝事业，用自己的力量服务家乡的百姓。她说：“要把淘宝店成功经营起来，没有什么捷径，都是自己脚踏实地一步一步走出来的。”这也让刘思雨懂得了踏实与坚持的可贵。实践团队也在这样的脚踏实地与坚持努力下收获颇丰，她们因表现出色获得了全国百强暑期调研实践团、首都大中专学生暑期社会实践优秀团队称号。通过这次的锻炼，她也发现了理论与实践相结合的重要性，坚定了今后多参加实践活动的信念。

在宿舍生活中，作为宿舍长，她起到了很好的凝聚作用。她和室友彼此同心，共同参与宿舍风采大赛，获得两次院级一等奖、一次校级三等奖。在这些活动中，她们收获的不仅是宿舍的荣誉，还有彼此深厚的友谊。此外，宿舍因积极走向操场、参与锻炼而获得北方工业大学“百炼之星”称号。当然，她个人也十分热爱运动，曾获2016年校体育节第四届排球趣味赛三等奖，且两次入选校运会跳高项目。她勤俭自强、乐于奉献社会，志愿活动时长累计达70小时。她的热情就像太阳一样，照亮了自己的生活，温暖着他人的内心。

生活就如逆水行舟，不进则退。4年的大学生活，有艰辛和苦楚，但更多的是收获。平日的不懈努力使她获得了国家奖学金、国家励志奖学金以及北京市三好学生、北京市优秀基层团干部、校级三好学生、校级优秀学生记者等荣誉称号。虚心使人进步，骄傲使人落后，她警醒自己要继续向更高的目标进发。同时她也深知自己还存在很多不足，并会在接下来的日子里继续端正态度，化成绩和荣誉为动力，不断完善自己。相信她的努力必定会创造出更加精彩的人生！

让优秀成为一种习惯

作者简介

叶玮，男，中共党员，计算机科学与技术专业15-3班学生，曾任班级学习委员。在校期间他刻苦学习，成绩优异，曾获国家奖学金、国家励志奖学金、优秀学生二等奖学金、学习一等奖学金、思想品德一等奖学金、实践创新一等奖学金、体育三等奖学金，曾获得北方工业大学“校级三好学生”“优秀党员”等荣誉称号。他积极参加学科竞赛，参与科研训练，曾获第九届“蓝桥杯”软件类C/C++程序设计总决赛全国三等奖、全国大学生应用能力与信息素养大赛总决赛全国三等奖、全国大学生数学竞赛三等奖、第八届北京市数学竞赛一等奖、第七届北京市数学竞赛二等奖、第九届“蓝桥杯”软件类C/C++程序设计北京市一等奖等奖项。

4年的大学生活如白驹过隙，转瞬即逝。如今我已是一名在读研究生，开启了新的征程，去寻找另一片蓝天。回首过往，心中不免万分感慨。这其中不仅包含了收获的喜悦，也有些许遗憾。在这短短4年的本科时光里，我从幼稚走向成熟，从迷茫变为坚定，经历过很多困难险阻，也收获了成长。我很庆幸自己一步步找到了理想和目标，让优秀成为自己的一种习惯，并为之不懈奋斗。一路走来，风雨兼程，历练出的是成长，磨砺出的是品行，坚持不懈的是信念，永不放弃的是追求。

回想起大学4年的时光，在学习上，我善于思考，勤奋好学。每次上课我都认真听讲，在课堂上就及时把老师讲的新知识消化掉，然后利用课下充足的时间来提高自己的专业能力和竞赛能力。以竞赛为例，我作为计算机专业的学生，课内成绩固然重要，但是编程能力也不可忽视，而竞赛是提高编程能力的一种方法。从大一开始，我就在编程的研究上下了很多功夫，但是由于我的编程基础比较薄弱，因此在大一学年的多次竞赛中成绩并不突出，但是我没有放弃，而是继续努力，并经常向老师和优秀的学长请教，经过长时间的训练，我有幸获得了2018 年第九届“蓝桥杯”软件类 C/C++程序设计总决赛全国三等奖，2018 年全国大学生应用能力与信息素养大赛总决赛全国三等奖，“蓝桥杯”软件类 C/C++程序设计北京市一等奖等。在编程的过程中，我发现数学知识对编程有着非常重要的帮助，于是课外时间我在数学知识的学习上花了很多时间。虽然大学数学比较深奥，但是我觉得学习数学很锻炼人的思维能力。经过刻苦的钻研，我积极参加了学校举办的数学竞赛并获奖。更令人高兴的是，老师说我有资格去参加北京市举办的大学生数学竞赛，得知这个消息，我专门买了数学竞赛方面的书籍并进行自学，果然“皇天不负有心人”，第一次参加北京市大学生数学竞赛我就获得了北京市三等奖，后来我又多次参加该项比赛，并先后获得全国大学生数学竞赛三等奖和北京市数学竞赛一等奖。

与此同时，我不仅仅满足课内的基础知识，对于课外的内容也保持着求知好学的态度。我主动申请北方工业大学的北京市创新创业项目，参加了北京市大学生科学研究与创业行动计划项目“智慧旅游之智慧住”以及北京市大学生科学研究与创业行动计划项目“在线学习风格智能匹配系统”。在进入大学之前，我从来没有接触过此类项目，因此刚开始在项目小组时，我很不适应，感觉到自己有很多知识盲区，小组成员在讨论的时候我往往插不上话。后来我觉得，要想提高自己的学术水平并且能为小组作出贡献，自己就应该熟练掌握更多知识。于是每当有空的时候，我就去图书馆查询项目组所需要的知识和技术。日积月累，随着我了解和掌握的知识越来越多，我在项目组的参与度也越来越高，并且获得了小组成员和老师的认可。最后我参与的项目都被评为优秀并且获得校级奖励。虽然参加这些竞赛和项目会占用许多课内学习的时间，但我充分规划好自己的时间，仍然在期末考试中取得了良好的成绩，并保持了比较高的成绩点，在大三学年还取得了专业第一名的好成绩。

在工作上，我从大一开始到现在，一直担任班级的学习委员。我还记得当时开学的时候，班上有 3 名同学竞选学习委员这一职位，当时的我就希望尽快地融入这个班集体并贡献自己的力量。我依然记得当时的竞选口号：“阿基米德说过，给我一个支点，我可以撬起地球，我在这里保证，给我学习委员这个位置，我一定尽自己最大的努力，把我们这个班集体建设得更好。”后来 4 年里我用事实证明了我的诺言，在这 4 年担任学习委员期间，我勤勤恳恳，一方面协助班导师和班长处理班级事务，成为班级同学与班导师之间沟通的桥梁。在我的带领和积极协助下，我们班级多次获得“校级优秀班集体”等荣誉称号，2017 年我们班由于各方面表现优秀，还获得了“北京市优秀班集体”的称号。另一方面我积极主动地与各科任课老师沟通，为同学收发作业并及时反馈一些上课遇到的问题。为了更好地帮助全班同学，我还开展了离散数学、汇编语言程序设计学霸讲堂，英语四级一对一帮扶小组与学习小组，还有考研复习小组等，这些都让同学得到实实在在的帮助，他们的学习成绩有了极大的提高，每年我们班的综合成绩在学院中都处于第一名。另外，在英语四级备考中，我积极配合学院开展四级早读相约晨光活动，主动督促同学们早起自习，并组织全班进行单词测试，利用课余时间给同学们批改单词测试试卷，指出他们的错误，以便让他们有更好的提高。对于部分英语基础薄弱的同学，我会积极与他们沟通交流，给他们发需要的英语辅导书，我的这些付出没有白费，最终全班所有同学一次性通过了英语四级考试。后来在考研的复习准备过程中，我也积极与同学们进行沟通，帮助同学们收集考研的信息和资料，最终我们班大多数同学都如愿成了一名研究生。其中令我印象最深刻的是我的舍友居欣然同学，他非常偏科，数学能力特别强，但是英语基础比较薄弱。作为他的同学兼室友，为了帮助他快速提高英语水平，我和他相约打卡学习，每天把自己背单词的记录发到群里面进行打卡，并分享自己的一些英语学习方法给他，在每次考试前，我都会对他进行一对一辅导，最终他每学期的英语都通过了考试，并且四级英语成功过线，考研英语也刚好达到国家线。看见室友能够突破自己在英语上取得重大进步，我感到十分欣慰，觉得自己的付出没有白费。

在思想上，作为一名中共党员，我主动加强政治理论学习，树立了正确牢固的世界观、人生观、价值观，具有强烈的职责感和使命感，时刻以一名党员的高标准严格要求自己，在平时的生活和学习各个方面保持模范带头作用。在支部学习会议上，我积极主动发言，并且经常与支部同志交流探讨。我现在担任计算机本科学生第二党支部的组织委员，积极协助支部书记处理支部日常事务，负责组织支部的一些活动，如全权负责支部“红色 1+1”活动，负责并参与支部向四川大凉山捐衣服送温暖活动，积极分子的启蒙活动，读书会分享等活动。另外，我在班上也积极协助团支书宣传党的思想，从而让班级同学对党的理论知识有了更加清楚、更加正确的认识。对于一些党性觉悟和综合能力比较强的同学，我也会积极向支部书记推荐，对他们进行考察。组织这些活动，不仅加深了我对党的历史的了解，也让我的思想在实际工作中得到升华。

在社会实践上，我积极参与各种活动。在志愿服务方面，我曾两次组织班级同学参与八宝山地铁志愿活动，参与杨庄社区志愿活动，还多次参与四季青敬老院社区志愿活动、西山枫林社区志愿活动等。我依然记得自己第一次去参加四季青敬老院社区志愿活动的时候，那时我特别害羞，在长辈面前不敢多说话。后来我终于想明白了，去敬老院不就是为了和老人们多谈谈心，帮助他们缓解内心孤独和压抑的吗？于是在后续几次去敬老院社区做志愿者的时候，我放下了拘束，开始敞开心扉，与他们进行面对面的交流。在团委学生会工作上，我大一时加入团委学生会活动部，负责为学院的日常事务提供日常保障，例如迎新晚会、每周的相约晨光、篮球赛、运动会、卓立杯等，最后还获得活动部优秀干事的称号。现在回想起来，我觉得当初团委学生会的活动促进了我的成长，当初的相约晨光培养了我早起的习惯；在这些活动中，我达到了强身健体的目的；在这些活动中，我收获了满满的友谊。

在生活中，我作为一名贫困生，积极勤工助学，大学期间累计勤工助学约1 000小时。我的勤工助学主要是负责机房电脑设备的管理和维护等，在这里我能够把自己在课本上学到的知识应用到实际中，同时，也极大地提高了我的动手能力。在解决自己困难的同时，我也经常关注班级同学，为了更好地帮助同学、深入了解同学的情况，我经常到各个宿舍了解同学们的生活状况及学习状况等。对于生活上有困难的同学，我会主动与辅导员沟通，寻求帮助。对于学习上有困难的同学，我会和他们组成学习一对一小组，带他们去自习，为他们讲解基础知识并答疑解惑。另外，我也积极打扫宿舍卫生，让宿舍处于一个干净温馨的氛围里。同时我与班级同学、舍友也建立了非常和谐的关系。

我始终相信，大学4年是人生阶段中十分重要的4年。大学期间，我们要严格要求自己，脚踏实地，不断丰富自己的知识和经验，提高自己的能力，并且在工作、学习、生活上养成良好的习惯。只有这样，我们才能在各方面变得更优秀，才能更好地去面对将来人生路上的挑战。让优秀成为一种习惯吧！

砥砺奋进　成就多彩大学生活

作者简介

路凝箫，女，中共党员，信息安全专业，担任信息安全专业16-2班班长，校管弦乐团第二提琴组首席。在校期间绩点排名专业第三，曾获国家奖学金、“天汇”一等奖学金、优秀学生一等奖学金、学习一等奖学金、体育一等奖学金、实践创新一等奖学金、思想品德一等奖学金；热衷竞赛，寻求突破，两年内共获国家级奖项4项，省部级奖项7项，校级奖项10项，申请软件著作权4项，参与发表学术论文4篇；志愿服务，奉献自我，曾参与10余项志愿服务并多次获得优秀志愿者称号；脚踏实地，认真工作，曾获校级优秀团员、校级优秀班干部、市级三好学生称号、“玉兰新闻人物”奖等荣誉。

勤勉学习，上下求索

路凝箫同学一直以认真踏实的态度对待学习。在校4年期间，她能够做到课上认真听讲，课下按时完成老师布置的作业，遇到不会的问题时及时向老师或同学请教，并带动周围的同学一起学习。她的目标十分明确，在获得一个好的成绩的同时，要真正地学到知识和本领，为此她很少待在宿舍，经常在实验室进行自习，并在大学期间获得了绩点专业排名第三的成绩，英语四级一次性以614分的高分通过，六级一次性以592分的高分通过。

在自己取得好成绩的同时，她也带动身边的同学一起学习，通过成立学习小组的方式对在学习上有困难的同学进行帮扶，在班级内形成了良好的学习氛围，带动了其他同学共同进步。

学科竞赛，寻求突破

路凝箫同学从大一刚入学起便积极参与各类学科竞赛活动，竭力将自己所学习的理论知识运用到实践中，从大一到大四，她逐渐从队伍中的辅助者成了主导者，在搜集资料阅读论文的过程中，她在专业上成熟了很多，并可以慢慢带动其他人学习。功夫不负有心人，在不断地参与中，她获得了全国密码学竞赛“基于国产商密算法与QR码的身份鉴别系统”二等奖、全国“软件杯”双创大赛“‘码’行天下——基于安全二维码的互通互鉴准入控制系统”三等奖、美国大学生数学竞赛S奖、全国大学生数学建模竞赛北京赛区二等奖、“蓝桥杯”软件类C/C++类北京市区一等奖、“互联网+”大学生创新创业大赛三等奖、校级程序设计竞赛二等奖、“挑战杯”校内预选赛一等奖、校级CTF网络安全竞赛三等奖、校级“创青春”优秀奖。

为了更深刻地理解自己所学习的专业知识，她积极联系导师，早早地加入一些学科项目中进行学习。在大一期间，她参与到基于二维码的准入身份鉴别系统的研究项目中，阅读了大量论文，帮助总结文献综述，参与发表《Large-scale Election Based On Blockchain》（EI）和《基于NFC和商用密码技术的防伪溯源系统研究》两篇论文。在大二时，她参与了基于深度信息的身份管控项目，经过大量的积累和学习，她以第一作者的身份发表了以《基于TensorFlow的卷积神经网络服装分类研究》为题目的论文。在大三期间她继续进行自我的沉淀，更加努力地钻研学科知识，并在大四时参与发表了论文《Research on Desensitization Medical Therapy Based on Virtual Reality》（ICDT）。同时，她在大一期间便利用自己所学，申请软件著作权“计划生育应用管理系统”一项。

在课余时间，她作为兼职老师，教授小学三年级学生的机器人课和五年级学生的编程课，用自己的热情将所学的专业知识传授给孩子们。她凭借细心和耐心，用自己通俗易懂的教课方式让孩子们很快地理解了这些晦涩的知识，获得了孩子们的一致好评。经过一年的辅导，她带领部分优秀的学生参与了北京市中小学生科技创客竞赛，并取得了优秀的成绩。

在学科竞赛以外，她花费了大量的时间在英语的学习上。她并没有将英语视为一门学科，而是将其作为一个工具，一个可以让她更上一层楼的工具。她深知英语学习的重要性，深知这是一个可以让她走得更远的基础，所以她便早早地打好一个坚实的基础，在语法学习的同时也重视自己的口语学习，使自己的英语水平不断提高。正是这样长时间对自己的高要求，她在大学期间获得全国大学生英语竞赛三等奖、全国英语阅读大赛三等奖、学校英语阅读与听力竞赛二等奖、学校英语听力竞赛特等奖、学校英语语言基本功竞赛二等奖、学校英语演讲比赛优胜奖等成绩。经过不懈的努力，她已经获得了斯蒂文斯理工学院的硕士录取通知书和佐治亚大学、伍斯特理工、杜兰大学的博士录取通知书，并获得杜兰大学的全额奖学金。

专注于学习的同时，她也没有放弃自己的兴趣爱好。她从三岁半开始学习舞蹈，四岁开始学习小提琴，并一直将自己的爱好延续到了大学生活中。她加入了学校的管弦乐队和健美操队。在排练期间，她体会到的更多的是乐趣和愉悦。跟随乐队的脚步，她曾参与门头沟中秋节慰问演出、首都科技工作者专场演出、新年音乐会专场等演出活动。在中日青少年友好交流大会的活动中，她曾和乐队一同到北京饭店金色大厅和人民大会堂宴会厅进行演出，留下了很多珍贵美好的回忆。她有条有理地安排好自己的时间，度过了充实而丰富的 4 年时光，并获得了大学生艺术展演银奖、首都高校艺术体操比赛第 4 名的好成绩。她相信，每一位优秀的人都是全面发展、严格要求自己的。

思想向上，积极进取

路凝箫同学从大一起便积极主动地向党组织靠拢，在 2016 年 9 月刚入学时便向组织递交了入党申请书，2017 年 11 月光荣地成为一名中共预备党员，并在 2018 年 11 月如期转正。她认真学习马克思列宁主义、毛泽东思想、邓小平理论、“三个代表”重要思想、科学发展观和习近平新时代中国特色社会主义思想，用丰富的理论知识来武装自己。在党支部的活动中，她表现突出，通过自身的实践学习党的宗旨和精神。在培养一名积极分子项目中，她发展了班内的一名同学，两人共同学习党的理论知识，共同参加学校的升旗仪式，时刻以党员的标准严格要求自己；在阅读一本理论书籍活动中，她选择了《习近平的七年知青岁月》，通过认真的研读和反复的思考，她从书中学到了习近平主席吃苦耐劳、有追求敢担当的精神；在开展一项志愿服务中，她参与组织了“故宫北门志愿服务”，积极号召身边的同学参与其中；她组织班内 20 余名同学参与程序设计竞赛，通过自身来号召大家参与更多的活动，将自己的理论知识活用起来；她在考试周前组织班内同学进行复习，互帮互助，共同进步。同时，她曾获校级优秀团员、校级优秀班干部等荣誉称号，曾参与校学生代表大会、校团员代表大会等重要会议。在新中国成立 70 周年国庆时，因为她在校期间突出的表现，她荣幸受邀到天安门前参加观礼，和祖国母亲一起庆生，现场观看了气势磅礴的阅兵典礼。这难忘的经历让她更加体会到祖国的繁荣昌盛，让她为自己的祖国、为自己的党员身份感到无比自豪。

志愿服务，奉献自我

在平时的生活中，她积极参加各类志愿服务。例如，故宫北门志愿服务、四季青敬老院慰问、北京马拉松志愿者服务、国际山地徒步大会志愿服务、万安公墓志愿服务、苹果园地铁站志愿服务、清华附中“寒门英才”计划志愿者、门头沟义诊志愿服务、北京“彩虹跑”志愿服务等，并在大一期间自愿参与献血活动，希望为社会尽自己的一点微薄之力。在大一的暑假期间，她曾参与学院“和田教育脱贫攻坚实践团”暑期实践活动，亲身前往和田进行支教和调研。在实践的过程中，她拓宽了自己的眼界，体会到了偏远地区人们生活的艰辛，做出了自己力所能及的贡献。

脚踏实地，认真工作

路凝箫同学在大一开学的第一次班会上便毛遂自荐，当选了班长职务，她做好了为同学们服务的准备，平日里，除了及时向同学们传达老师和辅导员下达的通知外，她也积极成为同学和老师们之间沟通的桥梁，创造出一个和谐友爱的班级氛围。为了加强班级同学之间的友谊，她组织各种班级活动和聚会，曾组织同学一起去过北京植物园做志愿清理服务、西山森林公园做志愿清洁服务，在服务社会的同时，大家留下了许多美好的回忆。比如班级同学一起在植物园里拍照，一起在西山森林公园放风筝等。在大三开学前，她负责由华为公司赞助的一项程序设计竞赛，在宣传和准备竞赛的过程中，她组织全班同学去参加该竞赛，带领大家一同进步。学习方面，她以身作则，为大家作榜样，在同学询问的时候耐心讲解，并与其他同学分享自己的学习心得；工作方面，她往往第一时间向同学们传达重要的消息，同时也会将同学们的疑问或需求及时地反映给老师们；生活方面，她关心同学，当大家有事来找她帮忙时，她总是欣然应允并竭尽所能。另外，在班导师的引导下，她协助班导师与同学进行一对一的谈话和帮助，开阔大家的眼界，帮助大家找到自己的目标，度过一段有意义的大学生活。

路凝箫同学对自己始终严格要求。大学 4 年是人生中十分重要的 4 年，是要不断积累、丰富自己的阶段，万不可浪费和虚度。秉持这样的信念，她在各方面都追求进步，全面发展自己，充分利用自己的时间，在成为一名优秀的当代大学生的道路上砥砺前行。

遇见更好的自己

作者简介

王翀，男，中共党员，通信工程专业通信16-2班学生，现担任班级学习委员。在校期间始终勤奋努力、积极向上，成绩始终保持在专业前列。曾获校三好学生、校优秀学生干部、校优秀团员等荣誉称号，获国家奖学金，连续3年获得学习一等奖学金。专业竞赛方面曾获全国大学生电子设计竞赛二等奖，北京市大学生电子设计竞赛一等奖，高教社杯全国大学生数学建模竞赛北京市一等奖，北京市第十一届大学生物理实验竞赛一等奖，北京市集成电路设计大赛二等奖，北京市大学生数学竞赛三等奖。

"人生最迷人的地方也许不是如愿以偿，而是阴差阳错"，2016年夏天，虽然没能进入如愿的学校和如愿的专业，但我非常庆幸，我来到了北方工业大学，遇到了和蔼可亲的老师们、志同道合的同学们，在这里开启了我曾幻想过无数次的大学学习和生活旅程。

越努力，越幸运

在刚开始学习大学的课程时，我感到些许迷茫，因为我对自己的专业了解甚少，对大学快节奏的学习方式也还在适应阶段。但换个角度思考，这也许是一个契机，能够帮助我成为更好的自己。

浩学楼东201教室，高等数学课，我第一次见识到教室里这么多人的景象，第一次感受到大学的大课堂氛围，教室后面拉着的横幅我至今记忆犹新："努力到无能为力，拼搏到感动自己。"大学的课堂节奏很快，大家经常调侃"上课捡根笔的工夫就已经跟不上老师的节奏了，完全听不懂了"，看着黑板上老师的板书似"天书"，我也经常是一头雾水。在完成作业前，我每次都需要重新巩固一遍学过的知识，完成作业后，与同学讨论不懂的问题。大学的课程，一环扣着一环，层层递进，每门课程都要打好基础，为后续的课程做准备。随着课程难度的增加，很多知识都需要课下反复吸收消化，所以就要抓住课余的时间、花更多的精力去把自己漏掉的、没听懂的地方补上，不然就会形成恶性循环，想补都补不上了。我喜欢在空教室靠窗的位置自习，书看累了，就望望窗外的风景放松。我的英语成绩一直不是很好，为了能通过国家四六级考试，我每天和小伙伴互相监督打卡背单词，做了很多模拟题和历年真题，并不断地总结分析，有问题时与老师交流讨论，争取更快的进步。

在大学学习中，从大一时的迷茫、懵懵懂懂，到如今的成绩名列前茅，每一年我都在逐渐进步、逐渐探索，成为一个更好的自己。

执着追求， 甘于奉献

作为学习委员，我担当了很多科目的课代表，负责收发作业。看起来这是很简单的工作，却也需要耐心负责地对待。大学没有固定的班级，想要收齐班级的作业，没有中学时代那么容易，作业是平时成绩也是期末成绩中的一部分，所以我总是很耐心地提醒同学按时完成并上交作业。大学 4 年中，我经常背着一书包的作业本奔走在校园中，现在回想起来也是大学中难忘的经历。

在学风建设月中，我积极组织班级开展学习活动。为了增强同学背单词的积极性，我与英语老师沟通，选择重点词汇，组织了班级“百词竞赛”，并为表现突出的同学准备了小奖品；为了让同学了解考试的重点、学习方法和注意事项，我找到班里各学科学习能力突出的同学为大家总结一些相关的学习方法、考试重点和提纲。

在自己努力学习的同时，我也经常尽自己的能力帮助同学答疑解难，在考试前帮助同学找复习资料，帮助班级组织串讲。模拟电子线路是一门很难学而且不及格率很高的课程。期末考试前，我一遍又一遍地翻阅课本，反复总结了很多相关重点例题和知识点，并站上讲台为同学讲解，最终在场的同学都成功地通过了模拟电子线路考试。

大二伊始，我有幸担任了新生班级的小辅导员。为了能够帮助他们更好地适应大学生活，我经常去新生宿舍与他们分享我的一些经验，为他们解答一些关于大学生活上的问题；为了帮助他们能够很好地融入大学的学习节奏中，我把我的学习资料和学习经验与他们分享，还为他们组织了期中串讲。虽然这些工作有时候会占用我的课余时间，但我每次都认真地去完成。在完成这些工作的过程中，我感受到了做这些工作背后的艰辛，但同时我也提高了自己的交流沟通能力。

付出终会有回报，我从那个青涩腼腆，甚至有些无知的少年蜕变成了与人沟通顺畅、耐心和负责的优秀学生干部。我也赢得了班级同学们的认可，大家有什么学习和生活上的问题都愿与我交流。

为有源头活水来

刚入大学的第一个学期我就向党组织递交了入党申请书，并且成为一名入党积极分子。在此期间我完成了学校的党课课程，认真学习中国共产党的有关知识，在学习的过程中，我深深地为中国共产党先辈的英勇、奉献精神所感动；我也认识到马克思主义的辩证唯物主义和历史唯物主义是人类哲学思想和科学知识发展的结晶，是科学的世界观。建立在这一世界观基础上的马克思主义的全部科学理论，是肩负推翻一切剥削制度、建设社会主义、实现共产主义伟大使命的无产阶级及其政党认识世界和改造世界的强大思想武器，同时也感受到了身为一名共产党员的责任。2017 年 11 月 21 日，我成为一名预备党员，经过高级党课的学习，我更加坚定了政治自信，坚决拥护中国共产党的领导，认真学习马克思列宁主义、毛泽东思想、邓小平理论和“三个代表”重要思想，习近平新时代中国特色社会主义思想，关心社会时事政治，不断提高自身的思想政治素质，树立和落实科学发展观，培养高尚的道德品质；我以党员的标准严格要求自己，乐观向上，勤奋努力。2018 年 11 月 21 日，我顺利转正，成为一名正式的中共党员。在党支部里，我曾担任党支部的纪检委员，帮助支部书记组织支部活动和会议，以身作则，起带头作用，获得了院级优秀共产党员荣誉称号。

纸上得来终觉浅

为了能够将所学的理论知识运用到实践中，提高实践动手能力，我大二时便联系老师开始进入实验室学习，并与同学组成了 TRIANGLE 小组，互助学习。

在具有一定专业知识储备的基础上，我积极参加了许多跟专业相关的竞赛。在竞赛中，我深深感受到了实践的重要性。在理论学习中，我虽然取得了很好的期末成绩，可在真正把学到的知识运用到实践中时，我遇到了很大的困难。我们学习的很多情况都是理论上最理想的情况，这种情况在实践中很难出现，总会出现各种各样的问题，这时就需要我们灵活地运用所学的知识来解决问题；我也感受到了团结合作的重要性，一个小组去完成一项任务，如何分配好工作，如何发挥每个人最大的作用，解决好了这些问题真的可以使效率提高很多。

这些比赛经历也是我大学生活中很美好的回忆。数学建模比赛，我们几个人都是小白（新手），没有经验，比赛前恨不得把图书馆所有相关的书都借出来读一遍。题目发布后，我们快速讨论选题，因为第一天有课，耽误了不少时间，第二天我们讨论各自的想法，制定最终方案，便开始着手各自的工作。由于我们没有相关的参赛经验，进度很慢。时间在悄悄地流逝，方程始终无解，呆呆望着电脑的我们，感觉都陷入了僵局。天色渐渐地变暗，面对着当时的进度，我们只能选择陪着各种复杂公式度过漫漫长夜。面对眼前的死局，我们换了另一种思路，更改了方案，望着窗外逐渐发亮的天色，我们休息了一会儿便又开启了工作模式。在即将上交论文时，我们又发现论文中有一处计算错误，波及了文中很多地方，当时感觉真的很绝望，幸好有两个沉着冷静的队友，带着我们一一作了修改，最终我们成功地按时上交了论文，那一刻觉得这一切都值了。

全国电子设计竞赛两年一次，在专业比赛中含金量很高，所以我们也是准备了很久，不过最终我们选择了另外一个题目，一切都是从零开始。两天时间我们才睡几个小时，不停地在测试数据，由于炮弹速度过快，我们不得不拿手机录像然后慢放观测数据，中途因为某些原因导致需要重新测试数据，调参数虽然枯燥费时，不过对结果影响很大，所以也要花费大量的精力。在最后一次测试时，我们发现摄像头脱机出现问题，这次有了前车之鉴，我们沉着冷静地对待，队友之间积极配合，一起解决了问题，最终取得了不错的成绩。虽然竞赛过程都很艰辛，却是值得我反复回忆的一段经历。

飞向更远方

大四上学期我成功地获得了推荐免试研究生资格，被保送到自己向往的学校继续攻读研究生。同时我也有幸在大四上学期提前进入被保送学校实验室开始学习。在这里我真正地体验到了与别人的差距，明白我还有更长远的道路要走。相同的课程，他们要学得比我们更难、更深，我们的很多选修课程对他们是必修，而且他们早早地进入实验室，利用空闲开始做科研，本科期间就已经发表了很多知名会议和期刊论文，真的是“比你优秀的比你更努力”。近两个月的时间，我了解和体验到了研究生的学习生活，相比本科，研究生的学习生活更加紧张，任务更加繁重，但我相信我可以克服困难，虽然步子慢一些，但我一直在前进着。

时光荏苒，繁华竞逐，大学时光已匆匆逝去，“给岁月以文明，给时光以生命”，只争朝夕，不负韶华，方能遇见更好的自己！

我本微末凡尘　可也心向天空

作者简介

唐溪琴，女，中共党员，微电子科学与工程专业，曾任微电 16-1 班学习委员，校网球协会队员。大学期间，以优异的成绩完成了专业知识学习，并且连续 3 年综合素质测评保持第一；英语水平突出，其中大学英语四级考试 624 分、六级 648 分，雅思 7 分；竞赛成绩优异，获得国家级奖项 3 次，省部级奖项 7 次。曾获得过国家奖学金、优秀学生奖学金、北京市三好学生、天汇一等奖学金，获中国大学生“自强之星”等荣誉称号。

常言道“高考是人生的第一个跳板”，为了能看看外面更广阔的世界，我奋勇一跃，终于来到了首都北京。“不要忘记，你的心在哪儿，你的宝藏就在哪儿。”《牧羊少年奇幻之旅》里的这一句话始终提醒着我，有心就有梦，正如影子，随时跟着。我是一个为梦想而奔波的人，自称“累并快乐着”。

4 年前，我一个人背井离乡来到离家一千多千米的北京求学，心中带着一分不舍，但更多的是对未来的期待。我不知道未来 4 年我会在这座校园里留下怎样的故事，但我总感觉得要做些什么。我不想碌碌无为地度过这 4 年，不能给自己留下遗憾。在这样坚定的信念支持下，我的大学生活拉开了序幕。

心志要坚，意趣要乐

大学第一学期我就立志要成为一名优秀的中国共产党员，可惜当时的我未满 18 岁，还达不到申请入党的条件。但我并没有因此而懈怠，我选修了学校的党课课程，并认真学习中国共产党的有关知识。在学习过程中，我深刻感悟到马克思主义的辩证唯物主义和历史唯物主义思想对人类的发展描述得是如此透彻。我对马克思主义的信仰从那时起变得十分坚定，真正从心里体悟到了马克思主义哲学的真谛，这对我之后的学习生活起到了很好的指导作用。我开始辩证地思考生活中遇到的各种问题。开始对这个世界变得好奇起来，我不再偏执地只从一个角度去理解世界，我在生活中发现了更多的可能性，这也促使我后来不断地尝试新事物。在年满 18 岁以后，我立即上交了入党申请书，现在已经是一名预备党员了，正在接受党组织的考察。我相信有一天我会通过考验，成为一名正式的中国共产党党员。

业精于勤，行成于思

从来就没有不需要抵抗重力的飞翔。进入大学，课余生活非常丰富，但学习仍然是我们的第一任务。我深知知识给人带来的巨大力量，所以在学习上从不懈怠。课余时间里，我在图书馆与实验室之间奔波，我很享受静心求学的时光，享受思维的连接与碰撞。大二那年秋天，我以一口流利的英文口语的优势加入了我校外教 Mikhail 教授的科研团队，时常阅读英文文献，和教授研讨科研问题，得到了 Mikhail 教授的认可。因此，教授带领我参加了以他的研究课题为主题的大学生创业计划项目——《Effect of terminal methyl groups concentration on properties of organosilicate glass low dielectric constant films》，并获得优秀结题。

我热爱自己的专业，老师布置的每一项作业、每一次实验我都会认真完成。除了完成自己的任务外，身为班内的学习委员，我会尽力去帮助班里同学。对于学习我始终有一种使命感，认为不管是串讲还是答疑，如果自己都没把知识点琢磨透彻，怎么敢去指导别人呢？课上没听懂的问题我总是会先拿笔标记好，课下先自己一个人看书思考，如果最后还是不明白，再跑去老师办公室请教老师答疑。在学习上，我有着一股韧劲。我喜欢思考，用自己的思维去理解知识点，再把知识内化于心；我喜欢总结，每结束一章的学习我都会回过头来反思，总结出这一章的精华。所以往往到期末的时候，我都能对整个学期的内容有所把握，最终在期末交上一份满意的答卷。我的绩点连续 3 年位居专业第一，均分高达 94.91，打破了我校微电子系以往的最高绩点记录，好几门专业课程也取得了满分的成绩。此外，为了准备大学生英语四六级考试，我每天和室友一起早起参加晨读，不论刮风下雨，我们从不缺席。每天练习听力和阅读，学习完了才开开心心地去吃早饭，准备好上当天的第一堂课。学习的过程艰辛但是充实快乐，和同学一起讨论问题是最值得怀念的时刻。成绩似乎都没那么重要了，我们努力过，所以从不遗憾。功夫不负有心人，最后我取得了英语四级 624 分、六级 648 分的好成绩，这些成绩是对我付出的肯定。我深知学无止境这一道理，所以后来我又报名参加了雅思考试。良好的英语四六级基础为我的雅思助航，我的雅思成绩最后取得了 7 分。

心之所向，虽千万人吾往矣

当然，学习肯定不是我大学生活的全部，毕竟我也不想成为一名书呆子。有句话说得好，青春只有一次，别让自己过得不精彩。天性活泼好动的我总是喜欢参加各种活动。大一的时候我加入了院团总支办公室，成为那里的一名小干事，一年的部门生活让我知道了什么叫团队。到了大二，我认识到科技实践能力的重要性，于是满怀热忱地参加了实验室，跟志同道合的小伙伴一起组建了实验小队。大二那一年，我获得了“蓝桥杯”全国软件和信息技术专业人才赛二等奖、北京市大学生集成电路设计大赛二等奖、北京市数学竞赛三等奖、全国大学生英语竞赛二等奖等多项奖项。竞赛确实为我的大学生活画上了浓重的一笔，正如毛主席所说：“实践是检验真理的唯一标准!”我一直认为竞赛是学习的第二课堂，把课堂所学的知识应用到实践当中，才能加深对知识的理解。在参加各种竞赛的过程中，提升的是我们的实践能力、团队合作能力、思维能力和解决问题的能力。比赛带给我的不仅仅是素质拓展、学分和奖项，更留给了我很多宝贵的经验以及难忘的记忆，这些都是我生命中宝贵的财富。

感恩实践，志愿先行

作为一名优秀的新时代大学生，我心中最引以为傲的是那一张张鲜艳的志愿者证书。从小母亲就教育我说，“一个人最珍贵的不是他有多少成就，或是收获了多少财富，而是不管他处于什么地位，心中都常怀感恩”，我时刻把母亲的话记在心中，并付诸实践。大学以来，我经常都能感受到身边人对自己的关怀。作为一名学生，我的能力有限，最好的回报方式就是多利用课余时间参加志愿活动，为社会做出力所能及的贡献。

大一暑假，当别的同学都忙着回家时，我报名参加了国家大剧院暑期志愿项目，带领暑期夏令营的孩子们了解艺术文化；大二暑假，当有的同学还在家中舒适地休息的时候，我汗流浃背地穿梭在运动会赛场中，为北京民族运动会做志愿服务；在周末大家都出去观赏风景的时候，我在社区青年汇里耐心地给孩子们辅导作业。仅大学 3 年，我的志愿时长已达 270 小时，也多次被学校评为“共青团三星级志愿者”“十佳志愿者”等荣誉称号。当别人问我累不累的时候，我都会说：“也许吧，但是当我用微小的力量帮助别人，收获一声谢谢，就值得。”这些志愿活动让我更好地实现了自己的人生价值，增加了自己精神上的修为。习总书记勉励广大青年要把正确的道德认知、自觉的道德养成、积极的道德实践紧密结合起来，不断修身立德，打牢道德根基，在人生道路上走得更正、更远。我也在实践活动中体会到了世间冷暖、民间忧乐，也提醒自己要心怀感恩。

多彩生活，缤纷艳丽

“穿越五湖四海，只为与她们同处 4 年。”身为宿舍长，我负责起了宿舍每天的卫生保洁工作，每天在学习和工作忙完以后，回到宿舍我都会先把宿舍打扫一遍，希望给舍友们带来一个干净和舒适的环境，我把宿舍当成了自己在北京的一个小家。我们同宿舍的人关系很融洽，每到过节放假，我们都会一起出去旅游，一起去感受这个世界的美好。室友过生日的时候，我为她们准备惊喜，室友生病了我耐心照顾。我的室友们也特别善良可爱，给予我包容理解，我觉得自己很幸运。同时，作为班内的学习委员，我比较关注班里同学的学习状况，经常在课下为他们辅导功课，鼓励他们认真学习，并给予他们力所能及的帮助。每年期中和期末我都会组织班内串讲，从大一第一次串讲到现在，听我讲课的人数从班里的少数人发展到多数人，最后有几次公共课程的串讲还有别的班的同学跑来听课，我心中又惊讶又惊喜，同时我对自己的要求也更高了，要求自己尽最大的努力去做好每一堂串讲课，不辜负大家的期望。

在大学里，我坚信“越努力越幸运”的道理，我也相信努力是会有回报的，有时回报可能不会太快，甚至你会认为自己白忙活了一场，但等那份回报到来之时你会心生感激，感激过去那个努力认真且没有轻易放弃的自己。我从来没觉得我的生活有什么遗憾，因为往事若是美好，叫作精彩；若是糟糕，叫作经历。所以不管是学习还是生活，一定要认认真真去对待，即使历经坎坷，也心甘情愿。大学以其精深的文化底蕴和严谨的学风，滋养着莘莘学子的心灵，志同道合的同学相互启发，互相进步。我会一直保持初心，奋斗到底，最后我想用一句话总结：我也许走得很慢，但我从不后退！

志存高远　为理想努力奋斗

作者简介

梅如如，女，中共党员，电子信息工程专业电子实验 16 班学生，曾任班级学习委员，目前已被保研至中科院直接攻读博士。在校期间成绩优异，稳居专业第一，曾获国家奖学金，连续两年获得一等学习优秀奖学金。在竞赛方面也取得了较好的成绩，曾获全国大学生电子竞赛二等奖，北京市电子设计竞赛一等奖，北京市大学生集成电路设计大赛一等奖，第九届“蓝桥杯”全国总决赛二等奖，第九届全国大学生数学竞赛（非数学类）北京赛区三等奖，北京市数学建模二等奖等。

有人说她是一个忙碌的人，有人说她是一个没有享受大学生活的人。然而，在她看来，每一门课程的钻研过程都是充实的，每一次成绩的取得都是令人欣慰的。作为北方工业大学的一名大四学生，她始终将“敦品励学，才德并懋”的校训内化于心、外化于行；作为“时代新人”，她坚持用习近平新时代中国特色社会主义思想武装自己，扎实地打好思想政治基础和知识理论基础。只有如此这般努力奋进，才能让自己的满腔爱国热忱落地生根，才能承担起新时代大学生的历史使命。

坚定的共产主义理想信念，使她心中有尺，行为有度。在思想上，她积极向党组织靠拢。大一刚入学时，她就向党支部递交了入党申请书，并在大一下学期成为入党积极分子，选修了党课。在上党课期间，她认真做笔记，进一步加深了对党的认识。通过对毛泽东思想、邓小平理论、“三个代表”重要思想、科学发展观和习近平新时代中国特色社会主义思想的学习，她认识到了马克思主义理论在中国革命、建设和改革中的重要地位，更认识到只有通过不断的实践和创新才能传承和发展马克思主义。她坚定地拥护中国共产党的领导，时刻以党章的具体要求来规范自己的言行，争做同学的表率；她始终认真学习国家政策，掌握时事动态，以找准大学生的前进方向；她将社会主义核心价值观作为行事的准则，自觉遵守法律法规，遵守学院的规章制度；她努力服务他人，服务社会。对班级同学的无私奉献，党支部活动的积极参与，政治理论知识的提升，让她获得了思想品德一等奖学金，并且让她在大四上学期如期转正为中共党员。

勤学苦练真本领，增强了她的使命感和责任感。她大学 4 年中成绩一直稳居专业第一，目前她的绩点为 94.01。因此，她连续三年获得了一等学习优秀奖学金，并获得国家奖学金。在此期间，她积极参加各项学科竞赛和专业竞赛，“以赛促学”。她在大一时就进入了实验室学习课堂外的知识，锻炼自己的专业技能，为以后的各种比赛和项目做准备。大一下学期刚进实验室时，她一边学习 C 语言编程，一边运用 C 语言学习 msp430g2553 单片机。在实验室老师的点拨和指导下，她自觉地进行编程学习。遇到程序上的问题，她首先会自己不停地调试，查阅单片机手册和编程书籍，争取自己解决问题，而不是偷懒省事地直接问老师，走捷径；如果她花费许多时间，尝试了多种方法仍然没有办法解决问题，她也不会钻牛角尖，会主动询问学长或老师，在他们的点拨下解决问题。日积月累，她养成了良好的编程习惯，做到了积极思考，主动钻研和融会贯通，能够在以后学习其他的单片机或者是其他计算机语言时省时省力。大二上学期，为了即将到来的数学竞赛和物理竞赛，她合理安排自己的课外时间，一方面继续在实验室学习编程；另一方面，她会在图书馆刻苦复习高等数学，认真做每一年的数学竞赛真题，每一节物理竞赛辅导课她都积极参加，最终取得了全国大学生数学竞赛北京赛区三等奖和全国部分地区大学生物理竞赛非物理类 B 组一等奖。同时，她和队友花费了两个多月的时间制作了一个“便携式电容传感器测量液位”的装置，在北京市大学生物理实验竞赛中获得二等奖。在准备物理实验这个比赛的过程中，她遇到了许多坎坷。当时，她选的大方向是电容，但是光确定具体利用电容做什么，就尝试了将近一个月。不停地试验，不停地更新想法，一开始选择的电容是平行板电容器，后来经过多次的试验，最终确定了使用圆柱形电容器测量水面高度，并用单片机显示的方案。虽然这个作品技术含量并不高，但这是梅如如同学运用专业技能完成的第一件作品，让她直接感受到了专业的魅力，学习也更加有动力。大二下学期，她参加了多项专业竞赛，并且都获了奖，其中有北京市电子设计竞赛一等奖，“蓝桥杯”全国软件和信息技术专业人才大赛全国总决赛单片机设计与开发大学组二等奖等。虽然梅如如同学主攻的是软件编程，对硬件方向的兴趣并不浓厚，但是她并没有完全忽略硬件的学习，仍然踏踏实实地学习电路设计与焊接的基本知识，做到能够配合硬件来写程序。比如，在北京市电子竞赛这一个纯硬件的比赛中，她主要负责设计电路，最后所有的电路都设计出来了，尽管有些参数有瑕疵，导致波形不是特别完美，但是她已经掌握了硬件方面的基础技能，能够做到熟悉软件，了解硬件。大三上学期，她跟导师学习如何写英语论文，在导师的指导下，她作为第二作者发表了一篇英语论文，目前已被一个 EI 核心期刊——*Journal of Technology* 审核通过。同时，她作为核心人员参与了实验室的大学生创新创业训练项目——“白光通信”，主要负责软件方面的工作。在完成项目的过程中，虽然梅如如同学主要负责利用 FPGA 编写数字调制和解调电路，可是却需要与硬件电路配合，因此她不仅需要了解电路每个模块的功能，还需要清楚发射电路和接收电路的每一个输入、输出口的功能，以便与 FPGA 配合。由于需要与电路配合，因此经常仿真是没有问题的，可是接在电路上就有问题了，需要配合电路来调整程序，这让她感受到了完成一个项目的困难。大三下学期，她一方面准备保研面试，如每天锻炼自己的英语听力与口语，回顾自己大学所有的专业课，丰富与自己参加的竞赛、项目相关的知识，学习自己感兴趣的研究方向的基本概念，如图像处理、通信等；一方面积极参加竞赛和项目，最终获得了全国大学生电子设计大赛二等奖等奖项。她觉得该奖项是大学 4 年中最珍贵的奖，因为这个奖不仅仅是她一个人的荣誉，是她们整个团队的荣誉，是她们几乎不眠不休 4 天 3 夜的成果证明，也是她们在大学 4 年拼搏奋斗的象征。大四上学期，她并没有因为顺利保研而松懈学习，相反，她主动联系自己的研究生导师，询问自己接下来的学习计划。然后在与老师沟通后，她申请了中科院的科技创新项目，提前跟研究生导师学习，为以后的研究生学习生活做准备。现在，她就在一位博士生学姐的指导下，阅读了许多与导师的研究相关的文献，学习了一些 Simulink 的知识，编写了一些算法，每周将自己的学习成果做一个汇报，时刻监督自己要更加努力。大四下学期，我们国家经历了新冠肺炎疫情，但是她并没有怨天尤人，而是积极调整自己的心态，积极响应国家的防疫号召，绝不出门，用学习来充实自己的“宅家”生活，认真准备自己的毕业设计。同时，她还帮助村委会整理防疫信息，以尽自己的一点绵薄之力。

“社会是个大课堂。青年要成长为国家栋梁之材，既要读万卷书，也要行万里路。”服务同学和志愿活动让她走向社会，提高本领。她大一、大二连续两学年担任班级学习委员和学校英语协会的干事。大一时，基于对英语的兴趣以及对大学社团的好奇，她经过面试成了英语协会的一名干事。在英语协会的一年中，她参与准备英语角、万圣节舞会等活动，活动期间，她需要经常与外国友人交流，这迅速提高了她的胆量和英语口语的能力。担任学习委员的两年，她认真完成工作，积极帮助同学提高成绩。比如，她曾经为了准备班级同学的物理串讲，一周 7 天里，她每天都要琢磨如何通过一张卷子多讲一些知识点，卷子上每一题怎么讲更容易理解。最终，同学们对于她的物理串讲都给予极高的评价，说她讲的内容十分容易理解，很实用。在服务同学的过程中，她体会到了“共享”的快乐。同时，她也积极地完成学校交给自己的工作，积极帮助学弟学妹，比如，她连续两年在大一新生的大学生涯课上讲解自己大学的困惑与收获，将自己的经验教训分享给他们，给予他们最诚挚的建议，帮助他们找到自己大学努力的方向和奋斗的目标。此外，她积极参与各种志愿活动，如在鸟巢进行观众引导工作，秋季京原路 7 号社区青年汇支教活动，做科学实践课的兼职助教，在周末闲暇时间去教初中生制作科技小作品等，这些校外实践也历练了她与人沟通、互助交往的能力。

师者，所以传道受业解惑也；生者，所以求知学习拼搏也。回顾自己 4 年的大学生活，她特别感恩老师的辛勤培育。“传道受业解惑”的工大老师们帮助她坚定了人生的理想信念，端正了学习和生活态度，树立了科学的人生观和世界观，明确了如何将个人价值的实现和社会价值的实现有机统一起来。她在学习上从不松懈，课上认真听讲，课后及时完成作业，遇到不清楚的问题及时与同学、老师探讨，考前认真复习，考试争取发挥最好的状态，取得好成绩。大一的时候，班导师就曾认真地和她们聊过将来考研、工作方面的事情。梅如如同学在那个时候就下定决心要继续深造，要去读研、读博，要勇攀真理高峰。即使身处并不富裕、甚至比较拮据的家庭环境，她仍然不言艰辛，勇往前行。她在艰难困苦中顽强拼搏，希望能够靠自己的努力成就更好的生活，回馈父母，回报母校，奉献社会。

“人的一生只有一次青春。现在，青春是用来奋斗的；将来，青春是用来回忆的。”于她而言，思想政治理论素养的提高、专业课知识的刻苦学习、实践创新能力的增强、志愿服务活动的积极参与等，都极大地丰富着她的校园生活，并点亮了她勇往直前的人生道路。

锲而不舍　金石可镂

作者简介

朱永琪，男，1999 年 6 月 22 日出生，中共预备党员，现任电气 17-4 班学习委员。曾获得北京市优秀学生干部、院级优秀团员、院学生会优秀干事、军训优秀学员、图书馆优秀读者、年度学风建设优良学生等荣誉称号；获国家奖学金、国家励志奖学金、思想品德一等奖学金、学习一等奖学金、实践创新一等奖学金、体育三等奖学金、优秀学生二等奖学金；获得全国机器人格斗大赛一等奖、全国部分地区大学生物理竞赛一等奖、北京市数学竞赛二等奖、全国数学建模比赛北京市二等奖、全国电子设计大赛北京市三等奖以及校级奖项若干。

奥斯特洛夫斯基说过："生活赋予我们一种巨大的和无限高贵的礼品，这就是青春：充满着力量，充满着期待、志愿，充满着求知和斗争的志向，充满着希望和信心。"怀着对青春的向往与期待，我与来自五湖四海的同学一起走进了这所美丽的校园，开始了我们的大学生活。从北方工业大学开始，努力拼搏，追逐梦想，绽放青春。

郭沫若说："读活书，活读书，读书活。"在大学这个多姿多彩的人生舞台上，我不想失去锻炼自己的机会，因此在大一的时候就积极参选了两个职务：一个是班长，另一个是院学生会的干事。此后我一直体验着身兼数职的辛苦，工作和学习兼顾的不易，但也享受着认真学习和工作带给我的乐趣。我一直以身作则，积极配合好上级领导及老师的工作，以大局为重，踏踏实实做事。

作为班长，在学习方面，我一直想带动周围的人一起学习，积极组织开展"学霸大讲堂"。在大二时，我又当上了学习委员，觉得自己更是责无旁贷，于是每个期末考试之前，我都会带大家一起去梳理期末考试的知识点，开展"学霸大讲堂"，带动大家一起学习。在老师和同学们的评选下我获得了"北京市优秀学生干部""年度学风建设优良学生"等荣誉。作为学生会干事，为了更好地开展工作，我在平时学习之外，还通过各种方式加强业务技能，克服自身的缺点，提升业务水平，不搞特殊，坦坦荡荡做人，踏踏实实做事，以最大的热情投入工作，勤勤恳恳，认真实干，积极主动，落实到位，积极配合学院老师的各项工作，不断提升自己的团队协作意识。通过自己不断的努力我赢得了老师和同学们的认可，荣获了“院学生会优秀干事”“院级优秀团员”的称号。

李苦禅说：“鸟欲高飞先振翅，人求上进先读书。”我深知大学就是现实社会的缩影，充满着无数的竞争。若想在以后的社会上脱颖而出，就要让自己方方面面都变得优秀。我是一个普通家庭长大的孩子，父母用他们质朴的言行给我最大的影响就是无论做什么，都要凭借着自己的努力去奋斗、去改变。所以我坚信努力就会有收获！在大一的学习生涯中，图书馆成了我生活中不可或缺的一部分，课下时间我喜欢去那里看看书、复习功课。在老师的帮助下我还成了图书馆的一名图书管理员。黄山谷说“三日不读书，便觉语言无味，面目可憎”，在那段时间里我对这句话深有体会。因为它引导着我不断前进，变成更好的自己。要特别地感谢老师对我的引导与支持，使我在有限的时间里学到了更多的知识，还意外地获得了“图书馆优秀读者”的光荣称号。

学习如逆水行舟，不进则退，只有坚持不断地学习才能取得理想的成绩。大一入学的时候我成绩并不是特别出色，跟年级第一名相差甚远，于是我在学习方面严格要求自己，别的同学在业余的时间看电影、打游戏，而我却在苦思冥想地攻克难题，每每遇到难题难以克服的时候，我往往会揪住不放，花上数个小时去攻克它，因为我知道在遇到困难的时候，才是自己的知识增长得最快的时候，只有锲而不舍的精神加上百分之百的努力才能化解问题，从而学到真正的知识。天道酬勤，通过自己的努力我的成绩一直名列前茅。学习上的勤奋刻苦使我在大学期间多次获得了“学习一等奖学金”“实践创新一等奖学金”，并得到了老师和同学们的认可，获得了“国家奖学金”“国家励志奖学金”。普里尼说：“在希望与失望的决斗中，如果你用勇气与坚决的双手紧握着，胜利必属于希望。”现在我明白了，在困难面前胜利必属于希望。

饮水要思源，为人不忘本。从小我就知道正是在中国共产党的领导下，新中国才会一步一步向前发展，没有共产党就没有新中国。因此，我加强政治理论的学习，向雷锋同志看齐，努力提高自己的道德修养，全面发展，不断完善自我。用知识武装自己的头脑，用知识来为国家和社会做出更大的贡献。从成为共青团员开始，我就渴望加入中国共产党，我时常到图书馆看一些关于党的书籍，为成为一名中国共产党党员时刻准备着，希望能为国家和人民贡献自己的一份光和热。令我自豪的是，经过自己不断地努力学习和提高，我于大二下学期顺利加入了党组织，成为一名光荣的中共预备党员。成为中共预备党员后，我在学习党的基本理论知识的同时，更加注意发挥党员先锋模范作用，积极在学习和生活等方面严于律己，发挥表率作用。

茅盾曾经说过这样的一句话："奋斗以求改善生活，是可敬的行为。"我知道，要想成为一名优秀的大学生，只有成绩是远远不行的，因此在课余时间我积极投身于科研活动，在大二学期刚开始的时候，我早早地进了实验室学习专业技能。初进实验室的心情是无比激动的，感觉自己有无尽的精力去完成实验室安排的各项任务。但是理想很丰满，现实很骨感，在实验室中的第一天，我就知道了科研生活的艰辛与不易。实验室的研究生学长很轻松地向我们介绍并演示一个又一个陌生软件的应用，然而我却听得云里雾里，不知所云。我明白了做好科研，光靠激情是远远不够的，还需要有必备的技能和经验。在老师和学长们的帮助下，我很快进入了状态，潜心钻研，经过不懈努力，我不仅巩固了上课学的理论知识，学到了实验技能和经验，而且在期末的实验室验收中取得很好的成绩。

因此，我得到了一个启发：有些看似很困难的事情，必须不断地尝试，不然你怎么知道最后成功的不是你呢？此后，我就开始了每周 8 小时的实验室生活，周周如此，从未中断。从最基础的实验开始，一点点向前，一步步深化，我们越做越好，越来越完善。

"不经历风雨，长不成大树；不受百炼，难以成钢""看日出必须守到拂晓"。每每想到这些励志语言的时候，一股继续奋斗的激情就被点燃。大二学年的第二个学期，我继续参加了实验室的开放实验项目，任务和上学期类似，只不过比上学期更重了，我们的目标也从期末后的实验室验收，变成了大二暑假期间的西门子的省赛以及省赛后的全国总决赛。

有了上学期的经验，我们在编程序的时候顺利了许多，我们实验室成员也成了实验队伍中的佼佼者。我们信心大增，在期末学校举行的"西门子选拔赛"中取得特等奖的好成绩。我们感觉进入全国总决赛势在必得，然而事与愿违，当我们信心满满地去参加比赛时，却遇到了之前没有料想到的问题，导致我们写的程序根本无法进行下去，最终止步于省赛。辛辛苦苦准备了一年的比赛，竟然是这个结果，不知道该如何面对对我们寄予厚望的老师。正当我自暴自弃的时候，回想起这一年来，认识了许多优秀的学长学姐，学到了很多知识，还有什么不知足的呢？我顿时释然了许多。得失之间，了然于心。比赛失利固然可惜，但过程中得到的东西会使我一生受益。

于是我又参加了同一时期的全国大学生电子竞赛，并获得了省三等奖的成绩，大三上学期又参加了全国机器人格斗大赛，并取得了一等奖的好成绩。在竞赛这条路上，我还获得了“全国部分地区大学生物理竞赛一等奖”“北京市数学竞赛二等奖”“全国数学建模比赛北京市二等奖”等奖项。我觉得这一切都要感谢那次比赛带给我的失败，让我明白了“失败是成功之母”的真正内涵，使我在今后的道路上不惧失败。

虽然获得了国家奖学金，但我深知，与其他优秀的同学相比，我所取得的成绩微不足道。“雄关漫道真如铁，而今迈步从头越。”荣誉就好比是圆形的跑道，既是终点，也是新的起点。不论怎样的荣誉，只能说明过去，并不能代表将来。荣誉会随着掌声渐渐消失，但是奋斗的脚步却还需永远继续。

大学两年多以来，沮丧也有，哭泣也有，失败也有，这些就好比长着荆棘的玫瑰，摘下刺，才可以收获芬芳。即使明日天寒地冻、路遥马亡，也要追寻内心的梦想，去发现似锦繁花。我们大学生活中或多或少会遇到些难以解决的困难，但是我们要怀着锲而不舍的心态，不言弃，敢拼搏，拼出我们工大学子的风采来。敦品励学，才德并懋，愿我们每一位工大学子都成长为祖国的参天大树。

长路漫漫　不断提升

作者简介

肖雨歆，女，1998年9月25日出生，共青团员，籍贯湖北省，曾任自动化16-2班学习委员、电气与控制工程学院学生会创新创业中心部长。大学前两年的平均绩点为90.55，专业排名第二，获得优秀学生一等奖学金、学习一等奖学金、创新与实践一等奖学金、体育一等奖学金、思想品德一等奖学金。世界机器人大赛格斗机器人大赛三等奖、全国大学生计算机应用能力与素养国家级比赛二等奖、全国大学生英语竞赛二等奖、“西门子杯”中国智能制造挑战赛华北赛区二等奖、美国数学建模大赛S奖、“外研社”英语作文竞赛初赛三等奖、北京市数学建模一等奖、校级单片机竞赛二等奖、校级优秀暑期实践活动三等奖，女子4×400米接力第四名等，并获得优秀团员与校级三好学生的荣誉称号。

不负韶华，盈载梦想

肖雨歆同学在大学两年期间从未松懈，一直努力地学习，她明白只有尽全力做最好的自己，才能不负宝贵的年华。在过去两年的学习中，她严格要求自己，端正学习态度，勤奋刻苦学习，虚心向老师请教，不断去完善自己，努力达到一个优秀大学生的标准。在担任班级学习委员期间，她时常督促同学们学习，热心帮助在学习中遇到困难的同学并解答他们的疑惑。每逢考试时，她都会发一些学习资料帮助大家并组织班级讲座，串讲考试的知识点以及重点内容；在准备英语四级考试期间，她时常监督大家的早自习。在她的带领下，同学们更加认真地学习，班级期末成绩有了很大的提高，班级英语四级通过率高达88.9%。

在学习之余，她也积极参加实践活动与重大比赛。在比赛过程中，她勇于创新，沉着冷静，虚心学习，获得世界机器人大赛格斗机器人大赛三等奖、全国大学生计算机应用能力与素养国家级比赛二等奖、全国大学生英语竞赛二等奖、北京市数学建模一等奖等，并在整个过程中学习与收获了本专业领域更多的知识，得到了能力上的提升，这不仅包括知识领域上的提升，更提高了她的团队协作能力，培养了她面对重大比赛沉着冷静乐观向上的心态。

热衷志愿，传播温暖

在课余时间，肖雨歆同学很喜欢做志愿活动，她希望能尽她所能帮助更多的人。在她进入大学的那一刻，就时刻关注身边的志愿服务活动。大一时加入青年志愿者协会，做支教并给小朋友辅导功课，每次看见孩子们的笑脸，她都感觉暖暖的。大二时她参加了医院爱心志愿活动并获得了“优秀志愿者”的称号。参加这些活动不仅锻炼了她的能力，还使她收获了喜悦与满足，并激励着她投入到更多的志愿活动中。

学生工作，硕果累累

肖雨歆同学在大一的时候就加入了电气与控制工程学院学生会创新创业中心。在那里，她认识了很多优秀的学长学姐，这些学长学姐带领着她完成学生会的相关工作，如辅助应届毕业生考研，接待各大公司的人力资源并与他们沟通，协助他们完成大学宣传讲座、举办大学生毕业双选会等工作，虽然在这其中遇到了许多困难，但这些并没有降低她的热情。在学生会的一年里，她按时参加各种会议，认真负责地完成每项工作，提高了自己的人际沟通能力和社交能力，并结识了很多朋友，收获颇多。大二的时候，她被主席团选中，担任创新创业中心部长，带领新一届的学生组织活动，并结识了很多优秀的老师。此外她积极配合电气与控制工程学院老师以及辅导员布置的任务，并虚心向他们请教以改正自己的不足。在忙于学生会工作的同时，她还能合理地分配学习与工作的时间，以让自己的大学时光过得更加充实。

对党组织的向往

入学一年多来，因学业繁忙，肖雨歆同学都没有写入党申请书以及竞选入党积极分子，这也成了她的一个遗憾。但是她却一直怀揣着一颗向往党的心，并坚持学习党的基础知识。肖雨歆同学在高一成了一名共青团员，在戴上共青团徽的那一刻，她感到无比的自豪。2019 年党的十九大召开，肖雨歆同学很认真地全程听完了十九大会议报告，学习理解党的十九大精神。虽然还没有成为积极分子，但她经常和同学交流党支部的相关事宜，并时刻关注电气与控制工程学院党支部公众号上的资讯。未来的她将依旧时刻心系党与祖国。

以行明志　以德修身

作者简介

廉嘉政，男，1998年8月出生，中共党员，籍贯辽宁省，曾任电气与控制工程学院志愿者部部长、北方工业大学红十字会手语部副部长，电气类16-1班科技委员。大学前3年的绩点为90.26，专业排名第三位，综合排名专业第二位，现被保送至复旦大学直接攻读博士研究生学位。英语四级596分，六级564分。大学期间获得2017—2018学年国家奖学金、天汇奖学金，连续3年获得优秀学生一等奖学金。累计获得单项一等奖学金10项，二等奖学金2项。热心体育和公益活动，广泛参加校内外体育活动和志愿活动。连续两年获得校级三好学生、优秀团员、星级志愿者等称号。大学期间获得国家级、省部级以上奖项11项，校级及以上奖项共28项。

大一入校以来，廉嘉政在丰富多彩的大学生活中逐渐找到合适的位置，在学习、学生工作、兴趣爱好之间转换角色。他坚信只有不断找到自己的榜样，并向他们看齐，才能弥补自身不足，取得突破。

思想方面，廉嘉政同学时刻以党员为榜样，不断提高政治素养。他热爱和平稳定、快速发展的社会主义祖国，他诚实守信，遵守法律和学校的各项规章制度，积极响应中国共产主义青年团的号召，积极向党组织靠拢。在党支部老师的引领和鞭策下，在身边优秀党员学姐的熏陶和影响下，他树立了正确的世界观、人生观和价值观，对于党员的责任和使命有了具体的认识，也明白了自身作为一名党员的责任。这些让他对在大学里要走的道路有了更加清晰和明确的认知。他尽力帮助身边的同学解决学习上的困惑和生活中的难处。2018年6月，廉嘉政同学通过党组织的考验，成为一名中共预备党员；他深知自己还有不足和欠缺，他不断向学长学姐以及身边的同学请教，在不断提高自身素质的前提下，他了解集体的需求，尽力做好一名校园内的新闻稿撰写者、民主评议会的主持人以及新生入党的启蒙者，将自己微薄的力量投身到党支部的工作中，发扬和传承党员无私奉献的精神。

学习方面，廉嘉政同学以身边成绩优异的同学、学长学姐为榜样。他把汲取知识作为原则，逐步培养逻辑思维，建立自己的思维体系。在初期，他的理论知识和动手能力都有待提升，但他没有气馁，他坚信其他人能够学会的知识、做出来的题目、写出来的程序，他一样可以。他渴望在大学期间能学到更多、更深入知识的同时，增强动手能力。他在保证学习成绩的前提下参加英语、数学、数模等基础学科竞赛和单片机、电子设计竞赛等科技竞赛。虽然他从前没有接触过编程，但是在各个编程类的比赛中，他通过向身边的同学学习，尽力弥补自己的编程短板，发挥自身在仿真调试电路方面的优势，和他人取长补短、互相帮助，最终在比赛中取得了一定的成绩。同时他的专业成绩也稳步提升，在最初的大一、大二学年末，他绩点排名是年级第 8 位和第 6 位，大三经过努力上升到第 3 位。

在学习和实践的过程中，廉嘉政以身边的竞赛达人为榜样，认真做课程实验，因为想理清实验原理，确保实验数据的有效性和完整性，所以无论是物理实验、模电实验、数电实验还是专业课实验，他几乎每一次都是最后一个离开实验室。他总是多次记录实验数据，分析实验数据变化规律，直至与预期和理论一致才找老师验收离开。从预习思考题到处理实验数据、完成实验报告，他争取把每一次实验都做到最好，尽力构建完整的知识体系，分析理论值和实际值的差异，理清各个波形的起承转合各点的关系，探索书本中没有涉猎的知识，争取通过自我学习，获取更多有益的知识和动手经验。他通过团队合作的方式参加了“西门子”智能制造挑战赛、电子设计竞赛、节能减排等比赛。他在团队中找到自己的位置和合适的角色，无论是队长还是队员，他都以学习新知识的态度，克服比赛中的种种困难；虽然在“西门子”比赛中因操作失误而没有成绩，但他在这个过程中收获了编程仿真电梯运行过程要求具备的逻辑思维。通过不断反思自身的不足，他在学习和实践中拓宽了专业视野并找到了喜欢的研究领域，最终选择跨专业直接攻读博士。这是一次大胆的尝试，他相信自己能够不断学习新的知识和技能，取得更大的进步，在更广阔的平台展示自己，和身边优秀的同学共同进步。

生活方面，廉嘉政勤俭节约，自立自强。他一直秉持“勤俭节约，友爱互助”的原则，时刻以一名党员的标准严格要求自己，坚持开展批评与自我批评，虚心接受同学和老师的建议，不断完善自我，改正生活上不规律的作息方式，改正错误的锻炼方式，改正不好的学习方法和思维模式。同时他努力扩大人生格局，不断提升思想境界，正确认识自身的缺点和不足，争取在各方面全面发展，不断突破自我，战胜自我。在2017年暑假社会实践活动中，他积极响应学校号召，带领着“寻·风实践团”成员在王府井大街上对北京地区的家风家训情况进行调研，获得“2017年度首都大中专学生暑假社会实践优秀团队”称号。大学3年期间，廉嘉政曾担任学院志愿者部部长和北方工业大学红十字会手语部副部长，有机会接触到校内外的活动和组织，包括负责电气与控制工程学院“廿载欢聚，毓秀情深”校友返校活动，联合策划北方工业大学“迈进新时代，共筑廉洁墙”主题教育活动，组织参加校内校外公益志愿活动20余次。在组织和参与志愿活动的同时，廉嘉政同学做好同学和老师之间的纽带，与各班团支书协调沟通，积极宣传志愿活动，弘扬为人民服务的精神。廉嘉政同学多次在大型室内外活动的现场做服务工作，包括了解聋哑人的生活现状并进行调查，了解他们生活的艰辛与不易；为马拉松赛场上的运动员服务；为西山中医药文化进行义务宣传……。最有意义的一件事就是学院举行廉洁文化主题教育活动，他作为联合策划的负责人之一，和学院学生会办公室部长一起，策划活动全过程，这需要和校团委、毓廉社、书法协会、院学生会其他部门的同学们联合行动，大家的共同目标就是呈现一场丰富多样的现场廉洁文化宣传活动，寓教于乐。这是廉嘉政第一次参与大型活动的策划工作，工作内容繁杂，期间他的能力得到了锻炼和提升。当他站在毓秀广场廉洁书法展示的帐篷前，看着一项项活动井然有序地进行，参与者心满意足地收获一枚枚徽章时，他感到一切付出都是值得的，这项活动是两个社团、学院学生会、学校学生会齐心勠力的结晶。

因为始终牢记党员身份、责任和担当，所以无论做哪方面的工作，廉嘉政都很严谨和认真。在学生会任职期间，他对部内的同学学习情况非常关心，向大家介绍每个科目的特点和必要的学习方法，在期末考试前主动提供复习资料，帮助大家高效复习；在班级中，廉嘉政虽没有担任班委，但也会时常为大家解答生活中的疑惑，特别在期末考试前和补考前，他会为大家有针对性地串讲各科的知识点，帮助大家查漏补缺，和大家一起重温作业题目，提升考试的通过率。他给学习上有困难的同学单独讲解难点，确定同学们能够掌握知识点才罢休。在担任电气本科学生第一党支部新闻稿的编写者时，他积极协助宣传委员的工作，记录好每次党员活动的内容，在党支部的公众号上大力宣传党支部的活动动态，使党支部的宣传活动取得了很好的效果。

体育方面，他以相约晨光跑步协会的老师、同学以及身边坚持运动健身的同学为榜样，坚信身体是革命的本钱，学习、工作都必须建立在良好的身体素质的前提下。在大学里他认识了数位优秀的学长学姐，他们走出了一条榜样之路：他们都是党员，都坚持长跑及其他运动，都获得国家奖学金，都获得推荐免试资格保送研究生，他们用不懈的努力和辛勤的汗水浇灌了大学这朵人生中瑰丽的花朵。廉嘉政在优秀学长、学姐、朋辈同学的熏陶和鼓励下，参加了校运动会、“十五人十六足”、拔河、跳绳等校内体育项目并取得不俗的成绩；他还制订训练计划，坚持每周长跑练习，累计参加十千米跑 52 次，半程马拉松跑 3 次，跑步总里程超过 2 000 千米。跑步过程中难免枯燥与无聊，但他始终以跑步协会中的学长学姐为偶像，因此一直将跑步坚持了下来。坚持跑步，不仅能强健体魄，更是一种毅力和耐力的体现，跑步让他感受到前所未有的力量，释放压力，放松心态，砥砺前行。

廉嘉政深知自己在性格上、学习上还有很多不足，但他会在未来的一年乃至几年中努力弥补，争取优秀，会坚持终身学习和自我管理的人生信仰，朝着心中的理想不断努力奋斗，不断地完善自我，做到全面发展；不断带动身边的人，传播正能量；不断回馈国家和社会，报答党和学校对他的恩情。

为学须尽毕生力

作者简介

米鹏博，男，北方工业大学机械与材料工程学院机械设计制造及其自动化专业实验16班学生，2018—2019学年国家奖学金获得者。连续3年获学校思想品德、学习、实践等奖学金，并获校三好学生等荣誉称号；曾获全国大学生工程制图大赛二等奖、全国部分地区大学生物理竞赛二等奖、北京市大学生机器人大赛一等奖、北京市大学生工程训练大赛一等奖、北京市大学生工程设计表达竞赛二等奖等多项竞赛奖励；曾任北京市学生资助宣传大使、学校首届国旗班队员；入选北京卓越工程师联盟暑期学校并获全额资助赴日本学习和交流，现已被保送至西安交通大学攻读硕士研究生。

大学的时光如翩翩的落叶，随着风儿、打着转儿地偷偷溜走；大学生活中的点点滴滴，就像电影里的片段，转瞬即逝。时间老人慢慢引领他不断成长，从起步，到奔跑，再到冲刺，不知不觉现在他已毕业。倚在窗边，望向远方，他的思绪飘向了4年前的那个9月，他想起了那个沉浸在开学喜悦之中却又有些迷茫的自己，他常想：自己大学的目标是什么？大学4年要如何度过？4年之后自己又会走向何方？

读书不觉已春深，一寸光阴一寸金

从图书馆到操场再到教学楼，校园里弥漫着学习的气息，充满了青春的活力，在熙熙攘攘的人群中，他总能看到有人步履匆匆，目光坚定，此时的他开始思考、驻足。在追寻前行的道路上，学校的党组织深深吸引了他，因为诸多给予他帮助的优秀学长学姐们都是光荣的共产党员，那时他的信仰开始坚定起来，虽然他深知自己离党组织的要求还有差距，但他坚持以党员的标准严格要求自己，对党组织的期待成了他前行路上的强大动力，曾经的彷徨无措也因此悄然逝去。

大学的目标已经确定，勇往直前地跋涉，才能诠释青春的坚韧；信心百倍地付出，才会证明青春的力量。学习是学生最主要的任务，只有广泛学习科学文化，积累丰富的理论知识，才能为日后的发展打下坚实的基础。作为一名优秀学生，他深知学习的重要性，勤学苦练、刻苦钻研是他在学海中求知的法宝。在升入大学之初，他因高考成绩优异，曾获得学校一等新生奖学金。入学后，奋进的心态虽然曾经被短暂冰冻，但“江汉春风起，冰霜昨夜除”。彷徨一旦消除，目标便愈加坚定，他不仅重拾往日的斗志和信心，而且把不断成长、完善自我作为大学生活的新目标。他面对困难毫不退缩，与身边同学相互探讨、互帮互助，分享学习心得与方法。虽然通过课程的期末考核并非难事，但是基础和专业课程对于未来发展却十分重要，他深知自己的目标从来都不是 60 分，从此他成了图书馆、自习室的常客，晨迎朝阳、晚披繁星是他平凡日子里的写照。正是因为他这种良好的学习方法和充足的学习时间，他取得了学习绩点 91.3、专业第二名的好成绩，并因此多次获得学校学习奖学金。曾国藩的“盛时常作衰时想，上场当念下场时”如同利剑常悬在他的心头，时时刻刻提醒他不能因取得点滴成绩而得意忘形，只有谦虚谨慎，才能不断进步，实现更大的目标。

书卷多情似故人，晨昏忧乐每相亲

在图书馆学习课程的闲暇间隙，他重拾了那份对读书的热爱，并在此后的大学时光里一直保持着阅读的好习惯，不断扩充自身知识储备，一点一滴积累人生财富，在文山书海中陶冶情操。他总说读万卷书，行万里路，拥有欣赏美的眼睛、感受美的心灵、发现美的能力是当代大学生的基本素养。历史悠久的古都北京深深地吸引着他，诸多的名胜古迹以及深厚的文化氛围不仅增加了他的阅历，也在潜移默化之中提高了他欣赏美的能力。他也因此拥有了更加开阔的视野，更加深厚的人文底蕴，对事物有着更为准确的认知，其综合素质和思想认知也在不断提升，是新时代里新工科学生的优秀代表者。

青春千里行，梦想始足下。除了日常的学习生活，工大的校园是他更为广阔的舞台，校园里他匆忙的身影，是他追逐梦想的见证。无私奉献是老一辈革命家留给我们的宝贵财富，也是当代大学生志愿者的优秀品质。作为新时代的青年，4 年里他积极参与志愿活动，地铁志愿者、民族体育运动会、马拉松义跑、奥体公益环保等诸多活动都能看到他的身影。作为班干部，他思维活跃，在班级活动中常提出一些可行、新颖的意见和建议，勤勤恳恳做好本职工作。在班级购书活动中，他不辞辛苦认真统计班级每位同学的用书需求，详细逐个查看不同店铺的满减优惠，结合店铺在售和所需书籍，用有限的资金尽量给同学购得更多的图书。这虽然只是诸多班级工作中的一件小事，却能看出他对班级负责、为同学服务的优秀品质。班级生活中的一件件小事不仅丰富了同学们的大学生活，而且增强了班级的凝聚力和班级集体荣誉感。

男儿何不带吴钩，收取关山五十州

除了班级这个小集体，在学校这个大家庭里，他也积极贡献着自己的力量。国旗班，一个奋斗的群体，怀着对国旗的敬爱，他们在操场上全神贯注地一遍遍踢着正步；国旗班，一个律己的群体，无论严寒酷暑，每日清晨，都能看见他们护卫国旗的飒爽英姿。在学校成立国旗班时，他心里很激动，感觉心底的戎装梦终于有机会实现了，经过暑期军训和开学前集训，他成为一名光荣的国旗班队员。暑假的炎炎烈日、训练的滴滴汗水让他领略了这份工作的不易，严整的队容、整齐的步伐让他领略队伍的风采。在许许多多普通的清晨和傍晚，默默守护着国旗的是他们，因为他们，许许多多的平凡被赋予了更深刻的意义。国旗班是一支优秀的队伍，国旗班队员是一群优秀的同学，他们的出色不是升旗时刹那的风采，而是在平凡生活里的热情永葆与初心不改。国旗班这个充满自信的集体，带给他的不仅有深深的感情凝聚，更有前进的动力与刚强意志的磨炼。

投之以桃，报之以李

作为一名在国家资助体系下成长起来的大学生，能协助宣传国家资助政策、帮助更多的在校生一直是他的愿望。当老师建议他参加北京市学生资助宣传大使竞选时，他第一时间报了名。经过前期的精心准备，他从来自首都各高校的百余名优秀候选者中脱颖而出，成为了 2019 年北京市学生资助宣传大使，在北京学生资助事务管理中心的领导下前往北京各中学开展学生资助政策的宣讲工作。保研后的时光本应是难得的轻松惬意时光，但是作为资助宣传大使的他却格外繁忙，因为他非常重视这份“工作”，他明白自己的精心准备和倾情宣讲将影响学生们对资助与大学的认知，甚至会改变一名学生的人生轨迹。在一学期的时间里，他按照事务中心的统一安排参加培训、彩排并和队员们一起赴北京宏志中学、北京昌平一中等学校开展宣讲活动，宣讲团带去的是国家资助体系的关怀，收到的是师生们的肯定。

纸上得来终觉浅，绝知此事要躬行

学校的生活简单而又充实，平淡而又绚烂，除了学习专业知识，他在大学生活里还找到了新的兴趣点——学科竞赛，这些比赛既能巩固运用所学知识，也能扩充知识储备，让他在知识广度和专业认知方面受益良多。他在大二年级学习物理课程之时便对物理产生了浓厚的兴趣，由于期末和平时成绩优异而被选中参加全国部分地区物理竞赛，经过前期的积极准备和老师精心的培训指导，最终获得了二等奖的好成绩。同样，也是在工程制图课程的学习当中，工程制图的严谨和简洁深深吸引了他，他不仅取得了该课程满分的好成绩，还参加了北京市及全国的工程制图大赛。暑假期间，他留校参加赛前培训，备战参赛，在团体赛项目中勇挑重担，无私忘我，为集体做出了应有的贡献。随着年级的升高，他逐渐接触到了更多专业知识和竞赛，实验室准备比赛的生活同样也令他感觉非常愉快。还记得他在参加北京市机器人大赛的那段日子，从机器人步态规划与轨迹识别控制，到机器人躯体舵机的拼装，再到后期的调试优化，这些准备过程中的每一步都至关重要，诸多繁杂工作的背后是他和队员们在实验室的日日夜夜的付出。机器人从无到有，从跌倒到站立，从静止到运动，小小机器人向前迈进的每一步也是他和队员们成长的每一步。为提高自身专业素质，他还考取了计算机二级证书和 solidworks 专业助理工程师证书，并通过国家英语四六级考试。

为学应须毕生力，攀高贵在少年时

匆匆而过的校园时光是他辛勤耕耘、努力奋斗的 4 年。大学时光不仅让他为人处世日渐成熟，也让他的思想逐渐充实，正是勤奋好学才让他体验到了成长的喜悦。成长之路不会一帆风顺，风雨总会和我们不期而遇，但他总说：立志欲坚不欲锐，成功在久不在速。从进入大学的迷茫无措，到现在的收获满满，他的求学之路既有挫折的泪水，也有成功的喜悦。光阴似箭，北方工业大学的校园生活也已经进入尾声，但成长没有终点，进步不设上限，他对自己的要求也不曾有丝毫的降低，奋发向上、拼搏进取是他的常态，他依旧在岁月里勤奋耕耘，不断书写着他自己的故事。

为学日益　成败淡然

作者简介

杨学尧，男，中共党员，机械设计制造及其自动化专业，曾任机15-8班学习委员。曾获得北京市三好学生、校级三好学生、校级优秀毕业生、北京市优秀毕业生等荣誉称号；获国家奖学金、国家励志奖学金、思想品德二等奖学金、学习一等奖学金、实践创新一等奖学金、体育一等奖学金、优秀学生二等奖学金；北京市工程训练竞赛二等奖、北京市大学生数学竞赛一等奖、全国部分地区大学生物理竞赛一等奖、校级优秀毕业设计等奖项。

我出生在河北省唐山市丰润区的一个普通农村家庭，父母均是朴实的农民，文化水平不高；从小到大他们一直教育我要与人为善，坚决不能干坏事。而人生道路上的选择问题，往往都是由我自己做出决定。但无论人生走到了哪个阶段，我都不会停止追求的脚步，无惧风雨，哪怕失败，也要越败越战，越挫越勇。

大学4年让我学会了很多，我需要感谢的人也有很多。记得在入学之初，放下高考重担的我，对大学的一切事物都充满了新鲜感：全新的教学方式，不同专业的划分，大量的自主时间，这一切都让我感到新奇。我曾一度认为到了大学，我可以用大量时间去实习，去培养自己的兴趣爱好，而努力学习已是“过去式”了。但是听过班导师、辅导员老师以及学长学姐的指导，“前车覆，后车戒”，我渐渐地认识到，大学是一个全面发展、培养综合能力的阶段，作为学生的第一要务仍然是学习。曾记得大一的第一次班会长达两个小时，令我印象最深刻的就是班导师给我们定下的目标：大一不挂科，大二过四级，大三要考研。我当时就暗下决心，大学4年不虚度，要有所收获，有所作为。

学习是我们学生生涯的主旋律，成绩是我们在学生阶段最关心的问题，而城市学生与农村学生所接受的基础教育不同，其中最明显的体现便是英语成绩。农村地区教育资源有限，我在小学、中学所受的教育并不是很好，虽然小学便开始接触英语，但老师的英语发音不纯正，带有当地方言的语调。中学期间的我正值叛逆期，经常因在英语课上睡觉被老师叫到教室门外罚站，因此我的英语学习一直是时断时续，我没有关注过自己的英语学习状况，更谈不上学好英语的渴望和决心。进入城市就读高中后，我的数学成绩名列前茅，但英语成绩却落后很多。迫于升学的压力，我开始认真学习英语了，每天都在想办法抽出时间记单词，刷卷子，每两天就会比同班同学多做一张英语试卷，每次做完后我还积极去请教老师，分析错误原因。我用了一年多的时间，把英语成绩从 90 分提高到了 125 分左右，其中的艰难是许多幼时受到过良好英语教育的同学所无法体会的。正当大家可以为提升自己的成绩排名而奋斗、为考入一所理想大学而努力的时候，我却存在不容忽视的短板，但人总不能被困难打倒，越面临困难，越是具有战胜自己的机会，尽管最后我的英语成绩也只是追上了全班的平均水平，但我已尽了最大努力。机械地做题，高考时让英语成绩不拖后腿，这些是当时我对学好英语的全部认识。

努力终不白费，我有幸考入北方工业大学读书。开学之初，我因高考英语成绩还不错，被分到了 A 班，这使得我有点惊愕，本来认为英语差的自己也渐渐地接受了自己英语水平还不错的这个想法。大一、大二我们一直在上英语课，作为全宿舍的唯一一个 A 班生，我开始沉醉在自我满足当中了。

大二之初，一次国家英语四级考试使我对自己的水平有了新的认识，通过四级是取得学位证和申请奖学金的前提。回想起高中时，机械地学习应付考试也能取得令人满意的成绩，我便每天按学校、学院的安排进行复习，参加早晨听力练习、英语加课、英语晚自习。现在想来那时复习的效率是极低的，每次做题时心不在焉，自己不卡时间，做完题草草对一下答案，一天的复习就这样结束了。直到四级成绩出来，我考了 479 分，换到百分制为 68 分，这样的成绩才刚刚及格。反观我的同学，好多都考到 500 分以上，我舍友也比我考得要好一些。四级的失利让我意识到自己的英语水平还很薄弱，同时也伴随着懊悔，时间已经流逝，同样的复习安排，有些基础差的同学能得到满意的成绩，自己却每天不断地浪费时间，保尔·柯察金的那句名言又开始在我的脑海中回荡：人不应该因虚度年华而悔恨。亡羊补牢，为时未晚，失败了并不可怕，我整理心情继续前进，因为下个学期还有英语六级考试。

四级成绩出来之后，我不断反思自己，为什么会出现这样的情况，仔细思考，发现自己对英语学习的重视程度不够，还没意识到英语在将来工作和读研时的重要作用。为此，我给自己的英语学习定了一个目的，那就是实用性，所以我的方法应该是以用促学，只要每天练习口语，培养语感就可以了。在大二下学期，我便每天早起练习口语，从发音的由来，中英发音区别，元音、辅音的发音，摩擦音、吐舌音、爆破音的特点，所有发音的舌位，再到击穿连读，失去爆破，变音等连读技巧，再到语音语调的控制，每天都在学发音。早晨的教室里有我的英语朗读声，课余时间图书馆的楼道里也回荡着我的英语朗读声，周末我还会去操场的草坪上坐一坐，读一读我的英文小说，沉浸其中，乐此不疲。久而久之，我的口语水平确实有了一定的提高。现在看来当时不过是鹦鹉学舌，只做到了形似，却没有学到精髓，确切地说是英文朗读能力上升了，但却还是个哑巴口语。我自信满满地参加了英语六级考试，由于学习英语的大把时间都是在读和看，很少做题，在考场上做题很不习惯，自己像是被绳子绑住了，无法动弹，想到自己的努力可能付之东流，我有些慌张起来，手脚渐渐地冰凉了下来，最终成绩为 404 分，没有通过。又一次的失利给我造成了不小的打击，我也开始有点怀疑自己的实力，想到考试可是半年举行一次，自己已经失利 2 次了，马上到来的大三可是要开始准备考研了，留给自己的时间已所剩不多，放弃吧？不，哪怕还有一丝机会，我都要去争取一下。回想到这半年自己还是有所收获的，我的语音语调有所提升，这对我是一个安慰，我又要开始新一轮的冲锋了。

这一次，我痛定思痛，找老师和同学交流，结合自己一次又一次失利的教训，最终对学习英语有了一个较为全面的理解，英语能力强的同学英语成绩都不会差，英语成绩好的同学英语能力却不一定很强。我之前一直自我感觉良好，自己认为对英语的学习有正确的认识。现在看来学习英语，不仅要重视它的交流实用性，也要重视语法、阅读、听力、写作的技巧，要全面地提升，不要只重视表达能力，而忽略考试所考查的能力。一个英语水平高的同学，他（她）一定是英语各方面的能力都很强。其实学习英语，首先是将其作为工具，其次应该是去了解英语母语国家的文化，一方面语言是文化的载体，通过语言可以了解外国友人的一些性格特点，另一方面通过语言，可以去了解他们的文化和思考方式。

在之后的英语学习过程中，我并没有停止口语的训练，而是更加全面地学习，早上早起一点练口语，培养语感；中午下课后，食堂人多就留在教室背一会单词，积累词汇。我还积极参加了学校对外国同学的一对一互助活动，每周给留学生辅导中文，提升自己的表达能力，临近考试时我静下心来做题，最终在大三上学期，我怀着平稳的心态参加了英语六级考试，成绩为 566 分，换成百分制为 81 分，出成绩的那一刻，我不禁握紧了拳头在胸前一挥，“Yes”，没错，终于成功了，但我得到的不仅是成绩，也是学习方法，更是自我肯定。

从英语四级的 479 分到六级的 566 分，历时一年半的时间，心态由自我满足、不服气、失落、兴奋，最后又回归到平静，感觉自己又完成了一个“任务”，但“革命尚未成功，同志仍须努力”，这个“任务”结束了，新的旅程就又开始了。

时至今日，我仍然每天都在学习英语，背单词，背词组，练习发音。在英语学习中，我开始尝试打破自己思维和文化的局限性，在学习中，去体会外国人的思考方式和他们的文化习俗。

大学 4 年是人生很关键的 4 年，非常感谢北方工业大学提供给我们的这个茁壮成长的平台，感谢老师和同学一直以来给我的帮助。大学，使我从青涩走向了成熟，使我从内向变得开朗，使我从手忙脚乱到有条不紊，也使我不断积累能量，初步具备面对社会上风风雨雨的能力。以后的日子里我会更加努力，坚持和爱惜在北方工业大学培养成的优秀品质，也希望自己能给身边的人带来一些积极的影响，以促进更多的同学珍惜时间，刻苦奋斗。人生最不可失的是奋斗精神，纵使风雨交加，我们也要越败越战，越挫越勇。

热爱生活　拼搏前行

作者简介

包婉晴，女，出生于 1997 年 9 月，中共党员，北方工业大学环境艺术专业，现任环艺 16-2 班团支书。曾获“居然设计家‘幸福 + ’主题设计大赛”最佳客厅奖，作品《门环》在北京市大学生书画艺术作品展获得绘画类（普通乙组）银奖，北方工业大学第十三届服装服饰创意大赛最佳人气奖，英语综合能力竞赛二等奖，第十二届模型大赛大师组三等奖等，作品《画室一角》入编中国当代大学生艺术作品年鉴；荣获 2017—2018 学年国家奖学金、优秀学生一等奖学金、学习一等奖学金、思想品德一等奖学金等；获评北京市三好学生、校级优秀团员、浩学之星、浩学榜样等。

回顾大学生活，零零碎碎的记忆片段在包婉晴的脑海中拾起。在别人眼中，她一直对自己的要求非常严格，尤其在学习方面，她的成绩在年级中名列前茅。她常常被大家羡慕学习好，而每当有人问她成绩好的秘诀时，她只会简单地说：“我没有什么特别的才能，不过是比别人勤奋，喜欢钻研问题罢了 。”

从大一开始，包婉晴就对专业课程十分热爱，用心完成各项作业，积极到图书馆查阅相关的学习资料。周末时间，她常常和朋友一起去看美术展，从各个领域提高自己的认知水平。朋友们经常说她太忙了，但她知道，她做的每一件事都让自己感到充实。对于学习这件事，既不要太过轻松，也不要为其所累，学习之余给自己适当的放松时间，在钻研问题时感受自我提升的快乐。

入学之后便迎来了一次关于入党的讲座，听过讲座之后，她满怀着坚定的信念递交了入党申请书，并被推选为第一批积极分子。通过和党支部学长学姐们的一次次谈话，她不仅对党组织有了深刻的认识，也渐渐明晰了自己在大学中的方向，找到了自己要走的路。

一个优秀的学生不是只有优异的成绩和积极向上的信念，多才多艺也十分重要。包婉晴从小就学习钢琴，在社团活动中，她充分发挥自己的钢琴特长，加入了现代音乐社团。她常常在业余时间学习乐理知识，聆听社团成员们的经验，积极与社团成员们交流。她还和朋友组织了乐队，在乐队中担任键盘手。他们各自发掘自己的人脉，联系排练室，利用课余时间到排练室练习。功夫不负有心人，乐队的排练曲目逐渐成型了，也有幸受邀到外面进行表演。如今看着排练时的录像，回忆起排练中大家的摩擦和努力奋进的点点滴滴，她不禁有许多感动和感慨。

在体育方面，包婉晴也有自己的收获，她积极报名参加了学院组织的绑腿跑和跳大绳比赛，在同学们齐心协力的练习下，屡获奖项；在校级的比赛也看到了她矫健的身影。“对于学生来说，优秀的学习成绩固然重要，但更要让自己全方位地发展，锻炼好身体，并且投身于社会实践活动中去”，这是她在步入大学的第一年中，为自己的大学生活定下的奋斗目标。

进入大二后，包婉晴选择了环境艺术专业，进入了新的班级。她认真上进的学习态度和与人为善的性格受到了老师和同学们的喜爱，在老师的推荐任命和同学们的选举下，她担任了班级的团支部书记。对于班级工作，她不断摸索着适合自己又适合集体发展的方式，虚心听取他人的建议，与老师和班委们积极沟通。夜以继日地默默付出，她的工作得到了大家的一致好评，她的工作使得班级同学间的交流更加深入，增强了班级的凝聚力。她带领同学们共同学习习近平总书记的重要讲话，分享习近平青年时期的成长故事，将正能量的信念互相传递，共同进步。在担任团支书期间，不论是同学间在生活上的矛盾还是学习上的疑惑，她都努力提供帮助，争取做一个让大家满意的团支书。

在包婉晴与老师、班委和同学们的共同努力下，环境艺术 16-2 班获评北京市先进班集体，首都大学、中职院校“先锋杯”优秀团支部，校级优秀班集体和校级优秀团支部的荣誉称号。

大二这一年中，包婉晴还担任了建筑与艺术学院学生会文艺部部长，曾参与举办了第十二届服装服饰大赛、文艺晚会、第十三届陶艺大赛等活动。她还担任了设计 17-3 班小辅导员，尽心尽力地为学弟学妹们提供生活和学习上的帮助。

担任学生干部是对她新的挑战，因为需要懂得更多为人处世的道理，她在行为和思想上变得更加成熟，她懂得了责任的含义，体会到了严谨认真的工作态度和一丝不苟的工作作风的重要性，同时她也懂得了要尊重每个人的意见，要充满激情和责任感地对待自己的本职工作，这些都是在她成长路上的财富。

在专业课的学习中，包婉晴与同学们建立了良好的关系，她积极帮助在学习上有困难的同学，常常和同学们在课下讨论老师留下的思考作业，一起在考试前备考，互相叮嘱复习，互相监督。大二的专业课程非常繁重，再加上她在班级和学生会中有任职，避免不了要通宵完成作业。在一个个不眠的夜晚，大家一起熬夜学习，力求把作业做到尽善尽美。在同学们的陪伴下，她在学习上更有动力。

知识不能只停留在书本上，还要更多地投入实践中，她参加了好几项竞赛活动，曾获居然设计家“幸福+”主题设计大赛最佳客厅奖、北方工业大学第十二届模型大赛大师组三等奖，作品《门环》在北京市大学生书画艺术作品展获得绘画类（普通乙组）银奖。

在学习专业课的同时，包婉晴每天会有计划地学习英语。令她印象深刻的是备考六级的时候，由于周围同学报名的人很少，所以一个人在复习时显得格外孤独和艰难。看着别人课余放松悠闲的状态，她有时会冒出想要放弃的想法。庆幸的是，一次次退缩的念头都被她及时遏制住，她依旧坚持在宿舍或是图书馆中做历年真题，每套练习给自己掐点完成，做完之后认真分析出错的原因，及时归纳总结。她也会利用零碎的时间，在等车或者排队的时候，打开手机中的背单词软件，坚持每天打卡。她在不懈的努力下，一次通过了英语六级考试。

在她的大三生活中，还有一个重要的转变，经历了一年的预备党员考察期，她转为正式党员，党支部的大家庭令她感受到温暖。入党后，她和党支部成员一起参加过许多社会实践活动，比如田庄村和雁栖镇西栅子村的红色墙绘活动，以及参观周邓纪念馆、北大红楼等。其中，两次墙绘活动的地点很遥远，当时天气特别恶劣，尽管戴着手套，但双手在严冬下还是冻得难以动弹；五颜六色的颜料弄得头发上、衣服上到处都是。看着大家都在努力地坚持，她也没有放松自己，以坚定的信念抗争恶劣的天气，与支部其他成员一起完成了一幅幅美丽的墙绘。在集体活动中，她得到的不仅仅是知识和能力上的提升，更是钢铁般的意志力、强烈的责任感和勇于实践的精神。

在党支部的大家庭中，大家都有自己的长处，有些人专业成绩优秀，有些人积极参与社会实践或是志愿活动，还有一些人多才多艺，全面发展。包婉晴以虚心学习的态度，不断地从优秀的同学身上汲取营养，努力在这个大家庭中提高自己的思想觉悟，用正能量去影响别人，以更广阔的眼界来看待事情。

包婉晴对自己在学习上的严格要求被大家看在眼里，取得的成果也得到了老师和同学们的认可。大学期间，她曾获得国家奖学金、优秀学生一等奖学金，她连续 3 年获评学习一等奖学金，还获评北京市三好学生、校级优秀团员、浩学之星、浩学榜样等荣誉称号，这都是对她认真学习、做好学生本职工作的不断激励。她以年级第一的绩点和多方面优秀的表现，获得研究生推荐免试资格，保研至北京建筑大学继续深造。

大四时，包婉晴在老师的推荐下进入清尚公司实习。起初进入到这个新环境中，她很羞涩也很谨慎，但慢慢融入进来后，她感受到了办公室中大家的温暖和亲切。在同事们的帮助和互相陪伴下，两个月的实习时间她过得非常充实。

实习期间，她得到的更多是将专业知识运用于实践中的经验。难得的是，公司领导很欣赏她的专业能力，带领她一起参与了建党 100 周年纪念馆大纲的编写。起初的工作十分繁忙，她经常要挑灯夜战，翻阅党史类的书籍，搜集适合展示的图片，也需要经常和同事们沟通，多次进行修改调整。虽然很辛苦，但她很感谢这次难得的机会，她不仅收获了工作经验，也让她对著名历史事件有了更深刻的理解，工作的同时让思想得到了进一步提高。

除此之外，她还参与了清风展馆室外改造和程允贤雕塑艺术馆改造的方案设计。这段时间中，令她印象最深刻的是设计部老师们谦逊的为人、严谨的态度、在设计上长远的眼光和深思熟虑的决定，与他们相处起来非常舒适，这也激励她一直保持着谦虚和严谨的态度，不断学习。

转眼间，大学 4 年即将悄悄落幕，在北方工业大学的学习和生活中，在许多老师们的帮助和引导下，包婉晴找到了自己奋斗的目标，她很感谢家长和同学在成长路上的支持，她也感谢自己对自己严格的要求和不懈的努力。对比初入大学时，现在的她对今后的生活有了更加明确的定位，对环境艺术专业有了更深入的了解和更深刻的热爱。在未来的生活中，她会在这个专业上继续探索和学习，经历了宝贵的实习后，她也领会到设计师不能只把视角停留在书本里的专业知识上，更需要的是眼界，是思考未来设计的主流形式，这样才能让设计不断地向前进步。

临渊羡鱼，不如退而结网。有明确的目标固然重要，但如果没有实际付出，一切将会是不切实际的空想，只有靠着勤奋才能争取到自己想要的人生。在 4 年的大学生活中，包婉晴一直努力使自己成为一个全面发展的优秀大学生，现在她为自己的梦想交出了一张满意的答卷，而在即将到来的研究生生活中，她也会更加努力地追寻自己的梦想。

天道酬勤　恒者能胜

作者简介

张康，男，中共党员，环境艺术设计专业，现任书画艺术协会社长、环境艺术本科学生党支部组织委员。曾获校级优秀团员、校级三好学生、浩学榜样、军训优秀学员等荣誉称号；获国家奖学金、国家励志奖学金、思想品德一等奖学金、学习一等奖学金、实践创新一等奖学金、体育二等奖学金、优秀学生二等奖学金；获第四届环亚杯中日设计交流展金奖、2019 年小米 AI 大学生宿舍设计大赛最佳创意奖、2019 年海峡两岸国际艺术年度奖铜奖两项、2018 年北京市教育系统控烟主题创意大赛一等奖；北京市 2018 年“助学·筑梦·铸人”主题宣传活动征文二等奖、2019 年 CEAPVA 亚太视觉艺术交流展优秀奖、2019 年中国当代大学生艺术年鉴优秀奖、2019 国际艺术设计大赛优秀奖两项等奖项。

“把一切平凡的事做好即不平凡，把一切简单的事做好即不简单。”这是张康常常提醒自己的一句话。时光如白驹过隙般匆匆而过，3 年的大学生活造就了他的成熟与自信。在初入大学之际，他也曾感到迷茫，也曾不知所措，但他坚信天道酬勤，恒者能胜。

在进入大学前夕，张康曾幻想过他的大学生活的无数种可能：大学是像青春偶像剧里播放的情节那样美好，还是会和以前中学时代一样，每天过着三点一线的生活？2017 年 9 月张康怀着激动的心情来到梦寐以求的北京。他清晰地记得在开学典礼上领导们讲话中提到的优秀学生代表，看到他们丰富的履历，他在心中也默默埋下了奋斗的种子。他坚信“宝剑锋从磨砺出，梅花香自苦寒来”，没有哪一份成功是一蹴而就的。他希望自己多年之后也能成为老师们将名字脱口而出的学生，成为学弟学妹们的榜样。

刚入大学的张康对大学生活充满好奇，对各种新鲜的事物都想去尝试，去挑战自我。家庭教育对他的熏陶时刻鞭策他勤奋上进。在学校召开了新生入党动员会后，他毫不犹豫地向党组织递交了入党申请书，表达了加入中国共产党的意愿。之后，他积极地参加党支部举办的各项活动，与党员们谈话，及时找出自己的不足，提高自己的思想认识。2017 年 10 月 29 日，他在党支部组织的“红色 1＋1”活动中，作为代表给龙门三区社区的小朋友们讲述绘本故事。为了给孩子们呈现出一个完美的绘本故事，他从前期准备工作直到活动结束花费了半个月的时间，故事的稿子经反复推敲、修改，最后定稿，这项工作最终赢得了大家的认可。经过不断努力，现在他已经成为一名正式的中国共产党员，并担任支部的组织委员。在支部组织的每一次会议中，他都积极参加党的理论知识讲座，因而他对党的认识更加深刻。他知道只有不断加强自身素养，全心全意为同学服务，做好表率，严格要求自己，才能成为一名合格的中国共产党员。

进入大学后，在开学的第一次班会上张康便主动竞选班长，并在学生会招新活动中，他加入了建筑与艺术学院学生会办公室。他在班会上以身作则，跟大家进行思想交流，分享学习资源，带领班级参加学校的活动，尽可能用自己的行动将班级的氛围带动起来。还记得他曾带领班级同学在朝阳里奔跑训练，在运动场上呐喊加油，在他的带领下，通过集体的努力，他们获得院拔河比赛三等奖、绑腿跑比赛三等奖的好成绩。

当学习和工作的事情相互冲突时，他从来没有懈怠，没有抱怨，并将每天的事情都提前列出来，做到今日事今日毕。在张康看来，只有在这样一个有压力的环境中磨炼自己，自己的生活才会充实。努力的工作和实践，良好的工作成果，使他获得了“校级三好学生”“浩学榜样”“校级优秀团员”等荣誉称号。然而，这些荣誉只能代表过去的成绩，他并没有因此而骄傲自大，反而对自己的要求更加严格。

张康喜欢跟同学打趣“饭可以一日不吃，觉可以一日不睡，书不可以一日不读”，自从踏进大学校园后，张康时刻牢记作为一名学生的任务就是学习。他很清楚当学生干部就会占用自己一部分学习时间，但他仍然坚持勤学苦练，抓住每一个学习机会，刻苦钻研专业知识。在课程学习中，他深信“一分耕耘，一分收获”。大学是学习知识的黄金时期，只有充分利用时间才能过得充实，所以他时常告诫自己珍惜现在的好时光，抓住这样能够自由选择的学习机会，发掘自己对课程的兴趣，认真听好每一堂课，培养自己的思辨能力。他深知“笨鸟先飞，勤能补拙”的道理。经过不懈的努力，他的成绩稳居年级第一，绩点 90 以上，连续两年获得学习一等奖学金和优秀学生二等奖学金，并获得国家奖学金和国家励志奖学金。这都是他这 3 年来日日夜夜努力积淀的结果。

大一上学期学校学生社团联合会举办“初心永不忘”晚会，他代表书画艺术协会参加这次比赛。因为他的普通话不好，整个过程十分曲折，却他依旧参加训练，利用个人时间在寝室连续几个星期苦练朗读，认真纠正每一个发音，读到嗓子发哑，吃了药继续练习。他的努力坚持，赢得了大家的认可，最后他取得了第二名的好成绩。

他认为，知识能够改变命运，只有勤奋和脚踏实地，才能拿到知识的钥匙，打开成功的大门。在学习中，他可能不是学得最快或者最好的那一个，但是他相信，自己专业课上认真记下的每一行笔记，专业教室熬过的每一个夜晚，不断修改不断否定的每一个设计方案，专业上思考过的每一个疑问，都不会辜负他。这些也都将成为他大学里最美好也是最珍贵的一段回忆。

从大一时的跌跌撞撞、懵懵懂懂，到现在大三的目标明确、敢想敢做，每一年他都在进步，无论是成绩和专业技能，还是他的学习体验和老师的评价反馈，都足以见证他的成长。而每一次的进步都不容易，需要他打破自己内心的枷锁，去寻找，去尝试，去失败，去重构，最后得到一个更好的自己。3 年来他参加大大小小的比赛，虽然很多时候会毫无结果，但回想起来，曾经参与过，经历过，不管结果如何，亲身体验、努力奋斗的这个过程会让他感觉很满足。

记得刚来学校上环境艺术设计基础课时，每次优秀作品名单中都没有他的名字，他很苦恼，其间找老师谈了很多次。老师告诉他，他的作业很优秀且态度十分认真，也有体现自己的想法，不过少了些创新，还得多看好的作品。于是，平时有空余时间他便去博物馆或者各高校看展览，或者去图书馆借书来阅读。他通过各种途径去获取知识，去提高自己的品位以及提升自己的眼界，他相信只要坚持肯定会有好的结果。后来的学习中，他在保证学业的前提下，将所学的知识运用到实践中去，通过多项比赛不断检测自己，取得了很多好成绩，今后他还会继续前进，勇登高峰。

他以饱满的热情迎接生活中的每一次的挑战。也许是家人的影响，也许是生活的磨炼，他始终保持着艰苦朴素的生活作风，从小养成了良好的生活习惯，不与他人攀比，自强自律。同时，他利用课余时间参加学校的勤工助学，利用周末的时间到校外兼职，一方面为自己挣得了生活费，另一方面也为父母减轻了经济压力。

在学习之余，张康积极加入感兴趣的社团，培养个人爱好。从大一的书画艺术协会会员，到大二留任社团部长，再到现在的社团社长，他不断给自己提要求、找问题，通过更新社团的部门分配机制，明确各部门职责，增加活动趣味性，提高社员学习书法绘画的兴趣。他积极组织北京市大学生书法大赛校级选拔赛。接手这项工作以来，他在从事多项社团工作的过程中也取得了一定的成绩。书画艺术协会在2018—2019年校社团评比中获得“优秀社团”荣誉称号。这是对所有为社团发展做出贡献的人的鼓励，也是对大家工作的一次肯定。同时，张康积极参加文体活动，从学院组织的文艺晚会，到陶艺大赛、模型大赛、服装服饰大赛，再到欢送毕业生晚会等活动，都留下了他的身影。聚沙成塔，积腋成裘，集体的进步离不开个人的积极参与。这些活动不仅锻炼了张康的工作能力，还让他的生活变得丰富多彩。

在校3年期间，他积极响应学校号召，热情投身社会实践，加入地铁志愿者、学校社区志愿者，并连续两年参加北京马拉松志愿活动，在志愿者活动中锻炼自己，在实践中提升自己。记忆最深刻的是作为世界园艺博览会的志愿者，在志愿者活动期间，小组成员进行分工、换岗，在遇到游客出现突发情况或问题时，他学会了从多方面去考虑，这是一次真正的全身心投入的社会实践。同时，他也感受到了祖国的强大，并有了一种身为中国人的自豪感。

3年的坚持和守候，他凭的并不是一时的热情，而是真正的热爱。如今他收获的各种奖项与荣誉都离不开老师们的谆谆教诲，同学们的热心帮助，家人的鼎力支持。

“吾生也有涯，而知也无涯。”庄子的这句话一直深深镌刻在他的脑海中，时时提醒着他：还有无尽的事情等待他去尝试，还有无穷的知识等待他去学习，切记珍惜当下的每一分每一秒，用以充实自己。不断努力付出，等待时机到来，终会等到春暖花开。

及时当勉励　岁月不待人

作者简介

李顺玉，女，汉族，出生于 1996 年 9 月，中共党员，甘肃省兰州市人，曾任土木工程学院工程 15-1 班学习委员、排球社社长。曾获国家奖学金、国家励志奖学金、思想品德一等奖学金、学习一等奖学金、实践创新一等奖学金、体育一等奖学金、优秀学生一等奖学金。获第六届北京市建筑结构设计竞赛 A 组二等奖，第二届全国高等院校项目管理大赛团队一等奖、个人三等奖，北京市首都高等学校徒步运动会第二名，北方工业大学第八届承载力大赛二等奖，第三、四届北方工业大学建筑结构设计竞赛一等奖，北方工业大学 2017 年北京市大学生科学研究与创业行动计划项目评比二等奖，北方工业大学英语综合能力竞赛二等奖等。曾荣获“北京市三好学生”“北京市优秀毕业生”“校级优秀毕业生”“校级三好学生”等荣誉称号。

纤细的身材，留着披肩长发，戴着眼镜，笑起来甜甜的，分析问题很有条理，这是李顺玉给人的第一印象。大学 4 年的时光如白驹过隙，经过不断地努力和成长，她已褪去了稚气和羞涩，变得越来越知性。但谁又能想到，刚上大一的时候，她是一个内向、不善交际的人。为更好地适应大学这个崭新的学习与生活的环境，她决心塑造一个阳光、乐观、开朗的自我形象，于是她踊跃报名，积极参加学校的各种活动，先后加入了多个社团组织，竞选了班委，积极向党组织靠拢，递交了入党申请书。正是这些锻炼，让她变得越来越有自信。

在李顺玉看来，加入社团一方面是为了做自己感兴趣的事；另一方面，是因为社团容纳了学有所长的各个学院的同学，是一个可以提升个人交际能力的最佳场所。从她担任英语协会宣传部一名小干事的时候开始，她认真对待每一次宣传海报的制作，面对一次又一次的修改，她从未有过一句怨言，心里想的仅仅是怎样才能做出更好的效果。成为英语协会宣传部副部长之后，她参与组织过英语角、万圣节舞会及配音大赛等活动，在这期间，她仔细研究相关活动的策划，对活动的细节管理都积极地提出了建议，并及时与其他部门沟通关于人员分工及调配工作。如果说在英语协会的两年里，她的协作能力有所长进的话，那么在排球社，她养成了每天坚持锻炼的良好习惯。自大二那年担任排球社副社长起，李顺玉的肩上就扛起了重任。从招新宣传到比赛宣传，从借场地到每周训练，她都事无巨细，一一过问，在社团成员人数有限的情况下，很多事情都需要她亲力亲为，这也为她成为一个优秀的管理者打下了基础。大三时，她在举办院师生排球趣味赛期间，排除万难，保证了宣传到位、场地可用、规则合理，最终比赛顺利进行。这次师生间排球友谊赛的成功举办，令她获得了社团成员的认可，并得到了老师们的一致好评。

作为一名学生，李顺玉一直清楚学习是自己的天职，学业才是重中之重。一方面，她刻苦钻研专业知识，上课认真听讲，积极与老师互动。在课后，她泡在图书馆忘我地学习，足迹基本在教室、图书馆、宿舍三点一线。另一方面，作为学习委员，她积极帮助同学们答疑解惑，在“材料力学”考试前一周，她作为党员，为整个专业同学组织专题讲座，积极主动地向同学们传授核心知识点，这项工作让李顺玉赢得了同学们的广泛支持。

可是李顺玉不满足于书本中的知识，为拓展课余的专业知识，她还积极参加各种比赛和竞赛，收获颇多。她曾获得第二届全国高等院校项目管理大赛团队一等奖、个人三等奖，北方工业大学第八届承载力大赛二等奖，北方工业大学建筑结构大赛（B 组）一等奖，北方工业大学 2017 年北京市大学生科学研究与创业行动计划项目评比二等奖等各类奖项。在激烈的竞争中，她和她的队员都为此付出了大量的时间和精力，令她感触最深的，还是在和其他高校参赛者角逐中所带来的心理压力。但在她看来，参加比赛并不光是为取得名次，更需要的是学习如何在竞技过程中提升个人思考问题的能力及享受团队协作的氛围才是更重要的。

自从专业分流后，李顺玉便积极提交了入党申请书，并顺利成为本专业的入党积极分子，经预备党员一年期的考察，她于 2018 年 11 月成为中共正式党员。在这期间，她始终牢记党的规章制度，以一名合格党员的标准严格要求自己，在政治上、行动上和党中央保持一致，坚决贯彻执行党的路线、方针和政策，关心国家大事，积极参加各项学习活动，她认真学习马列主义、毛泽东思想、邓小平理论、“三个代表”重要思想、科学发展观和习近平新时代中国特色社会主义思想，自觉用中国特色社会主义理论体系武装头脑，认真参加“两学一做”学习教育活动，自觉遵守党章，加强党性修养，时刻牢记全心全意为人民服务的宗旨。

作为工程管理党支部的一分子，所有的支部活动她从未缺席，同时她积极配合支部的工作，认真完成党支部分配的任务。对她来说，党员这个政治身份是一种动力，这种动力不仅督促着自身努力进步，在各方面都起表率作用，更要求她具备服务意识和责任意识，被需要时绝不退缩。

受家庭影响，李顺玉平日里勤俭节约，不浪费粮食。孝敬父母，尊敬师长，团结同学。宿舍生活方面，她经常主动打扫宿舍卫生，督促帮助舍友学习，生活中与舍友互相帮助，和大家一起营造了温馨美好的宿舍生活氛围。

李顺玉还是一个热爱运动的人，她相信热爱运动的人一定热爱生活，除了排球，她也经常和同学一起打羽毛球、乒乓球，并参加过“非羽莫属”羽毛球赛，连续几年参加学校运动会。此外，还获得了 2018 年北京市首都高等学校徒步运动大会第二名、体育节排球趣味赛一等奖等奖项。

参加志愿活动是每个青年学生应承担的社会责任，积极参与社会实践有助于我们更加了解这个社会。在大学为学生提供的实践平台上，李顺玉积极投身于社会志愿服务，曾在大一期间参加爱心支教活动，大二时参加北京市业余羽毛球志愿活动，大四参加 2022 年冬奥会吉祥物筛选工作，每段经历都让她加深了对相关活动的认识。另外，面对不同的服务对象，与来自不同学校优秀的志愿者们齐心协力做好一件事，让她体会到了志愿服务的乐趣，同时更明白了责任与担当的重要性。

李顺玉先后被评为院优秀团员、院三好学生、校三好学生、市级三好学生，曾获得思想一等奖学金、学习一等奖学金、体育一等奖学金、实践创新一等奖学金以及优秀学生一等奖学金，在毕业前荣获“北京市优秀毕业生”“北方工业大学优秀毕业生”等荣誉称号，但她并不会骄傲自满，而是会更加努力，继续奋勇前行，创造属于自己的美好未来！

“道阻且长，行则将至”是李顺玉的座右铭，大四那一年，她有幸被保研到中国石油大学（北京）继续深造，接下来的路上，她将不忘初心，带着激情和责任努力前行，希望在明天遇到更好的自己！

注重实践　不断提高

作者简介

董瑞龙，男，汉族，土木工程专业15-3班学生，中共党员，曾任土木工程专业15-3班学习委员、团支书。曾获国家奖学金、国家励志奖学金。曾获第八届北京市建筑结构设计竞赛B组桥梁一等奖，“天力发—中海达杯”首届京津冀高等学校大学生测绘技能大赛水准测量二等奖，第六届北京市大学生建筑结构设计竞赛A组二等奖，第三十三届全国部分地区大学生物理竞赛非物理类B组二等奖，第九届北京高校联合纸桥承重大赛二等奖；北方工业大学第七届承载力大赛一等奖，第二、三、四、五届北方工业大学建筑结构设计竞赛一等奖等。曾获北京市优秀毕业生、校级优秀毕业生、校级优秀学生干部、校级三好学生等荣誉称号。

黝黑的皮肤，笑起来露出一口洁白的牙齿，这就是董瑞龙，来自山西忻州的一个普通工人家庭的孩子。受父母影响，他遇事都习惯多想一步，善于思考，而正是这种品质让他看起来比同龄人更加稳重、踏实。

从董瑞龙刚踏入大学校门的那一刻起，他就暗下决心，一定要让自己的大学生活过得充实而有意义。即便自己不是学习成绩最优秀的学生，也一定要成为一个有核心竞争力与特长的学生。大学4年过去了，他没有忘记当初下的决心，他的努力和付出，让他不断进步，让他收获成长。4年的时光如白驹过隙，通过刻苦钻研，他对自己的专业逐渐产生了很大的兴趣与热情；这份兴趣，让他在专业课学习上有了更多自己的思考；这份热情，让他在专业学习上取得了显著的进步。

认真学习，做一个思想先进的人

大学期间，董瑞龙认真学习了马克思列宁主义、毛泽东思想、邓小平理论以及习近平新时代中国特色社会主义思想，随着学识的增长，他对党更加崇敬与热爱。他积极向党组织靠拢，接受党组织的教育，自觉参与政治理论学习，积极组织班级团支部学习。2017 年 11 月 23 日，他怀着激动和兴奋的心情，在党旗下宣誓，加入了党组织。作为党员的他，牢记“全心全意为人民服务”的宗旨，有着强烈的责任意识、服务意识和创新意识，他主动帮助有困难的同学，为他们排忧解难，同时他还严格要求自己，给同学做好榜样。

学海无涯，做一个热爱读书的人

初入大学时，董瑞龙的公共课学习成绩并不是很好，也没有什么其他特长，于是他下定决心，即使自己的综合成绩不能名列前茅，也要培养自己的一些专业特长，培养自己的一些良好习惯。因此，从大一开始，每天早晨 6 点 10 分，董瑞龙都准时起床，有课的时候，他会准时坐在教室里开始一天的学习；没课的时候，图书馆里也总能看到他的身影。在大学前 3 年里，他从来没有缺席过一节课，无论是必修课还是选修课，他都能以同样的态度认真对待。他学习目的明确，学习自觉性较高，勤奋学习，认真努力，虚心求教，专业课成绩排名处于年级前列，是同学们学习的好榜样。对于比较脏累的材料试验，他也总是认真对待，不放过每一次动手操作的机会。大学 4 年，学校西平房的实验室经常可以看到他拌混凝土的身影。除此之外，他还积极参加各类学科竞赛，曾经获得过“天力发——中海达杯”首届京津冀高等学校大学生测绘技能大赛水准测量二等奖，第八届北京市大学生建筑结构设计竞赛 B 组桥梁赛题一等奖，第六届北京市大学生建筑结构设计竞赛 A 组赛题二等奖，第三十三届全国部分地区大学生物理竞赛非物理类 B 组二等奖，第九届北京高校联合纸桥承重大赛二等奖，北方工业大学第七届承载力大赛一等奖，北方工业大学第八届承载力大赛二等奖，北方工业大学第三届测绘实践技能大赛特等奖，第二届北方工业大学建筑结构设计竞赛 A 组赛题一等奖，第三届北方工业大学建筑结构设计竞赛 A 组赛题一等奖，第四届北方工业大学建筑结构设计竞赛 B 组结构赛题一等奖，第五届北方工业大学建筑结构设计竞赛 B 组桥梁赛题一等奖等各类奖项。他在 2017—2018 年度学风建设中表现优异，荣获学科竞赛优秀个人奖。他养成的早起习惯，以及他在试验与竞赛的学习实践中锻炼出来的能力，让他在考研路上充满信心。

参加活动，做一个全面发展的人

大学为学生提供了很多的学习实践平台，以全面培养学生的综合素质。在刚入学时，董瑞龙性格比较内向，不喜欢与同学交流，因此缺少了许多学习进步的机会。为了锻炼自己的社交能力，董瑞龙积极参加了学生会，先后作为学习部的干事与部长参与到各种活动之中，在两年的学生会工作中不断锻炼自己与人沟通和处理问题的能力，让自己在这些方面有了很大进步，同时他认识了许多新朋友。除了每天坚持在图书馆自习以外，他也是图书馆勤工助学学生中的一员，因为他做事认真负责，他获得了北方工业大学图书馆“服务之星”称号。在课余时间，他积极投身于社会公益活动，在大一期间他积极参加爱心支教活动，荣获“爱心教师”称号。在大二暑假期间他参加了中国下一代教育基金会中华英才培养专项基金“中华英才培养计划”2017 年清华之旅夏令营志愿活动，被评为“优秀志愿者”。2017 年，因热心社会公益活动，积极投入志愿服务，他被认定为三星级志愿者。

承担责任， 做一个乐于奉献的人

从大一开始，董瑞龙便担任班委，他工作作风严谨、踏实能干，时时刻刻为集体着想，一心为班级建设而努力；他主动积极帮助同学，与老师沟通，了解班级学习情况，响应学校学院安排，组织同学开展学习十九大主题班会；帮助组织同学开展学习辅导，带领班级同学提高自己的学习成绩。他积极完成党支部及学院下达的任务，努力在班级起带头作用，带领班级同学积极向上，打造优秀班级，同时他积极组织班级活动，加强班级成员联系，提高班级凝聚力。在班级各项工作中，在实践中他培养了自己各方面的综合能力，全面提升了个人素质。

董瑞龙同学先后多次被评为“校级优秀学生干部”“校级三好学生”“院级优秀团员”“院级优秀团干部”；曾获得思想二等奖学金、学习一等奖学金、体育二等奖学金、实践创新一等奖学金以及优秀学生二等奖学金，荣获“北京市优秀毕业生”“北方工业大学优秀毕业生”，董瑞龙同学撰写的毕业论文荣获“北方工业大学优秀毕业论文”。

经过大学 4 年的积淀，董瑞龙顺利考取了北京工业大学的硕士研究生，在今后的学习生活工作中，他会坚持勤奋、努力、踏实的优良作风，继续前行。

一步一个脚印　一天一点积累

作者简介

于润泽，男，汉族，1998 年 9 月出生，中共党员，工商管理专业，现任工商管理 17-2 班班长、经济管理学院团委副书记、管理系第一学生党支部副书记。被评为 2017—2018 学年校级优秀团干部、2018—2019 学年校级优秀学生干部、2019 年暑期社会实践校级先进个人。曾获 2017—2018 学年国家奖学金，他连续两年荣获思想品德一等奖学金、学习一等奖学金、实践与创新二等奖学金、体育二等奖学金、优秀学生二等奖学金。

自入学至今，于润泽同学担任工商管理 17-2 班的班长职务，他在工作中认真负责，乐于助人，始终心系班级和同学。他能够及时地帮助大家解决各种问题，同学们在学习生活中有困难也都愿意去找他寻求帮助。例如，他多次为班里同学取快递，没有丝毫抱怨；班里有体育比赛的时候，于润泽总是第一个到达操场，组织同学们有序活动，为班级呐喊加油，每次结束时，他的嗓子都喊沙哑了。在他看来，认真细致地为同学们服务，实实在在做一些具体的工作，是最快乐的事情。

于润泽用诚心开展学生工作，他积极落实班级学风建设，组织大家共同学习，在大一上学期的期末考试中，工商管理 17-2 班全部顺利通过，这其中也凝聚着他的付出与心血，特别是在最后的复习阶段，他认真帮助班里基础薄弱的同学答疑解惑，一道错题也不放过。有时甚至给同学耐心辅导到晚上 10 点钟，使一些同学有了很大进步。最终在期末考试中，班里没有一个人掉队，创造了“零挂科”的佳绩。

在于润泽和大家的共同努力下，工商管理 17-2 班曾获评校级优秀团支部、经济管理学院“优良学风班”等荣誉称号。班级建设特色鲜明，通过主题团日活动。班会学习、知识竞答等方式学习贯彻党的十九大精神，召开了内涵丰富的组织生活会。他组织同学们参加各项学风建设活动和各类主题团日活动，班里来自全国各地的同学聚在一起，不分地域，不分民族，团结友爱，在学习上互帮互助，在生活上互相关心，使“小二班”的每一名成员都感受到家一样的温暖。

此外，于润泽同学不怕吃苦，甘于奉献，是学工办老师的得力助手，他每次都会认真完成老师们交代的各项任务，积极为学院和同学们服务。

于润泽同学热爱学习，在学习中享受快乐。他课上专心致志听讲，课下认真复习，在每学期的期末考试中都能取得优异成绩，绩点一直保持专业第一。

由于他高数成绩较好，他在学院“陪练集训”讲堂中积极为同学们服务，认真细致地为基础薄弱的同学讲题，发挥朋辈帮扶作用。他讲课风格生动，大家都很喜欢“于老师”的讲题方式。在高等数学讲堂活动中，他多次上台讲课，同时在微信上多次为同学们解答高等数学问题；在“助学联盟”周日的提高班上，他尽心负责带领小组成员，认真安排高等数学视频的播放，他总是希望通过自己点点滴滴的努力使大家有所收获。至今，学院“助学联盟”讲堂成立已经两年多了，他和“助学联盟”共同成长，共同进步，为学院学生们默默奉献。

在专业竞赛和学术研究中，他同样专心致志，不断进取，曾获八角街道服务群众微创意征集大赛二等奖、北方工业大学英语词汇语法竞赛三等奖、首届校级非物质文化遗产创意传承营销大赛二等奖、2018 年北方工业大学“家风演讲比赛”三等奖等多项荣誉；他还在学术期刊上发表《文创产业商业模式研究综述》《京津冀生态环境协同创新能力评价研究》《绩效管理在高校团学工作中的实践探索》等论文。他在锻炼中提升了思想境界，让自己的大学生活更加丰富多彩。

作为管理系第一学生党支部副书记，于润泽不忘初心，始终以高标准严格要求自己，认真协助支部书记开展各项党建活动。2019 年，在支部“红色 1 + 1”建设中，他勇于创新，积极开拓，带领支部党员和积极分子创造性地围绕燕京八绝非遗传承开展了一系列主题教育活动，弘扬中华传统文化，取得了良好的成效。在他和大家的努力下，管理系第一学生支部与燕京八绝艺术馆开展合作共建，丰富活动形式，不断取得丰硕成果，在“红色 1 + 1”展示评比活动中获得北京市优秀奖。

于润泽在思想上积极要求进步，不忘初心，牢记使命。作为一名共产党员，他在思想和行动上始终与党组织保持高度一致，积极推动管理系第一学生党支部的思想建设、学习活动、支部党员发展、“红色 1 + 1”活动的前进，为支部发展进步做出贡献。

作为学生党支部副书记，他心中装着责任与担当，拥有为同学们服务的意识。特别是在每年发展党员的关键节点，由于支部要整理的材料较多，他常常忙到很晚，有时候一天要写一万多字。在他看来，这是支部副书记应该做的事，代表着一名党员应坚守的初心。

从入学至今，他先后担任志愿者部干事、部长、院团委副书记。他热衷于参加志愿服务，并带动同学们一同参与。在他的努力下，学院先后组建了太阳花康复中心、燕京八绝艺术馆、中央电视塔、古城街道等多个固定志愿服务点。在新中国成立 70 周年国庆期间，他参加了国庆花车讲解志愿服务，在活动中，他充分彰显青春风采，认真值班，生动讲解，以实际行动向祖国献礼。在“共绘绿色石景山”志愿活动中，他积极联系黄南苑社区，开展社区绿色环保宣讲。他积极组织班里的同学参加志愿服务，在学雷锋周，他带领工商管理 17-2 班同学认真参加社区志愿服务活动，深入黄南苑社区，为“两会”值班老人送热水、开展社区卫生清扫活动，充分发扬志愿服务精神。

他用爱心推动志愿服务。他多次组织同学前往太阳花听力言语康复中心，开展一系列弘扬传统文化、关爱听障儿童的活动；也在石景山城市休闲公园参加了“12·1 世界艾滋病日主题集五笑大型公益活动”，宣传预防艾滋病知识；作为学院志愿者负责人，他带领同学们参加了与古城街道对接的志愿活动；在莲石湖湿地公园，开展了以“保护河湖、垃圾分类”等为主题的各类志愿服务活动。

在于润泽同学和其他同学们的辛勤付出和努力推动下，经济管理学院与燕京八绝艺术馆不断加强志愿服务合作。“传承燕京八绝，讲好中国故事”主题志愿活动启动仪式在北京燕京八绝艺术馆隆重举行，他成立了北方工业大学经济管理学院燕京八绝志愿服务站，使志愿服务更上一层楼。

“中华文化耀千年，燕京八绝代代传。玉雕牙雕和雕漆，金漆花丝两镶嵌。京绣宫毯景泰蓝，工匠精神永流传。新时代，新青年，文化自信记心间。”这是于润泽同学带领燕京八绝文化宣讲实践团成员共同创作的小口诀，为宣传推广燕京八绝文化贡献力量。在他的辛勤付出下，燕京八绝文化宣讲社会实践取得圆满成功。

同时于润泽多次参加社会实践。2017 年秋季学期，他荣获社会实践校级优秀成果二等奖；2018 年 8 月，他参加的“最美毓秀”社会实践团撰写的报告获评全国大学生百支队伍暑期实践昆明行调研报告类优秀奖；2018 年 9 月，他参加的“毓秀思源”社会实践团获评 2018 年度首都大中专学生暑期社会实践优秀团队；2019 年 9 月，他作为组长参加的燕京八绝文化宣讲实践团获评 2019 年首都大中专学生暑期社会实践优秀团队，并被《北京晚报》、团中央学校部公众号、

《石景山报》等多家媒体报道。

于润泽同学积极要求进步，理想信念坚定，做事严谨，工作认真负责。在今后的学习生活中，他会更加严格要求自己，不忘初心，继续努力，在各方面不断进步，为学校、学院做出更多的贡献！

生命不息　奋斗不止

作者简介

王紫雯，女，汉族，1998 年 3 月 27 日出生，中共党员，北方工业大学经济管理学院经济与金融 2016 级学生，曾任金融 16-3 班的团支书。她自入学以来刻苦努力，勤奋踏实，乐于助人，有着高度的责任心，并且取得了优异的成绩。凭借出色的表现，她多次荣获“校级三好学生”“优秀团干部”等称号。她积极参加各类学科竞赛，并多有斩获，连续 3 年多次获得国家奖学金等各类奖学金。

勤奋刻苦，积极参加竞赛

大学是知识的摇篮。作为一名大学生，王紫雯同学在学习上从来不敢有所懈怠，且身为班干部，她应该为同学们树立一个学习的榜样。无论春夏秋冬，总能在图书馆里看见她的身影，对知识浓厚的兴趣，强烈的求知欲，加上辛勤的汗水，使她取得了优异的成绩，绩点位于年级第二。在大二时，她曾担任小组长，与其他 3 位同学一起参加了大学生科学研究与创业行动计划项目，从前期确定研究方向、制作并发放调查问卷，再到后期的数据分析、论文以及结题报告撰写，她都尽力做好每一项工作。最终她带领组员们在《环球市场信息导报》2018 年 9 月刊上发表了论文《基于双边市场理论的 O2O 应用平台研究》和《O2O 模式对我国大学生生活的影响研究》，并获得大学生科学研究与创业行动计划项目二等奖。

课业之外，她也经常参加校内外举办的各种比赛，并取得了不错的成绩。像 ERP 沙盘模拟大赛，她采取了一种体验式的互动方式，让参赛同学在比赛中体验 ERP 的管理理念。在比赛中，每个团队 5 人，各代表着 CEO（首席执行官）、CFO（首席财务）、营销总监、生产总监、采购总监。校赛中，她们成功地从众多小组中脱颖而出，晋级市赛。市赛系统要比校赛时的系统复杂得多，她提前组织好组员一起研究比赛规则，熟悉系统操作，商讨企业战略、产品研发等相关内容，不断推演练习，最终在市赛中取得了不错的名次。

“一分耕耘，一分收获，”正是因为王紫雯同学始终保持端正、谦虚的学习态度，长期坚持自主学习，独立思考，并在课余时间不断充实自己，才取得了优异的学习成绩。

甘于奉献，伴有一颗爱心

王紫雯同学在大一刚开学时，就加入了校志愿者部，开始了她的支教之路。每周三下午，她都会去学校附近的“培智小学”进行支教。这所小学里的学生大多有些智力障碍，说实话，第一次在楼道里见到其中一个小朋友冲她大喊时，她的内心也是有些畏惧的。可是在接触渐多后，她被这些孩子们的天真可爱所感染，剩下的只有对这份志愿工作的热爱。

除此之外，王紫雯同学还参加过北京马拉松的志愿者活动，并获得了“优秀个人志愿者”的称号。身为经管学院志愿者的负责人，早在赛事前几周她就开始对志愿者们进行赛前志愿服务培训，发放物资。赛事当天，她凌晨 3 点准时起床，在 3:30 自己小组的成员集合好后，她要向各个组长确认经管学院共 59 名志愿者已全部上车，并为大家安排好各自的任务。服务过程中，她面带微笑地从每一位存衣运动员手中接过包裹，并给他们加油打气。59 名志愿者，井井有条地为参加北京马拉松的 1 100 名选手存包取包，见证属于他们（她们）的精彩瞬间……

“赠人玫瑰，手有余香”，志愿服务在帮助到了那些需要帮助的人们的同时，也给王紫雯同学带来了更多的快乐，这笔无形的精神财富将会一直伴随着她，温暖着她。

一颗红心，坚定不移跟党走

大学是人生成长的重要阶段，王紫雯同学十分注重在大学期间培养自己正确的人生观和价值观，努力提高自己的思想政治觉悟。2016 年 10 月，刚开始大学生活的她就向党组织递交了入党申请书，认真学习党的理论知识；2017 年 3 月，她被选为入党积极分子；2018 年，她光荣地成为一名中共预备党员，定期向组织进行思想汇报。作为一名预备党员，王紫雯同学不断提升自己的政治素养，加强政治理论基础，认真学习马克思列宁主义知识；她紧密围绕党和国家的大事和大政方针，理论结合实际，不断培养正确的价值取向，时刻以一名优秀共产党员的标准严格要求自己，并在同学中起到模范带头作用。

王紫雯同学担任班级团支书职务，在工作上她脚踏实地，有很强的责任心，积极地完成校、院团委交代的各项任务，尽力组织好每一次团支部活动，如“爱心捐书”“团员评议”“十九大精神学习”等，让大家对这个集体都有着强烈的归属感。在服务同学们的同时，她也注重培养自己统筹安排和组织管理的能力，其社交能力和沟通能力得到了很大的提升，并且积累了大量的工作和实践经验，获得了“优秀团干部”的称号。

通过对理论知识的学习和团支部工作的经历，王紫雯同学的政治觉悟和思想水平都得到了极大的提升，她将继续保持积极向上、与时俱进、不断创新的共产党员精神，虚心向身边优秀的人学习，更加注重发挥党员先锋模范作用，在德、智、体、美、劳等各方面全面发展，尽自己的努力为我国的社会主义现代化建设做出贡献！

拓展实践，精准扶贫推国语

2018 年 8 月 3 日，王紫雯同学和她的团队（由 4 名经管学院同学和 3 名文法学院同学组成）横跨 3 000 多千米，远赴新疆和田地区进行精准扶贫——推广普通话的调研。为了更好地了解当地的扶贫情况，她们采访过援疆干部、在社区国旗下发声亮剑、在夜校辅导少数民族同胞们的国语、在当地的扶贫工厂进行参观。王紫雯同学印象中最深刻的一次实践行程是在和田三中的调研，她们走进课堂感受老师的授课方式方法，并亲自体验教学，纠正同学们带有较重地方口音的普通话。孩子们热情洋溢的笑脸和积极向上的学习态度，深深地感染了她。

和田地区大力推广全面学习国家通用语言文字后，从组织管理、教学辅导、技术保障等方面为参加学习者提供优质的学习环境和学习条件，使全民学习国家通用语言文字的热情高涨。本次社会实践将调研与实践相结合，采取记录活动历程和讲好实践故事两种方式，利用多方媒体平台，大力宣传和推广实践活动，得到了各部门的支持与配合，众多实践活动赢得了居民和学生的欢迎与认可，充分展现了当代大学生的青春面貌。

热爱国旗，不悔加入国旗班

在大一下学期期末，王紫雯同学得知学校要成立国旗班后，便积极报名，在经过半个月的军训和开学前的 10 天集训后，她终于正式加入国旗班，成为国旗班首届成员。10 天的集训很辛苦，每天都要训练至少 6 个小时，刚经过一个暑假，人本身有些懒散，炎热的天气更是她们刻苦训练的敌人，身体的酸痛也在时时让人想放弃。在学校决定给国旗班成员一个主动退出并且没有惩罚的机会时，她的“怂念头”疯长到了极致。但是，心底的最后一丝渴望，对国旗的渴望、对遇见更好的自己的渴望，使她牢牢坚守住了阵地。

开学以后，训练任务相比之前轻松了不少，然而6:30就要集合的规定对于她这种“起床困难户”来说更是折磨……但是自开学到现在，除请事假外，每次她都可以准点到达升旗、训练场地，按时完成升旗以及训练任务。

现在，王紫雯同学说她对自己当初选择加入国旗班的决定感到庆幸与骄傲。在这里，她的意志得到了很好的锻炼，而且认识了很多对国旗有着同样向往的帅气小哥哥小姐姐们，还有时而严肃时而搞笑的教官……她很喜欢也很珍惜和他们（她们）一起相处的时光。

“路漫漫其修远兮，吾将上下而求索”。作为一名大学生，王紫雯同学未来在学习、思想、行动等方面都会加倍努力，不断挑战自我，突破自我，发挥好模范带头作用。她将坚守着“青年要树立终生的远大理想并努力为之奋斗”的信念，不虚度自己的青春年华。

前路漫漫　有梦做伴

作者简介

刘思琪，女，1998年9月出生，河北省涿州人，中国共产党党员，曾任会计16-2班学习委员，会计系第一学生党支部宣传委员。曾获校级三好学生、校级优秀团员称号，获国家奖学金、优秀学生奖学金，曾获海峡两岸及港澳地区大学生会计与商业管理案例竞赛一等奖、北京市英语演讲比赛一等奖、北京市数学竞赛三等奖等省部级、校级奖项。已获得北方工业大学推荐免试研究生资格，并被哈尔滨工业大学录取。

“我仰望星空，它是那样辽阔而深邃；那无穷的真理，让我苦苦地求索追随……”这是国务院前总理温家宝诗歌《仰望星空》中的一段话，第一次读，她便深深地为其中的韵味所吸引，这正是她苦苦追寻的理想境界。

大学期间，她始终将学习视为自己的首要任务，前七学期，她的绩点为93.11，专业排名第一。她自幼热爱英语，在取得了640分的四级成绩和585分的六级成绩后，为了进一步挑战自己，她参加了雅思考试并取得了7.0分的成绩。她的英语学习始终是充满乐趣的，从初中看了几十遍的好莱坞电影，到大学看了十几遍的美剧，陌生的单词渐渐变得熟悉，蹩脚的发音也慢慢变得地道。她努力学习专业知识，并于大二通过了初级会计专业技术资格考试；最初她对这个学科十分茫然，现在她对“会计”这一专业已经有了清晰的概念。

她从小就热爱思考：制作蝴蝶标本，拆开家里的电话机，和爸爸一起做的投影仪还得了科技节的奖。进入大学后，凡是在老师讲解过程中遇到有待探讨的知识点，她都记录下来，要么课间询问老师，要么课下自己思考，直到弄清楚前因后果为止。她始终要求自己做到“知其然，并知其所以然”。在遇到其他同学向她问问题时，她总能将知识的整体脉络讲给同学听，并希望其他同学也能学会思考，探究问题背后的原理，而非单纯地知道问题的答案。知识从来就不是死学出来的，当掌握了正确的方法，看似杂乱无章的知识点也可以形成完整的脉络。在过去3年多的时间里，她已经习惯了教室、图书馆、食堂、宿舍的四点一线，在她看来，这似乎是企及自己目标的一条相对轻松的捷径，而不是一件痛苦的事。

她热爱参加学科竞赛，并多次获省部级竞赛奖项。大二下学期，她与队友代表学校先后前往黑龙江省、香港特别行政区比赛，均取得了一等奖的好成绩，为学校赢得了荣誉。比赛的结果看起来光鲜亮丽，但这是她们团队奋战了几个月的成果：在备赛的过程中，她们曾无数次失去方向，甚至推翻先前的一切工作，重新开始，但好在她们始终坚定她们的目标——一等奖，并一直拼搏到最后一秒钟。她始终记得，在指定交稿的最后几分钟里，她们还对着电脑一遍遍美化、完善她们的幻灯片，力求做到完美。路演（在公共场所进行演说等向他人推介自己想法等的一种方式）时，她和队友在规定时间里进行了讲演，冷静地完成了现场答辩。她心中怀着对好战绩的无限渴望，但脚下走的是踏踏实实的道路。

仰望星空，脚踏实地，这是她一生追寻的态度。仰望星空——这是对梦想的苦苦追寻，是对未来的殷切期盼；脚踏实地——这是对现实的重新审视，是下一阶段的起点。

2019 年 9 月 28 日，她接到了哈尔滨工业大学的待录取通知。那一刻她并没有太多情感上的波动，一切看起来更像是水到渠成的事。她关上电脑，躺在床上，过去一年的点点滴滴都浮现在脑海中。

大三上学期她开始留意保研公众号的推文，尽量增加对保研流程的了解，同时关注保研经验贴，这些成了她的心灵鸡汤和最初的启蒙。有那么多成功逆袭的案例在她面前，她觉得自己也可以。大三下学期，保研战役正式打响了，她每天穿梭于教学楼和考研教室之间，除了准备各学校的夏令营申请材料外，她还要按计划复习高等数学，做好考研或保研的两手准备。开始时她充满热情，认为自己和名校之间的距离只差一个申请，但随着一个个学校公布了入营名单，没有一所学校的名单上有她的名字，她的心渐渐冷下来。在她心灰意冷时，等待终于有了回应，她陆续收到了哈尔滨工业大学、上海外国语大学、湖南大学和上海国家会计学院的入营通知。她还记得她参加夏令营的情景，独自拉着行李箱跨越半个中国，只为了离梦想更近一步。专家讲座、师生交流、笔试面试、学术研讨……这是一场真正的学术盛宴。参加哈尔滨工业大学夏令营时，她喜欢在空闲时间逛校园，看着虽然正值暑假但仍人满为患的图书馆，她认定这是她一年后一定要来的地方……。

身为一名共产党员，她希望通过自己微薄的力量感染周围的人，她在提升自己的同时尽可能地带动身边的人。大一的高等数学讲堂，她针对高等数学成绩相对落后的同学制定适合他们的学习方法，一定程度上帮他们提高了成绩。大二，她致力于帮助未通过英语四级的同学，每周开展英语讲座，把英语四级内容分模块地给同学们讲解。大三，她担任“社区青年汇”的英语讲师，她会在周末前往附近社区，辅导即将参加成人高考的社会青年们，他们的梦想也是她的梦想，据她了解，最终一名比她小一岁的学生成功考入了北京航空航天大学。

上大学以后，她的身边始终都有书籍的陪伴，闲暇时间里，出现在她手中的是图书而非手机。她愿意看各类的书，从历史到科幻，从散文到小说……直到现在，在敲下这些文字时，她的电脑旁仍放着许倬云的《万古江河》。

她的一生不可缺少两件事：读书和音乐。大学伊始，她凭借自己拥有的架子鼓技能加入校艺术团管弦分团，每周两次的排练是她一周里最轻松的时间，在这里，她可以暂时放下包袱，与众多和她一样热爱音乐的伙伴演奏音乐、谈论音乐。她随乐团队员一起参加学校分派的任务，校庆、毕业晚会、“一二·九”颁奖典礼都有他们的身影。最有意义的当属大学生艺术展演了，在新清华学堂，她与她的队友们以音符为武器，赢得属于他们、也是属于学校的荣誉。大四保研后，她开始学习她心心念念的钢琴，经过用心的练习，听了无数遍的钢琴曲终于可以由她亲手弹奏出来了。

回顾大学 4 年，她一路走，一路失去，也一路拥有。她丢弃了太多，收获了太多，也明白了太多。她终于懂得了白居易所言“大都好物不坚牢，彩云易散琉璃脆”，物质的拥有是短暂的，它们都不能决定你可以成为怎样的人；但是无形的因素，诸如勤奋、诚实、乐观却塑造了现在的你。考上理想的研究生是她大学期间的终极目标，4 年的积累让她把理想变成了现实。但这仅仅是个开始，她未来还有很多事要做，她要好好学英语、通过注册会计师考试，她要结识更多优秀的人。她已如愿以偿地可以去一个更高的学府就读研究生，她一定喜欢那里浓厚的学术氛围，她也喜欢自己忙碌的样子。

“将来的你一定会感谢现在拼命努力的自己”是她的座右铭。她认为自己不是一个聪明的人，但她相信勤能补拙，努力是可以被记住的：清晨的霞光记得，行人匆匆的小路记得，教学楼的最后一盏灯也记得；清晰的笔记记得，教室第一排的座位记得，图书馆的闭馆音乐也记得。偶有懈怠时，她都会提醒自己“正确的时间做正确的事”，想做的事太多，未实现的梦太多，不能浪费时间。

海子在他的诗篇《以梦为马》中曾言：“千年王国和我，骑着五千年凤凰和名字叫‘马’的龙。”她渴望像海子一样，为自己的梦想努力着，在最应该奋斗的年纪不辜负自己。她将以梦为马，不负韶华；她也将以梦为马，随处可栖。

不贪一时小利　方得长远之功

作者简介

魏婧冉，女，1996 年 6 月出生，中共党员。曾任金融 16-1 班学习委员，2020 年以专业第一的成绩被保送至暨南大学经济与社会研究院。曾获国家奖学金、北方工业大学新生一等奖学金、“天汇”二等奖学金，曾连续 3 年获得优秀学生一等奖学金两次、二等奖学金一次，并获得校级优秀团员、校级三好学生、经管学院“学习优异生”、经管学院“最励志奋斗个人”等荣誉称号。还获得北京市第二十九届大学生数学竞赛一等奖，北京市第二十八届大学生数学竞赛二等奖，第五届北京高校兵棋推演大赛三等奖，校数学竞赛二等奖一次、三等奖两次，ERP 沙盘模拟大赛二等奖，英语综合能力竞赛二等奖等奖项。

我从小就是一个很认真的女孩子，正是因为这份认真，让我一直以来的学习、生活都很顺利。然而高考的失利让我开始认真正视自己，凡事仅仅有认真的态度还不够，还要有毅力、有计划、有恒心。因此在进入大学的那一刻，我已经为我的大学生活制定了充实的计划。我加入了很多学生组织，想通过这些学生工作来锻炼自己的组织能力；同时在学习方面我也丝毫没有松懈，我努力做到工作与学习之间的平衡。虽然这些工作经常会耽误自己的娱乐和休息时间，但正是这些一点一滴的工作不断锻炼着我，让我对自己的未来有个更加清晰和明确的目标。

我学习十分刻苦努力，刚入大学就获得了新生奖学金。平常我十分喜欢去图书馆，喜欢阅读一些书籍，并复习当天所学习的知识。同时我也在闲暇的时候学习一些专业课程之外的东西来丰富自己的生活。

课余时间我也会帮助知识薄弱的同学补习功课，为同学解答问题。在生活中，我觉得自己是一个很活泼、乐于助人的女孩，不仅在学习上喜欢帮助同学，生活上也会关照同学。同学有生病的，我会给同学去买药、买饭；同学有什么不开心的事情，我会去开导和安慰同学，我希望可以尽自己的力量帮助同学们。现在我已经是一名中共党员，因此我也会更严格地要求自己，不论是在生活上、学习上，还是人际交往上，我都会尽自己的能力做到最好。正是因为拥有这种争做最好的精神，我才能不懈努力这么久。

我是一个很自信、很喜欢挑战自己的女孩子。我认为：自信不是外在的美丽或者财富能够带来的，它是一种内在的品质、内在的气质；是自己有能力、有知识的自信。我认为自信并不是凭空而来的，而是在一次次的活动和比赛中锻炼出来的。通过这些活动，我学会了如何调节自己的心态，让我更有自信。另外，我喜欢挑战自己，在学习上，老师说不用掌握的知识细节我也不会放过，总是认真钻研，想要获得更深层次的理解。遇到不会的难题，我总是自己先琢磨，认真思考，寻求解决办法，不会一上来就想要寻求帮助，找到解决办法后，也会认真总结和找到规律，在一次次的思考与钻研中，我的学习能力得到了进一步提升。

我相信，功夫不负有心人，在坚持不懈的努力下，总有一天我会达到我的目标，同时，我也会继续帮助同学、服务同学。

我是一个常怀感恩之心的女生，总是时刻记住别人对我一点一滴的帮助。我孝顺父母，尊敬师长，总是以实际行动来践行感恩。2018 年暑期，为了更好地奉献社会，我参加了去江西省萍乡市莲花县支教的实践活动。这次支教让我学会了很多，也体会到了很多在学校里感受不到的东西，我希望自己能够帮助更多的孩子，也想让更多的人加入支教这个队伍。支教过程中，我遇到了很多困难，但我都努力地克服，最终坚持了下来。在那里，我时刻想着要更好地去帮助那些孩子，让我的支教生活能够以一种自己满意的方式结束。我深知唯有常怀一颗感恩的心，我们的生活才能感觉到快乐和温暖；唯有常怀一颗感恩的心，我们的家庭才能幸福，我们的事业才能蒸蒸日上；唯有常怀一颗感恩的心，我们的人间才能传递真情；学会感恩，我们的学校才能朝着一个更高、更强、更好的目标发展，我们的社会才能不断向全面实现小康的目标迈进。

在进入大学以来，我对待学习十分认真，从大一开始我就在认真打基础，为日后的考研做准备。大学 4 年来，我坚持每天早上 6:30 起床背单词，教室内背单词效率不高，我就去小操场、楼道背，同时每天也坚持去图书馆学习，一直到图书馆闭馆，4 年时间过得很快，一个个早出晚归的日子让我收获很多，也让我对目标更加坚定。

记得大一刚结束时，我的成绩是专业第一。在一次跟学长的交流中，他告诉我可以保研，这是我第一次了解到保研这个渠道。但是随之而来的也有很多质疑的声音，很多人告诉我工科双非（非“211”、非“985”）的经济管理专业保研去不了很好的学校，那个时候的我对保研并不是很了解，想着既然保研结果可能不是很好，那我就保研和考研都要多了解、多准备。无论保研还是考研，最重要的都是自己要有很强的专业能力，因此我十分重视专业课的学习，除了学习课堂上老师讲的知识，课下我还会去学习其他教材，也总会去别的学校网站搜集他们的课程信息来查漏补缺。作为一名经济与金融专业的学生，除了学习课本上的知识，对现实生活中发生的一些经济事件都要有所了解，于是我关注了很多财经分析的公众号，利用一些零碎时间进行学习。一直以来，我都想读博，想往学术方面发展，因此我选择了学术型硕士；但是这样的选择需要我提高自己的研究分析能力，于是在课下时我会有意识地去读一些论文，并且学习学术研究需要使用的软件。同时，我也会从老师那里了解自己当今阶段如果想去一个更好的学校读研需要学习的知识，并利用课余的时间不断提高自己。

大学期间，我充分利用每一次能锻炼自己表达能力的机会，课堂上有展示机会时我都会积极报名，并且课下积极跟老师沟通，听取老师的建议。每一次的答辩我都会认真准备，积极练习，并且采取定时的方式，学会合理地控制时间。

大三下学期，我开始准备保研申请材料，并报名参加心仪学校的夏令营。我报了很多学校，在申请完的一个月都没有任何消息，我非常的失落。但这一切从我开始收到暨南大学的入营通知时都开始好转，紧接着我陆续收到中国科学院大学、北京科技大学、中央财经大学、首都经济贸易大学等学校的入营通知，我非常激动，开始准备夏令营的笔试和面试，但由于几所学校夏令营时间基本都会冲突，我需要根据自己的能力与意愿做出选择，最终我参加了 4 个学校的夏令营，并成功拿到暨南大学和北京科技大学的录取通知，这让我重新有了自信。最终我以专业第一的成绩获得了学校的推荐免试资格。预推荐免试时我去了中国农业大学、中央民族大学面试，这也不得不让我做出选择，是选择一个北京的“985”高校，还是选择一个专业排名高并且自己喜欢的学校。我咨询了很多老师，最终我明白了，我应该趁着年轻去不断充实自己，无论去什么学校，去什么地方，都要能够学到真东西，对于未来的事情，不需要考虑这么多，我们应该去选择自己喜欢的东西。

大学 4 年，如白驹过隙，在这 4 年里我曾深受打击，眼睛哭肿过，但还是依然不懈地坚持着。这 4 年时光里，我非常感谢给予我帮助的老师，支持我的家人，陪伴我的同学。未来在各方面我都会更加努力，我希望自己能感染身边更多的人，希望自己能够为社会做出更大的贡献。同时，我也会脚踏实地，勤奋努力，培养自己的学习能力与创新能力，提高自己的综合素质和能力，让自己更加优秀，能够去追逐自己的梦想，能够去做自己喜欢做的事情。相信通过我的不懈努力与追求，我一定会实现自己的目标。

勤学奋进　无问西东

作者简介

李梦琪，女，中共党员，日语专业，曾任2018级小辅导员、第二届国旗班团支书、日语17-1班班长。曾获校级三好学生、校级优秀团员等荣誉称号；作为宿舍长，曾带领宿舍成员获得“北京市优秀宿舍”奖；作为小队长，曾带领心系故里实践团队获得全国大学生“三下乡”优秀团队案例奖。获国家奖学金、思想品德一等奖学金、学习一等奖学金、实践创新一等奖学金、体育一等奖学金、优秀学生一等奖学金，北京市冬奥赛知识竞赛季军、北京市人防志愿者定向越野第二名、校辩论赛亚军及“最佳辩手”称号、“西山杯”日语假名书写比赛一等奖、日语国情知识竞赛二等奖等。2019年下半学期，前往日本神奈川大学进行交换学习。

入学以来，李梦琪一直秉承着“敦品励学，才德并懋”的北方工业大学校训，刻苦学习，艰苦奋斗；认真负责，令行禁止；坚持锻炼，强身健体；坚定信念，服务社会，在奉献中发光发热；敢于尝试，超越自我，胜不骄，败不馁。

李梦琪始终铭记“宝剑锋从磨砺出，梅花香自苦寒来”的名言，也始终相信“一分耕耘，一分收获”，努力就会有回报，所以她一直严格要求自己，勤奋踏实、积极主动。作为日语专业的同学，她总是坚持早起，在学校的角落里大声朗读课文、背诵单词，她深知学习语言不能懒惰，只有积累得足够多，才能达到一定水平。在老师和同学的帮助与指导下，她取得了比较理想的成绩，日语专业排名前三，获得“学习优异生”“校级三好学生”及“校级优秀团员”等荣誉称号。

在大三上学期，李梦琪获得了日语专业公费交换生的名额，前往日本神奈川大学学习，继续丰富专业知识，提高专业水平。即使在国外，她也没有放松对自己的要求，她时常去图书馆自习，阅读日文原版书籍，撰写论文。她还积极参与神奈川大学的活动，体验日本校园文化和社会文化，因为她觉得，学语言并不仅仅是要学习语言本身，更是要学习语言背后的文化和内涵。只有这样，才能真正地学好一门语言。

在思想上，李梦琪积极向党组织靠拢，在入学的第一个月便向党组织递交了入党申请书，她一刻也没有放松对思想理论知识的学习，同时积极参加日语系党支部的推送工作，为党支部的宣传工作和文化建设奉献出自己的力量。除了平时积极参与校内党团日活动外，她还走出校园，在校外感受和实践党的宗旨。2018年，她参加“不忘初心，牢记使命”全国大学生井冈山主题教育实践活动。她走入红色革命摇篮——井冈山，在那里穿红军装、唱红歌、听讲座，进行深刻的理论知识学习，还参观博物馆、编草鞋、重走红军挑粮小道、走入农户吃红米饭、喝南瓜汤，通过这些活动体验红军当年的艰辛历程。她说：“这次的经历对我影响特别大，实践与理论相结合地学习，使我深刻体会了‘实事求是，敢创新路’的革命精神。同时也为我们拥有光荣传统而骄傲自豪，更加坚定党的信念，立志为光荣革命精神和传统的弘扬做出更多的努力。”她在 2019 年 12 月成为一名光荣的中国共产党党员，继续砥砺前行。

在工作上，李梦琪总是勤勤恳恳、一丝不苟、认真负责。在宿舍作为舍长，她总是在生活中督促和帮助舍友，她主动做值日，并带领宿舍成员一起学习，营造积极向上的学习气氛。她说每次看到那一排排的标兵和鲜艳的流动红旗就感到无比骄傲。她所在的宿舍不仅获得了校级“优秀宿舍”的荣誉称号，在北京市的评比中，也获得了“北京市优秀宿舍”的荣誉称号。她担任日语 17-1 班的班长，积极组织和举办各种班级活动和团日活动，配合老师做好班级学生的工作。她时刻关注同学们的情况和思想动态，开展以“十九大和十九岁的我”“践行新思想，拥抱新时代”为主题的班会。在第一学年，她还带领班级同学在文法学院趣味运动会中，取得了两个项目第一名的好成绩。此外，她曾担任日语系 2018 级小辅导员，在此期间，她经常与学弟学妹交流，解答他们的疑问，关心他们的生活。同时她更加严于律己，为学弟学妹树立好的榜样。

她还有一个特殊的身份——国旗的守护者，她是北方工业大学第二届国旗班的一名成员，清晨迎着朝阳，将五星红旗冉冉升起；傍晚迎着落日，将五星红旗缓缓降下。很多人都觉得国旗班的任务很简单，却不知她们时常要早起训练正步，晚上进行体能训练，一遍遍地练习，才能保证那短短几分钟的时间不出差错。经常有人问她为什么要参加国旗班，她说：“自己也曾犹豫过，但当每天清晨五星红旗冉冉升起的那一刻，我的心中便有了意义和答案：因为热爱，所以坚持。既然选择了去守护国旗，守护校园，不管多累多苦，都应该坚持做好，这是一个大学生应有的责任与担当。以我火红青春，谱写国旗赞礼；用我生命热血，捍卫国家尊严。”她兑现了自己的诺言，在国旗班的训练中她不迟到、不早退，积极参与训练，获得国旗班“优秀队员”的称号。一身常服，抵御寒冬凛冽的冷风，阻挡炎夏沉闷的暑热，春来冬往，四季轮回，默默守护。通过参加国旗班，她也养成了早睡早起的好习惯，锻炼了强健的体魄。在这一年中，作为国旗班的一员，她参加了大大小小的活动，例如清明节万安公墓的志愿活动、人民防空志愿者活动、青年五四奖章颁奖仪式、北方工业大学运动会等，努力奉献出自己的力量，让自己发光发热。

她深知学习成绩绝不是衡量大学生能力水平的唯一标准。在学习之余，她还积极参加学校举办的各类实践活动和比赛。入学伊始，她对辩论颇感兴趣，虽然当时只是一名大一的新生，但她还是积极报名了学校“纵横辩幻”个人赛，因为是第一次参加比赛，没有辩论的经验，她很紧张，只能一点点研究学习，观看视频，查阅资料，和队友一遍遍地梳理思路，相互演练。通过层层选拔和竞争，她获得了季军的好成绩。后来，她又报名参加了“文法纵横杯”比赛，从初赛、复赛到半决赛、决赛，经历了一个月之久，最后获得了二等奖并获评“最佳辩手”的称号，这是她努力探索的成果。在暑假中，她还参加北京市大学生“冰雪聪明”冬奥赛知识竞赛，并获得了季军的好成绩。除此之外，在日语词汇竞赛、“西山杯”假名书写大赛、“西山杯”日本国情知识大赛等比赛中，她也取得了优异的成绩。在参加这些活动的过程中，她深深地领悟到“唯有实践出真知”的道理，在任何事情上，都需以实践和行动去证明和发展自己。

李梦琪深知，作为一名大学生，应该积极服务奉献社会，入学以来，她参加了许多志愿活动，扶残助教、音画梦想、温暖冬衣、清明节扫墓、北京世界园艺博览会志愿者招募宣传推广活动……她还作为日语系代表参加第 70 次沙漠绿化青年队，走入内蒙古恩格贝沙漠，和中日友人进行沙漠绿化活动，在广阔的沙漠上种下一棵棵树苗，为中日友谊、沙漠绿化奉献出自己的力量。在暑假中，她积极响应学校号召，参与暑期社会实践活动。她曾组建国旗班梦想实践团，深入北京市中小学校园，讲解国旗文化、爱国故事及新中国建设成就，传播爱国精神，发扬红旗文化，受到了北京市电厂路小学、华奥学校师生等的一致好评。她还带领心系故里实践团甘肃队前往甘肃临夏，她们克服山路崎岖、蚊虫叮咬、水土不服等困难，在临夏东乡县开展推广普通话脱贫的实践活动。她走入政府，了解当地政策；走入社区，走入农户，发放宣传册，宣传讲解普通话；走入学校，为当地的孩子进行普通话授课。她了解到哪怕是 21 世纪的今天，依然有人连普通话也听不懂，说不清；她了解到居住在深山中生活的不便与落后，那些孩子们只有跨过大山才能坐在教室里学习。当她在山村教授孩子们普通话时，看着孩子们对知识渴望的眼神，感觉一切都是值得的，她想如果有机会，她一定会再来到这里，把知识的种子播撒在他们心里。通过这些活动，她看到了社会的百态，感受到社会中的温暖和感动，也表示会更加坚定自己的理想信念，一定要学有所成，服务和奉献社会。

正所谓"身体是革命的本钱"，在学习和实践之余，李梦琪还积极参加体育锻炼，强身健体。她总是迎着朝阳慢跑，享受运动的愉悦，在学校举办的"跑在三月，不负韶华"的活动中她获得了一等奖；她还参加北京市大学生民事防护志愿者定向越野，取得第二名的好成绩。业余时间，她喜欢和同学们一起去打羽毛球，在学校两次大型羽毛球竞赛活动中获得女子双打第三名。她说运动给予了她强健的体魄，使她自律和成长，生命不息，运动不止。

回首昨天的风雨兼程，几多拼搏，几多收获；展望明天的大学生活，几多挑战，几多期待。李梦琪说只有耐得住寂寞，才能守得住芳华。她会坚定自己内心的理想，一步一个脚印地去践行。心中有梦，即使天寒地冻，路遥马亡，也会依旧勤学奋进，无问西东。

只管攀登不问高

作者简介

崔婉静，女，中共党员，英语专业，曾任文学院团委副书记、北方工业大学学生代表大会委员会委员，英语 16-2 班班长。曾获国家奖学金、国家励志奖学金，获校级优秀学生干部、校级三好学生、校级优秀团干部等荣誉称号，曾获 2016—2017 年优秀学生二等奖学金、首都大中专学生暑期社会实践“阳光使者”专项百强团队二等奖等奖项。

泰戈尔说：“信念是鸟，它在黎明仍然黑暗之际，感觉到了光明，唱出了歌。”大学 4 年，时间如同手中的绸缎，从指缝中溜走，她珍惜分秒，不断努力，取得了十分优异的成绩，为自己的大学生活画上了圆满的句号。在大学的最后一年，她获得了校推荐免试研究生资格，并被北京航空航天大学录取为推荐免试研究生。梦想使人与众不同，而奋斗让她遇见更好的自己。

努力发光，全面成长

年少当志存高远。2016 年 9 月，初次来到北方工业大学，怀着对大学生活的好奇和热情，崔婉静开启了自己的大学生活。这里给了她一个不同的世界，一个奇妙、美好的世界。回顾这几年来的大学时光，无论是在学习、工作、为人处世还是思想方面，她都取得了很多进步，也收获良多，为她的人生留下了精彩的一笔。

在大一期间，她加入了学院团委办公室，担任干事，并在班级同学和老师的民主推选下成为英语 16-2 班班长。班级事务和院团委办公室事务让她拥有了一个充实而又有意义的大学生活。面对不是很熟悉的同学们，她努力记住大家的名字，不断发现大家的长处和闪光点。发送每一条通知的时候，她都要花费时间反复琢磨，生怕落下重要信息。面对同学们各种各样的问题，她总是组织大家共同商讨解决办法。每一次班会前她都会用心准备，上报信息时反复检查，用心维护同学们的利益，为同学们做好服务保障工作。对电脑办公软件不是很精通的她，经常在电脑前修改文件到深夜。通过在工作中遇到的各种困难与问题的历练，她学会了如何冷静处理问题，如何维护班级荣誉与班级同学的切身利益，合理安排时间，工作上认真完成院团委办公室分配的任务，认真仔细，从不马虎。同时她用心管理班级事务，为班级建设发展提出构想，找辅导员老师寻求建议，开展“班级简报”活动，分成小组轮流出简报，让同学们时时刻刻感觉到自己是班级的一分子，了解班级最新动态与重要信息。此外，通过开展班级特色——“给自己的一封信”活动，让同学们见证自己这 4 年来的成长与酸甜苦辣。通过她与班级同学们的共同努力，她们所在班级还获得了“优秀班集体”的荣誉称号。

进入大二，她有幸担任院团委办公室主任，深知自己肩上的担子责任之重。起初，角色的转换使她十分不适应，工作如何分配、部门如何管理、怎样高效高质量地完成任务，这些问题让她十分苦恼。因此，她虚心向学长学姐们求教，努力学习他们的工作经验。在不断地学习与实践中，她学会了如何全面思考，怎样具备大局意识，培养了自己的时间规划能力。她深知作为新时代的学生干部，更需要具有创新的精神和高度的责任感，才能将想法一个一个变为现实，将灵感一个一个付诸实践。歌德曾说：“责任就是对自己要去做的事情有一种爱。”到了大三，即便学习任务繁重，她依然选择留任，在院团委担任团委副书记，3 年的学生工作经历，她有过崩溃的时刻，也有过热泪盈眶的瞬间，但每一个努力工作的夜晚，最后都变成了她胸前闪亮的勋章。这些珍贵的经历使她明白，坚持是因为责任，而责任是因为热爱。

人生在勤，不索何获

“业精于勤荒于嬉，行成于思毁于随”，在学习上她目标明确，勤于思考，一直保持着认真刻苦的学习态度，从不旷课，积极向老师请教，力所能及地帮助老师与同学沟通。大学期间，她一直坚信“一分耕耘，一分收获“的理念，督促自己刻苦学习，并保持着优异的学习成绩，在年级名列前茅，曾多次获得学习一等奖学金、优秀学生奖学金等奖项。

她还利用课余时间，努力提高自己的专业课水平；她积极参加各项专业比赛，加入英语辩论队提高口语水平；参加党支部内的帮助非英语专业同学学习英语的活动；充分利用课余时间拓展自己的知识面，提高专业技能。从大一开始，她就定下了保研的目标，平时注重积累，并考取了英语专业四级、笔译三级等各项专业证书。保研考试前，她的手译稿写满了 4 个笔记本，为了练习口语，自己和自己辩论，安静的楼道记录了她一点一滴的进步。日复一日的练习和准备没有辜负她，天道酬勤，录取名单上有了她的名字。保研之路十分艰辛，在这个过程中会面临巨大的压力和自我怀疑，需要有“不经一番寒彻骨，怎得梅花扑鼻香”的信念，也要有“黄沙百战穿金甲，不破楼兰终不还”的气魄。学习是一件需要坚持，不能松懈也不能马虎的事情，她深信，只有一步一个脚印，才能到达成功的彼岸。

领悟思想，积极实践

通过入党启蒙教育，她积极递交入党申请书，认真参加学校及党支部组织的各项活动，在思想上和行动上与党中央保持一致，主动地向党组织靠拢。从被动学习到主动学习，她在党课培训中认真学习党的相关理论知识，不断提高自己的思想觉悟，在团组织中表现优异，荣获“院优秀团员”称号，在“一二·九”评优中获得校三好学生称号，“五四”评优中获得校级优秀学生干部称号，在思想和行动上为同学们树立了一个良好的榜样。她虚心求教，接受同学们的监督。经过基层党支部的考察和选拔，她成了一名中共党员。她积极参加党支部的活动，例如关爱自闭症儿童志愿活动、红心帮扶活动等，并为党支部的发展贡献自己的力量。在这些活动中，她明白了党员是可以带给别人温暖和力量的。每次的批评与自我批评，都会让她反省自己作为一名党员的不足。入党的那一天——12 月 13 日，是一个十分特殊的日子，那天她在党旗下庄严宣誓，一定要永远铭记一名共产党员的责任和使命。在思想政治理论学习中，她坚持认真学习国家政策，了解党的历史和理论知识，掌握国内外重大时事动态，培养自己作为大学生应有的责任感和使命感。

大学期间，她积极参与了各项社会实践活动并获得了各种荣誉。在 2017 年的暑期社会实践中，她参加了“京津冀旅游一体化”的实践活动，与团队其他成员合作并进行走访研究，获得了校级优秀团队荣誉称号。在 2018 年的暑期社会实践中，她作为队长，带领队员们回到她的家乡——内蒙古通辽市，对精准扶贫政策进行实地研究。烈日下、酷暑中，她记得一位母亲向队员们展示儿子的证书，话语间满是骄傲与自豪，也记得孩子们对书籍的渴望与喜爱。同样是来自于贫困地区的她，更能体会学习对于他（她）们是多么的重要，“知识改变命运”就是他（她）们的座右铭。一次次走访，一次次讨论，脚步中留下的是她深刻的感悟。此外，她还参与过“温暖衣冬”“北京马拉松”等志愿活动。这些社会实践经历带给她的不仅仅是对社会更加深入的认识，也是对她人生的一次次历练。

热爱生活，青春无悔

在生活上她积极帮助同学解决困难，关心同学们的生活，她在同学们眼中是一位“知心姐姐”。她经常和同学们谈心，为同学们提供力所能及的帮助。她与同学们建立了良好的人际关系，获得了大家的尊重和支持。

永远对生活保持热爱，不断在不同领域进行尝试，这是她对生活的态度。她力图锻炼自己各方面的能力，全面提高自身的综合素质，不断挖掘自己的潜能。每一次成长对她来说都是珍贵的宝藏，在人生的驿站前，她看到了春雨后层层叠叠的翠绿，在碧海波涛里藏着的温柔的梦和港湾。她希望能在未来收获一个更加成熟和更加从容的自己，为此，她加倍努力，让已获得的成绩和荣誉变为前行路上的动力；继续拼搏，以梦为马，不忘初心，勇敢无畏地走向下一个人生阶段。

明确目标　全面发展

作者简介

虞韫菡，女，任校艺术团团长、广告 16-1 班学习委员、广告 17-2 班以及 2018 级小辅导员，广告学本科学生党支部宣传组召集人。曾获北京市先锋杯优秀团员、北京市学生资助宣传大使、北方工业大学校级三好学生、优秀团员等荣誉称号。获国家奖学金等。

初入大学时的她也曾感到迷茫与无助，一次偶然的机会让她找到了努力的方向。在一次经验分享会上，她和优秀学长学姐聊了许多，体会到了学长学姐们身上具有的共同优秀品质，也踏上了寻找自己梦想的道路。她希望自己德、智、体、美、劳全面发展，并且在自己感兴趣的方向上持久努力。同时她更希望做一个“优秀”的传递者，让学弟学妹们也能发挥自己所长，走上自己喜欢的道路。

虞韫菡是一个热爱主持的大学生，时刻给人以力量，在给同学辅导时充当了学弟学妹们初入大学校园的引路者，在生活点滴中传播着属于自己的青春正能量。

步入大学的她仿佛找到了自己的人生航向，徜徉在专业课和学生活动的海洋中。

专业学习明方向

作为广告学专业大学生的她深知理论与实践相结合的重要性，她对于理论学习认真严谨，成绩位于年级前列，是班里的学委，同时她也跟随专业的老师认真进行学术研讨，参加北方工业大学实践教学项目、全国大学生广告艺术大赛、挑战杯等专业学科竞赛。她外出实践，注重综合能力的提升。她积极利用寒暑假参加专业实践，曾外出到人民网、新东方北京优能中学平台组、奥美广告公司进行实践，开拓自己的眼界，她曾在大学生广告艺术大赛中两次获得北京市优秀作品奖。

在不断的实践当中，她接触了很多与专业相关的细分领域，也拓展了自己的专业知识。大二暑假期间，她参加以“听东方春潮澎湃，看祖国辉煌巨变”为主题的首都大学生记者团集体采访活动，深入了解了改革开放 40 年以来的辉煌巨变。那段时间她白天外出采访，晚上赶稿、写脚本、剪视频，她看遍了那些改革开放前沿地凌晨 5 点的晨光。7 天的不眠夜，很累，但同时她也逐渐爱上了记者这个职业，这也将成为她日后努力的方向。

她在广告学生党支部内任宣传委员，利用新媒体进行宣传工作。她善于创新，用自己的方式带动宣传组的同学们自觉挖掘当下时事，他们先是利用课余时间自己理解要点，制作成推送信息，再让别人读懂。作为广告 16-1 班学习委员，她积极发挥自己的带头作用，积极帮助其他有需要的同学，并带领他们共同进步。有一次，党支部的推送信息改了不下 10 遍，从文字上面的字斟句酌、排版上的错落有致，再到全篇的整体性考虑等，她追求完美。她说：“这是党支部的推送信息，代表的不是任何一个人，所以不能出现一点错误，同时语言上也要把握措辞，让大家觉得有意义、愿意看，要对得起看这篇推送信息的人们。”她对待工作认真负责，富有热情，思维活跃，为支部做出了很大贡献，得到了大家的广泛认同。

学生活动展风采

在认真学习的同时，她还在思想品德、体育、社会实践等各个方面全面发展。

爱好各种文艺活动的她，利用课余时间发展自己的兴趣特长，并踊跃参与各种学生工作和活动。

声乐是她的强项，她曾获得第十四届“青春飞扬”校园歌手大赛优胜奖；她也是学校合唱团的一员；主持也是她的最爱，她在“‘一二·九’颁奖晚会”“青年五四奖章授予仪式”“毕业晚会”中参与策划，并担任主持人。在“挑战主持人大赛”中，她积极参加并获得优胜奖；此外，体育运动也是她的强项，在学校篮球比赛中，她参加的团队获得北方工业大学女子组篮球赛第一名。

她还利用课余时间参加了敬老活动，以及各种志愿服务和社会实践，她是北京市民族运动会、“温暖衣冬”等活动的志愿者，她带领的暑期社会实践团队也凭借他们自己的特长获得了优秀成果奖。

和许多学生干部一样，她也在平凡的学生工作岗位中任职。在大一学年她担任校学生会文艺部干事，同时也在校团委文体部担任干事，还担任了艺术团的主持人之一。她被问得最多的一个问题就是“这么多事情你忙得过来吗?”她的答案就是时间的秘密，她总能够合理地协调时间，根据紧急和重要程度提前规划好时间，在适当的时间做适当的事情。比如，有的活动比较耗时间，但又不是全程都在忙碌，她就会把需要多角度思考或发散思维的事情放在这个时间同步做。这样她就做到高效利用时间，张弛有度，不在同一件事情上重复做无用功，也让自己做到了劳逸结合。

她参与了70周年校庆的演职任务，出演歌曲《追梦》，在“新生风采大赛”中负责催场和前期宣传，参与了“毕业晚会”的策划筹备。通过参与这些丰富多彩的活动和晚会，她对晚会舞台的设计和流程有了一定的认知，从中学会和提升了自己协调、条理性和团队合作的能力，也体会到了一个团队的凝聚力和整体协同发展的重要性。

进入大二，她担任艺术团主持人队副队长，她将自己在大一所学会的、所感触到的东西全心全意教给大一的同学，希望大家都能够在活动中磨砺品质，从点滴中体味成长。她在每一场晚会中陪伴着队员，主持稿改了一遍又一遍，语气一个词一个词地纠正，再三确认服装、妆容、话筒等，一直到队员站在台上，她也是时时刻刻关注着大家的表现，手心捏着一把汗，她希望队员们能够精益求精，让每一场晚会都成为美好的记忆，同时也能从中收获属于自己的成长。

大三的时候，她有幸担任艺术团团长，由此她能够更好地协调艺术团各个部门，使大家各施所长，也让大家在集体当中感受到了大家庭的温暖。她能够做好每一天的时间规划，让每一分钟都充分利用起来。在期末考试和英语六级考试前夕，她正好要组织大家举办“一二·九”晚会，作为艺术团团长，她需要确保每一个流程没有纰漏，正式晚会前几天的时候，她要把所有的流程都过一遍，每一个细节都留意一下，也提前想好有没有可能哪里会有隐患，做好万全的应对措施。与此同时，她还要复习英语并且做好专业课的作业和预习。那段时间她边走路边吃个卷饼，便算作午饭了，单词在教学楼之间的路上背完，作业则于晚上挑灯夜战完成。功夫不负有心人，一切都进展得非常顺利。

同辈辅导见成长

优秀是一种传承，大学二年级期间，她积极投身于同辈辅导当中。特别是担任小辅导员后，她每周积极与班导师联系沟通，组织班会并策划班会内容，一年内召开班会“奋斗是一种过程”等近20场。初秋时组织班级到北京园林花卉博览会公园进行团队建设，9月29日组织班级同学共赴香山并登顶，旨在锻炼学弟学妹的毅力和品格并培养他们健康的生活习惯。在党的十九大召开后，她协助班导师组织开展以“党的十九大和十九岁的我”为主题的班会。班会旨在带领学生思考“十九岁的我”应该如何深入领悟党的十九大精神，如何争当新时代的弄潮儿，通过认真的探索与思考，同学们更加深入地了解了党的十九大精神。

在日常学习生活中，她随时关注同学们的学习以及生活状态，每位同学的学习目标及兴趣她都有所了解，当同学们对于大学生活迷茫时，她会帮同学们分析利弊，告诉同学们考研和就业不是终点，只要有所信仰，前途必然无量。当学弟学妹们有需要的时候她会给予相应的指导。每到临考前，她也会为下一级的同学组织考前辅导答疑。她说：“看到他们当中的很多人都能够找到自己的闪光点并持久地努力着，他们慢慢地找到了自己喜欢或者是自己擅长的事情，找到了自己未来的方向，并将这种优秀传递下去，这真令人高兴。”

大学 4 年的时光如白驹过隙，所幸她选择了自己喜欢的方向并明确了目标，在德、智、体、美、劳全面发展的同时，做有特色的自己，在自己喜欢和感兴趣的路上绽放出了属于自己的光芒！

青春须早为　岂能长少年

作者简介

张清秀，女，中共党员，统计专业，曾任统计15-1班团支书、理学院团委副书记，曾获“首都大学中职院校先锋杯”优秀基层团干部、校级优秀团干部、校级三好学生，北京市优秀毕业生等荣誉称号；获国家奖学金、国家励志奖学金、思想品德一等奖学金、学习一等奖学金、实践创新一等奖学金、体育三等奖学金、优秀学生二等奖学金，获全国大学生市场调查与分析大赛二等奖、北京市数学竞赛三等奖等奖项。

每当有人问张清秀获得国家奖学金的原因和经验时，她会简单地回答：“其实我很普通，没什么特别的，但我一直相信一句话：越努力，越幸运。我喜欢把简单的事情做到极致。”

和大多数同学一样，伴着羞涩、带着一脸稚气却又信心满满地跨进大学校门时，张清秀的内心是自豪与满足的。当面对截然不同的生活方式、百思才得其解的书本知识、丰富多彩的学生活动时，她想积极表现却又担心能力有限，渐渐地张清秀开始感到迷茫。没有执行的愿景只是幻觉，她决定去尝试，想做的事情就去做！她希望尽快熟识新同学，增加与同学交流的机会，于是她便去竞选班委；她希望在活动中得到锻炼，提高自己的能力，就去学生会面试，根据自己的兴趣爱好加入社团；为解决学习中的困惑，她便不断地请教同学与老师；在新生入党启蒙大会上看见优秀的党员代表，她决定向他们学习，积极向党组织靠拢，便提交了入党申请书……。

之后，通过与入党联系人的多次谈话，她明白了思想是一个人的灵魂，一个好的思想、一个好的态度，也是做其他事情的基础。此后张清秀时刻以共产党员的标准严格要求自己，努力在各方面做表率。在学习上她坚持上课认真听讲，课后回顾复习。钝学累功，不妨精熟，面对基础较差的英语，张清秀向他人请教学习方法，经常早起在宿舍阳台或校园长椅上背单词、读英语。作为班里的团支书，她和其他班委商议组织各种班级活动，从秋季烧烤、玉渊潭赏花到班级元旦联欢晚会，她想方设法营造一个和谐友爱、团结向上的班集体氛围。军训期间操练动作时，张清秀总是记不住动作，她就把口诀写到纸上随身携带，趁休息的时间不断练习。努力总会有收获，军训结束时她被评为了“优秀学员”。在尝试与探索的过程中，张清秀成为同届第一批被批准入党的学生，同时她找到了努力的方向，也渐渐明白了责任对于一名大学生的重要性。对自己负责，对他人负责，更要对社会负责！

如果说大一做的一切是适应，那么之后便是积累和突破。经过各种尝试，张清秀发现为老师和同学服务可以让自己更加充实，也能体现个人价值，因此她选择继续在学生工作岗位上贡献自己的一份力量。有人说过没有不重要的工作，只有不重视工作的人，既然选择了学生工作，就要尽力做好每一件事，力求精益求精。

在班级中，张清秀与同学相处融洽，拥有良好的群众基础。作为团支书，张清秀完成了所有团内工作，秉承公平、公正、公开的原则，开展推荐优秀青年团员作为党组织发展对象和评选优秀活动；在工作上她注意细节，召开班会前安排合适的时间和地点并通知大家，为节约大家的时间，她提前想好班会的流程，会后她帮助同学们填写信息、耐心解答同学们各种各样的问题。平日她还会时刻关注同学们的思想动态，帮助同学们加强对党的认识，多次开展主题活动，例如“弘扬社会主义核心价值观”“践行新思想，拥抱新时代”等。在班委、老师和同学们的共同努力下，统计 15-1 班荣获“首都大学中职院校先锋杯优秀基层团支部”“校级先进班集体”“校级优秀团支部”等荣誉称号。担任数学 16-3 班的小辅导员期间，张清秀经常和学妹学弟进行沟通，解答他们的疑问，帮助他们尽快熟识、适应大学生活。在军训前为他们列举了军训期间需要注意的事项，在学习中鼓励他们，她希望用自己的亲身经历帮助学弟学妹少走些弯路，让大学生活有个美好的开始。

在理学院学生会团委从事学生工作的 3 年里，张清秀换了 3 个部门，从最初的宣传部到后来的“Y”计划部，再到最后的组织部。从一名小干事到院团委副书记，变的是身份，不变的是责任与担当。每负责一个新部门，既是机遇又是挑战。刚担任团委副书记对接组织部时，张清秀发现要与老师和同学多进行沟通交流，为了更合理地安排工作，有条不紊地处理问题，她把所有的事情整理到笔记本上并记录需要注意与改进的地方。对于部分不清楚的工作，便查询留存下来的资料，一遍遍地阅读下发的文件，仍然不明白的地方就去询问学长，因此张清秀对负责的每一项工作都能做到了如指掌。慢慢地张清秀成长为可以为老师分担工作，并能够独当一面的院团委副书记；协助团委书记完成了“五四”评优、“一二·九”评优、推优入党、学习党的十九大精神等各项团组织工作。虽然组织部的工作往往是幕后的，但她从未马虎懈怠，因为她知道大部分工作与同学们的荣誉和奖励有关，容不得半点马虎。所以她会仔细审批每一份表格、精确每一个数据，负责每一项活动时都会和老师同学沟通好，确保没有任何问题。无限风光在险峰，张清秀的工作得到了大家的认可，获得了“首都大学中职院校先锋杯优秀基层团干部”“校级优秀团干部”等称号。

“问少年心事，眼底未名水，胸中黄河月”，青年学生应该自觉背负起社会责任。张清秀参加了许多志愿活动，比如支教、北京马拉松、“CBA”篮球赛、公交站的志愿服务等。参加志愿活动是为社会服务，社会实践则是真正去了解国家、了解民生。在 2017 年的暑期社会实践中，张清秀一行人坐火车来到了董存瑞英勇献身的隆化县，后来又坐车经过崎岖延绵的盘山公路来到了碾子沟村。一星期的时间，她克服蚊虫叮咬、晕车等困难，走访在乡镇、村民之间，认识了教书育人 41 年的山区教师寇老师，知道了原来一位老师可以同时教授 3 个年级、一位老师就是一所学校。当她看见了岌岌可危的房屋，深刻地体会到了在深山居住生活的不便与落后。幸运的是国家的精准扶贫政策正在慢慢地改变这一切，华北理工大学扶贫工作组来到这里后，修了公路，建了学校，搞起了特色养殖，百姓的生活越来越好。通过这次社会实践，张清秀深刻明白了党的根本宗旨“全心全意为人民服务”的意义，意识到了知识改变生活的含义，体会到了责任与担当的重要性！

经常会有人问，学生工作做多了，你的学习怎么办？张清秀说：“其实做到二者平衡是比较困难的，有时候会受到一些影响，所以做学生工作的人需要有‘找补’的能力，需要在别人休息或者自己本该休息的时间把因为做其他工作而耽误的事情完成。”记得大二期末她和另几名同学主动承担了帮助同学们复习知识的任务，为了讲好“微观经济学”这门课，她挤时间通读课本，找典型例题，制作 PPT，自己也因此取得了满意的成绩。在她的不断努力下，张清秀每年都能获得学习奖学金。

“纸上得来终觉浅，绝知此事要躬行”。知识的获取是为了应用。张清秀课下结合自己的兴趣，积极参加各类竞赛，获得了北京市数学竞赛三等奖，“NBD”数据大赛二等奖、统计建模三等奖等。她作为组长和同学参加第八届全国大学生市场调查与分析大赛，获得了北京赛区一等奖、全国总决赛二等奖的优异成绩。

在参加各类比赛的过程中，她不仅巩固了自己的专业知识，而且提高了自己的团队合作与组织能力。

个人的成长进步与集体往往是密切相关的，张清秀很感谢支持自己的父母、关心自己的老师、团结的班集体、帮助过自己的同学，还有包容友爱的舍友；这些都是张清秀不断进步的坚实后盾。张清秀所在的理学院一直重视宿舍文化的建设，她们把宿舍当作自己的家，把舍友当作家人。舍友之间经常在一起讨论学习中遇到的问题，生活上遇到困难共同解决、互帮互助。她们宿舍参加的“宿舍风采大赛”“宿舍文化节”等活动，获得了“宿舍风采大赛二等奖”，被评为“五星宿舍”。她和舍友们共同努力、共同进步、共同朝着自己的目标前进！

张清秀说每个人都不需要被比较，因为每个人都不同，她也经常羡慕身边的人，因为任何人都有值得其他人羡慕和学习的地方，她认为奖励荣誉不能代表一个人的全部。她相信无论在别人看来自己多么优秀、多么风光，自己都要保持一种谦虚的心态，要学会坦然面对所有的好与不好、如意和不如意。她定会着眼于未来，立足于当下，通过自己的努力交付一份满意的答卷！

青春逐梦　扬帆起航

作者简介

李佳薇，女，中共预备党员，微电子科学与工程专业，曾任微电17班团支书。曾获国家奖学金、学习一等奖学金、社会实践二等奖学金、思想品德二等奖学金、体育三等奖学金，被评为校级三好学生，曾获全国大学生英语竞赛C类二等奖、北京市数学竞赛三等奖、北京大学生音乐节器乐类展演银奖、连续两届获得微电子知识竞赛一等奖、信息杯电子设计竞赛三等奖、第二届CTF网络安全竞赛三等奖、大学生英语词汇语法竞赛一等奖、大学生英语综合能力竞赛三等奖、暑期社会实践优秀成果奖等。

2017年9月6日，是我人生中极为重要的日子，那一天我怀揣着梦想与期待，挤过高考独木桥，来到了这个在未来4年里将会改变我、塑造我的地方——北方工业大学。从初入大学的迷茫与忐忑，到如今的自信与成长，几番岁月的历练，我尝过无数挫败与失落的痛苦，也尝过无数欢心与自豪的甜蜜，我相信努力与付出总会有回报，“题诗寄汝非无意，莫负青春取自惭”。

入学始知道，不学非自然

人的成长体现在全方面，而进步的过程会让人刻骨铭心。从高中步入大学，虽然摆脱了高中的高压学习，但是大学的学习同样是提升自我的一个关键时期。我深知“自觉”对于大学学习的意义所在，因此初入大学的第一年时我便不敢松懈。随着对所学专业的了解不断深入，我渐渐迷上了这个专业，明白了微电子行业的任重而道远，以及它的发展对我们国家的意义和价值。但是由于我大学学习节奏还未全面调整好，大一整个学期C语言课程的学习存在较大问题，没有及时追赶上学习进度，导致自己在该课程中成绩一直上不去，最后编程能力上不去，这差点变成了整个学期的心结。好在接下来的新学期里，我及时找回了状态，在老师的细致讲解与帮助下，我的短板渐渐补上，这对我日后取得理想成绩起了重要作用。

相比高中来说，大学还有另一个重要的改变，更多空暇的时间给了我们更多自主安排的机会，譬如参与课外实践对我全面发展自身素质起了很好的帮助的。还记得初入校园，陌生的一草一木都带给我一种束缚感，为了更好地融入集体，我鼓起勇气主动报名参加学校的外联社，可是对于当时性格腼腆的我来说，外联部门的拉赞助这一环节成了我的“噩梦”，内向的我害怕被赞助商拒绝，害怕面对各种陌生的场合。就在一次次的挣扎里，学校的学哥学姐及时向我伸出援手，在他们一次次耐心、温暖的鼓励中，我完成了社团生涯里赞助合作的第一单。虽然这一单并没有多少金额，可是正是因为它，才正式带动了我性格的转变，并且给了我更多的勇气去走接下来的素养锻炼之路。

欲穷千里目，更上一层楼

随着大学生活的深入，在老师和学长学姐的分享与交流中，我在学习与生活中都渐渐明确了自己的目标和方向，一切都朝向好的一面发展。在大学期间，对于学习上的内容我掌握了一套属于自己的学习方式，我总是不断提醒自己，不要忘记对课堂上学习内容的提前预习和及时复习。我坚信学习要靠日积月累，光听课还远远不够，更要在课下自己理解、体会，做到“故书不厌百回读，熟读深思子自知”。大学是一个缤彩纷呈的舞台，关键看个人怎样扮演角色。兴趣是最好的老师，因此我也愿意将学习变成兴趣。在专业知识之外，我也喜欢数学、英语等基础学科。我喜欢面对各种挑战，以及在挑战来临时的紧张感，喜欢知识创造成果的过程，为此我参加了全国大学生英语竞赛、北京市大学生数学竞赛、全国大学生数学建模竞赛等，我相信只要努力付出，不忘初心，一定会有丰收的果实。

学习上的努力与付出，我收获了许许多多肯定与赞许的目光，但是人是不可以停滞不前的，虽然小有成就，可是我知晓离获得国家奖学金还有很远的路要走，因此我要做的是继续努力前进。我相信“宝剑锋从磨砺出，梅花香自苦寒来”，因此给自己做好了更进一步的规划，抓住学校提供的每一个机会，在学习、思想、生活等多方面努力，希望有朝一日能将梦想变成现实。身为班级的团支书，我积极参与班内的事务，积极响应上级团支部号召，经常组织班级开展团日活动，宣扬与传承红色精神，并且做到务实与创新结合。在给同学们带来更多的有趣、有营养活动的同时，也带领我们团支部收获了多个校级、院级优秀奖项。

经历的增加、自信心的养成，使我内向腼腆的性格有了很大的改变，从当年校外联社里那个唯唯诺诺内敛的小学妹，成长为一个做事坦率、热情开朗的知心大姐姐。除了社团活动的积极参与，我还报名参加了众多兴趣技能方面的比赛，以此培养自己的能力。例如，通过参加爵士鼓的选拔进入学校乐团，但是由于乐团内人手不足被选派到并不熟悉的定音鼓部门，其间由于对乐器的不熟练经常被指挥点名批评，但我并不气馁，反而越挫越勇，我在内心给自己定下势必征服“定音鼓”的目标，每次彩排之前都会早早地去提前练习。带着同学们的鼓励与满腔的信念，最终我成功随团队参加了北京市大学生音乐节比赛，并夺得了奖项。

这一切都带给我巨大的成就感与自豪感，我变得越来越有自信，面对困难与挫折也越来越有勇气，在越过高山看到最美的风景后，当我再回想一路走来的艰辛时，顿时觉得一切都是值得的！

会当凌绝顶，一览众山小

我从一个边陲小城来到北京，初识大都市的繁华，心中难免有一些茫然和无措。好在一路走来，风雨兼程，得到了许多老师和同学的帮助，也通过自己的努力得到了众人的肯定。美好而丰富的大学生涯里，我的每一天都在用心度过。对于学业，我一直坚定一个信念：一分耕耘，一分收获。有付出才有回报，想要发光发热，就要有燃烧自己的决心，在黄金般的大学 4 年，定不落得“况是青春日将暮，桃花乱落如红雨”，时刻要以最好的状态和心态对待学业，“青春须早为，岂能长少年”。因为有以上的信念，在 4 年的大学生活中，我有幸取得名列前茅的成绩，先后获得了国家级、市级、校级的多个专业知识竞赛奖项，实现了自己最初的梦想。

我坚信在获取扎实的基本理论和专业知识的同时，青年一代还要将眼光放宽放远，从多方面、多角度汲取知识，收获灵感，脚踏实地，夯实基础，学习要广泛和全面。随着科技的发展，越来越多的学术网站、公众号、App 等信息门户都涉及有大量的前沿科技信息，课本上的知识是基础，而网络上的消息和新闻更是了解专业动态、激励我不断学习进步的精神食粮。作为一名微电子专业的学生，两年来我深切明白要及时了解和学习科技前沿技术的重要性，只有这样，才能够及时地了解自己的进度，从而站得更高，看得更远。

除了学业之外，贯穿我两年大学生活的还有阅读与公益。“非淡泊无以明志，非宁静无以致远”，阅读可以让我澄净心绪，每每坐在图书馆的书桌前，打开一本珍贵的馆藏图书，仿佛来到了一片宁静的港湾。在这里，我可以暂时忘掉生活和学业上的困难与迷茫，这也是我能够时刻保持平常心，时刻以充沛的精力应对大学生活的秘密武器之一。而作为一名当代大学生，我时刻以一名党员的标准要求自己，谨记习总书记对青年一辈的教导，要奉献社会，服务人民，发挥先锋模范作用。我利用假期、周末等闲暇时间参与各种公益活动，在爱心与温暖的奉献中，我明白了善良对于人的意义，正所谓“赠人玫瑰，手有余香”，在帮助别人的同时，我也收获了满足与喜悦，内心得以升华。

长风破浪会有时， 直挂云帆济沧海

山一程，水一程，一路走来，我更加深刻地体会到，没有独立思想的人是空洞苍白的。在不断阅读、学习知识的同时，我也认真学习马列主义、毛泽东思想、邓小平理论、“三个代表”重要思想、习近平新时代中国特色社会主义思想等，让自己感受一代代伟人的思想熏陶，我愿将我全部的热忱与心力奉献给党和国家，因此我坚定不移地提交了入党申请书。

“不积跬步，无以至千里；不积小流，无以成江海”，漫漫大学路，却似乎转瞬即逝，相较于漫长的人生，寥寥 4 年光阴却成了我人生中无法忘怀的重要转折。在这里，懵懂胆怯的女孩变成独挡风雨的战士；在这里，内敛与自卑的阴影远去，信心与力量日益增长；在这里，我清楚地懂得，原来梦想从不因为遥远而显得渺小，最鲜艳的花朵定要用最努力的汗水浇灌！

在今后的生活和学习中，我当不忘初心，砥砺前行；我愿平凡，但不甘于平凡；我愿驾梦想的风帆，乘风破浪，全方位挖掘自己的潜能；我愿牢记强国梦想，牢记青春使命，躬行实践，播撒爱心。未来的路还很长，我会把握短暂芳华，用大学期间积累的宝贵知识，脚踏实地地走好每一步。相信有一天，我能够用成长路上积淀的力量，在不遥远的未来，搏击长空，到达更高的蓝天，绽放出更加耀眼的光芒！

勇于尝试　收获成长

作者简介

和文辉，男，中共党员，信息安全专业，担任信安16-2班的班长，北方工业大学信息安全协会社长。曾获全国大学生信息安全竞赛实践技能赛三等奖、“中国软件杯”大学生软件设计大赛二等奖、全国密码技术竞赛参与奖、全国大学生信息安全竞赛作品赛三等奖、第五届中国“互联网+”大学生创新创业大赛预选赛一等奖、第八届“蓝桥杯”全国软件和信息技术专业人才大赛北京市选拔赛二等奖、“挑战杯”首都大学生课外学术科技作品竞赛三等奖、第九届“蓝桥杯”全国软件和信息技术专业人才大赛个人赛三等奖、第十届“蓝桥杯”全国软件和信息技术专业人才大赛北京赛区个人赛三等奖、大学英语语言基本功竞赛二等奖，获校级优秀学生干部、校级三好学生、一星级志愿者、2017年“故宫北门”志愿服务活动优秀志愿者、2018年北京通州半程马拉松优秀志愿者等奖项和荣誉，以第一作者身份发表学术论文1篇。获国家奖学金等。

有人说“The more you do，the more you get”，你做得越多，你得到的就越多。还有人说“路漫漫其修远兮，吾将上下而求索”，大胆的尝试相当于成功的一半。在大学，我们可以尽情地去尝试，做自己想做的事情。

我记得刚开学的时候，班里的同学们很快就熟悉起来，紧接着老师也开始组织班干部的竞选工作。这时我有些犹豫：“要不要去竞选呢？”其实，我在心里一直都想为班级做一些力所能及的贡献。因为我感觉多做些班级工作既有意义又有意思，还能锻炼能力、培养责任感。但我又是一个性格偏内向的人，在人多的时候不太习惯去表现自己，所以往往处于一个旁观者的角色。正在我犹豫不定的时候，我看到班长已经竞选完毕，团支书的竞选者也在台上发言。一转眼的工夫就到了学习委员的竞选环节，也是在这一刻，之前所有的犹豫瞬间定格，我做出了决定：我要试一试。于是举起了手走上台去，我陈述着我的竞选理由：我希望能够为班级做贡献；能够和同学们多多接触；同时有学习委员的担子在身上，我也会对自己要求更加严格，也算是对自己的督促。结果我竞选成功，开始担任班级的学习委员，平时会督促同学们交作业并成为老师和同学们之间沟通的桥梁。不久，班长应征入伍，我接替了他的职务。本着服务同学、提升自我的宗旨，我组织班委会成员积极开展班级学风建设，推动“一对一”的帮扶计划，即一名学习好的同学直接帮助一名学习吃力的同学，这个计划实行的结果是，班中同学的成绩都有了很大的提升。现在专业前十名的同学中，我们班就占了8个。我的工作得到了老师和同学们的肯定，同时获得了校级优秀学生干部的荣誉称号。我很开心，对于我自己而言，不仅仅是获得了一种荣誉，我还变得更加开朗，变得更乐于和同学们一起交流了。

在担任班委期间，我的学习也从没有落下过，我会坚持每天晚上上晚自习。大一刚开始，我最爱去的是励学楼的小教室，因为那里比较安静，有时教室就只有我自己一人，这样的环境实在是很适合学习。大学要学的科目繁多，有时会因为钻牛角尖导致一个学科学不下去，这个问题也困扰了我很久。随着时间的推移，我意识到问题所在，也尝试做出改变。我开始在百度和知乎上搜索高效的学习方法，我了解到应该先总体上把课本过一遍，再挑重点难点去研读，这样的效果会更好。后来，因为上C语言课要经常使用电脑，我就把我的学习阵地转移到了浩学楼，那里电源插头比较多，用电脑会很方便。刚开始接触编程时感觉确实不太好上手，有时虽然有想法，但碍于对语言的生疏无法实现。我就会多看看书，从网上找找资料。后来，老师说要依据C语言期中考试成绩来评定“蓝桥杯”竞赛的参赛资格。因为以前没有参加过什么专业竞赛，所以有这样一个机会，我非常想去试一试。我就为了这样一个目标开始努力钻研C语言，终于如愿参赛，也取得了一定的成绩。在这个过程中我的编程能力有了很大的提高，算是入了C语言这门学科的门。

大学的学习生活完全不同于高中，更多的是启发式的教学，需要我们变得更加主动和自律。学习要保持持续的输出，学海无涯，学无止境，我认为只有充分地利用闲暇时间去学习，才有机会超过别人。到了大二，我慢慢意识到了绩点的重要性，无论是保研、出国、考研还是就业都用得上，所以我每一门课程都不敢疏忽。我开始尝试使用从网上学来的学习方法，比如阅读的时候用手指指着阅读的文字，虽然看起来很像是小学生在读课文，但是真的可以提高注意力；采用思维导图的方式来整理学习过的内容和做知识点的总结，还有康奈尔笔记法等；尝试去养成一个做计划的习惯，制定每天的待办事项列表，写在记事本或者小纸条上，保质保量地完成；调整复习节奏，在考试周前的一个月开始复习。这些方法都很管用，我的学习绩点开始稳步上升，最终为 89.19，位列专业第二名。我还在密码学课程设计中拿到了 100 分的好成绩。

不从泥泞不堪的小道上迈步，就踏不上铺满鲜花的大路。我知道学习从来都不是一件容易的事，也不可能一劳永逸。在参加完“蓝桥杯”竞赛之后，我意识到参加竞赛是一个很好的提升自己的途径，因为对于计算机类的学科来说，编程能力是我们的核心竞争力，所以我开始尝试去参加各种各样的竞赛。我陆续参加了“挑战杯”首都大学生课外学术科技作品竞赛、第九届“蓝桥杯”全国软件和信息技术专业人才大赛、全国大学生信息安全实践技能竞赛、中国软件杯双创大赛、第十届“蓝桥杯”全国软件和信息技术专业人才大赛、全国大学生信息安全竞赛作品赛以及很多的校级竞赛，而且都取得了不错的成绩。每一次尝试都是一个挑战，挑战会带来压力，同时也会带来动力。我在课上所学的专业知识在竞赛中得到了充分的应用，并切实地转化为自己的能力。实践技能赛的比赛现场需要的是实战对抗，这使我必须更加灵活地运用所学知识。尤其是参加作品赛的比赛，现场答辩和作品本身都很重要，一方面，要有拿得出手的作品，还要有很强的语言表达能力，也就是如何把自己的作品讲明白然后推销出去；另一方面，面对行业专家，这也非常考验我的心理素质和临场发挥能力。科研方面，我参加过本科生科研训练项目，题目为“图像检索技术的研究”。其实在一开始，我是有些怀疑自己能否完成的，但是这么好的机会总不能错过吧，说什么也要试一试。我就是抱着这样的想法接手了课题。我作为课题组的组长，主导了项目的进行以及项目成果的设计和编写。那时我们并没有什么经验，我们组 5 个人只有聚在一起，互相探讨所看的论文，讨论我们的课题该使用什么方法，慢慢地才摸出了门道，然后开始讨论在哪里做出创新并定期地和老师进行交流。几周的时间过去了，我们有了一些想法后，边操作边改进。后来，我们确定了核心算法，就开始设计系统的显示界面，等到系统完成之后，我们又对系统进行了改进和优化，最后把实验结果也写入到论文中，发表了一篇名为《基于颜色特征和不变矩的图像检索》的文章。这一次次的尝试，让我积累了很多经验。我还利用暑假的时间参加了校企合作的项目，同红亚科技公司开展与大数据相关的实验平台的建设。与企业合作的过程中，我意识到商用产品的严格性和严谨性。其中，让我印象最深的就是企业的项目负责人说的一句话，他说：“你们做的工作，如果是放在学校的实验课上，那一定可以拿高分了，但是我们要商用，就要把它做完备。”这句话真的是一针见血，也让我们整个研究小组意识到了问题的严重性。好在为时不晚，我们抓紧改进，最终顺利达成了目标。

此外，我还参加了很多社团活动，大一期间为了强身健体报名参加了武术社，跟着教练练习综合格斗。因为没有接触过网球运动，非常想尝试就又报名参加了网球社学打网球，还参加了搞黑客技术的信息安全协会。大二的时候我选择了留在信息安全协会做干事，因为信息安全协会是一个学术类的社团，在这里我可以向很多优秀的学长学姐学习，而且这里的学习氛围很浓厚。在做协会干事期间，我协助举办了北方工业大学第一届 CTF 网络攻防竞赛。进入大三，我知道自己的组织能力和临场发挥能力欠佳，为了做出改变，我就去竞选了信息安全协会的社长。当选社长之后，我的心境和以前有了很大的不同，我更多的是在为社团的发展考虑，思考如何才能吸引更多的同学来到信息安全协会；如何能让社团成员对技术产生兴趣；以什么样的形式举办讲座才能更加有趣。维持社团的运作非常不容易，我认识到，学术类的社团相比于其他类别的社团还是门槛太高，很多同学很难坚持下去。面对这种情况，我鼓励社员们坚持下去，有时也会用一些小礼品去奖励和激励他们。协会的核心成员也会定期将好玩的黑客技术分享给其他社员，将整理好的资料也一同分享，进而增加社员的学习兴趣，减少社员的学习成本。任职期间，我还组织举办了北方工业大学第二届 CTF 网络攻防竞赛，我们提前两个月开始准备，搭建比赛平台。我们借鉴其他高校举办同类比赛的经验，在开源代码的基础上搭建专属于北方工大的 CTF 比赛平台，提前半个月就开始了宣传和线上报名的工作。最终，比赛顺利举行，吸引了 100 多人报名参加。

现在，我深刻感受到每一次的尝试都是值得的，功夫不负有心人，有耕耘就会有收获。无论什么事情，只要去做了，不论成功与否，都能积累宝贵的经验。回首过去的 3 年大学生活，我觉得自己收获了很多，也成长了很多。千里之行，始于足下，要敢于尝试走出第一步，无论多么长多么远的路，无论遇到多么困难的问题，我们都应该在心中播下一颗勇于尝试的种子，最终才能收获经验，收获成长！

学以广才　志以成学

作者简介

胡跃坤，男，计算机科学与技术专业，曾任计算机科学与技术16-1班体育委员，信息学院团总支学生会活动部副部长。曾获得国家奖学金、优秀学生二等奖学金；校级优秀学生干部、院级三好学生；天梯赛全国总决赛团队银奖、“蓝桥杯”全国总决赛B组三等奖、CCF大学生计算机系统与程序设计竞赛（华北赛区）银奖等荣誉，并被推荐免试攻读硕士研究生。

奥斯特洛夫斯基曾说过：生活赋予我们一种巨大和无限高贵的礼品，那就是青春：充满着力量，充满着期待，充满着求知和斗争的志向，充满着希望和信心。这句话一直激励着我，让我努力成就更好的自己。

学习是终身的事业

2016年9月，怀揣着对大学生活的无限憧憬，我踏入了北方工业大学，开始了一段逐梦旅程。和很多大学生一样，放下高考压力的我，也有过短暂的迷茫和彷徨。没有了升学考试的压力，没有了家长和老师的鞭策，我一度不知道自己奋斗的目标在哪里，未来又将驶向何方。于是乎，我一直都在问自己：“究竟，我想从4年大学生活中获得什么?”

所谓“非学无以广才，非志无以成学”，高中生涯，我一直把这句话当作我的座右铭和奋斗目标，我清楚地知道，于我而言，学习是终身事业。于是我开始积极地在书本知识中汲取养分。

来到北方工业大学后，我收获的第一份成长，便是高度的自律。离开高中校园，我并没有像脱缰的野马一样，在大学校园里虚度年华。而是在无人监督的情况下，最大限度地发挥主观能动性。从此，自习教室成了我最常“出没”的地方。早上上课我第一个到达教室，用琐碎的时间背英语、进行课前预习；晚上我常常学习到忘了时间，总是最晚离开教室，用“披星戴月”来形容真的毫不为过。家人、朋友都很惊讶于我的这种高度自律，但其实我只是将优秀变为一种习惯，每天坚持去做罢了。

很快，我发现自己大学的“志向”所在。C 程序设计、高等数学、线性代数、Java 程序设计……看似艰涩难懂的字符，成了我每日的兴奋点所在。都说兴趣是最好的老师，凭借着浓厚的兴趣和高度的自律，我的专业成绩一直名列前茅，并最终在 2019 年秋季取得了本专业年级排名第一的成绩。3 年间，我共修学课程 52 门，学分绩点为 90.32，专业综合排名第一。其中，基础专业学科 C 程序设计（100 分）、数据结构（94 分）、计算机组成原理（94 分）、Java 程序设计（91 分）、数据库原理（96 分）、操作系统（93 分）、汇编语言程序设计（94 分）均获得优异成绩。这些课程让我领悟到如何利用计算机的思维来解决现实问题，并且充分锻炼了我的编程能力和学习能力，让我对计算机科学与技术专业有了一个全方位的认知。

不仅如此，我还利用课余时间积极参加各类学术竞赛，共参加省部级以上编程竞赛 9 项，获得包括 2019 年 CCF 大学生计算机系统与程序设计竞赛个人赛银奖、2019 年“中国高校计算机大赛-团体程序设计天梯赛”全国总决赛团体二等奖在内的各类奖项 9 次。值得一提的是，我还在第 14 次 CCF CSP 认证考试中得到了 330 分的好成绩，在当年认证的 8 918 人中排名前 1.81%。各类竞赛的锤炼，让我的自信心得到了极大的提升，同时也让我明白了“山外有山，人外有人”的道理。

撸起袖子加油干

回首过去 3 年的大学生活，我认为大三学年是我人生中最重要的一个转折点。2018 年 10 月，经过两年专业学习之后，我主动申请加入了信息学院马东超老师的课题组，参与北京市自然基金课题（4172019）“性能与功耗可调的网络层节能路由技术研究”。这让我从一个“科研小白”（新手），成长为一个值得信赖的科研伙伴。

在这个成长的过程中，我痛并快乐着。初入课题组时，相比经验丰富的研究生学长们，我对科研一无所知，只能从最基本的检索文献开始做起，但即便是看起来最简单的工作，我依然显得有些无所适从。检索知识和方法的匮乏导致我阅读了大量无效的、低水平的论文，在检索论文上遇到了非常大的困难。这对于当时踌躇满志的我而言，打击是巨大的，我甚至一度打起了退堂鼓，觉得自己拖了老师和团队的后腿。好在骨子里不服输的性格让我没有退却。我虚心向老师、学长们请教，积极在网上学习论文检索的方法，通过大量的阅读和反复的实践，我的论文检索能力得到了极大的提升，这让我顺利留在了课题组，也为我日后的科研工作打下了坚实的基础。

论文检索越来越得心应手，马老师开始交给我一些基础的科研工作。在与团队的配合过程中，我的科研能力得到了极大的提升。不过，科研工作从来都不是一帆风顺的，很快新的难题又来了。在研究传感器节点的充能预测方面，如何预测步长（让一个数值在每次运算中加上某个数）成为我们最大的难点，整个课题甚至一度为此停滞不前。出于对我的信任，马老师将这个问题交给我来解决。但是，由于该项测算此前从未有人做过，我几乎没有任何资料可供参考，在连续熬了好几个通宵之后，我提出了若干个解决方案。但很可惜，我所提出的方案，经过课题组讨论，全都被否决了。提案的“全军覆没”，让我压力倍增，只能加倍努力，但依然一筹莫展。渐渐地，我有些丧失信心。在我将要迷失前进方向时，老师和学长们给了我鼓励，我用“归零”精神为自己加油打气，使自己重新振作了起来。最后，经过与老师的积极沟通，我从反馈算法、奖惩机制等方面着手，找到了问题的合理化解决办法，让整个课题实现了实质性的突破。

“路漫漫其修远兮，吾将上下而求索”，短短一年的课题组工作，让我认识到了科研的严谨和严肃，也使我对自己有了更加全面的了解。幸运的是，我已经获得了北京邮电大学接收免试攻读硕士研究生的名额，未来我将有更多的时间和空间投入到科研工作中去。站在更高的起点上，为了实现自己的梦想，我唯有“撸起袖子加油干”!

成就更好的自己

“躬行实践处，笃行觅真知”，我深刻明白，作为当代的大学生，绝不能是“两耳不闻窗外事，一心只读圣贤书”。高中时期，我就对大学的社团活动充满好奇和向往，希望能在学习之余，在学生工作中磨炼自己的组织能力和心性。大二和大三学年，我先后担任信息学院团总支学生会活动部干事、活动部副部长；在此期间，我组织并策划了学院“相约晨光”、迎新晚会、卓立杯、篮球赛等多项活动，丰富了同学们的课余生活，也提高了我的组织能力和策划能力。大三学年，我被评为校级优秀学生干部，这对专心学术的我而言，无疑是一个巨大的激励。

在我看来，社团活动教会了我如何更好地与人相处。现代社会，没有人能够成为一座孤岛，与人相处、与己相处，是一门需要终身学习的学问。在社团担任干部期间，我时常为了一个策划案与各部门沟通协调，为了项目预算与老师、同学甚至商家“斡旋”……所有的这一切，都让我更加明白社交的重要性，而这必将对我日后的工作和生活大有裨益。

一直以来，同学们都喜欢开玩笑称呼我为“学霸”，但我绝不是只会闷头读书的人，我积极参与各项文体活动，发挥自己身高臂长的优势，在体育竞赛中屡次为学院争得荣誉。我曾代表学院获得校级篮球赛亚军，也曾两次参与校运动会4×100米接力赛，分别获得第二名和第三名的成绩。不过，输赢得失于我而言并不重要，我享受的是与同学们同舟共济、荣辱与共的经历，这一份集体荣誉感是任何名次都不能代替的。

“赠人玫瑰，手有余香”，在专业学习和校园活动之外，我还积极参加志愿活动，用自己微不足道的力量来回馈学校和社会。北方工业大学70周年校庆时，我主动报名担任志愿者，为“回家”的校友带路，安排茶话会的各项事宜。这一次的亲身参与，让我再一次感受到了作为北方工业大学学子的骄傲，也让我有机会倾听杰出校友的故事。我也希望自己能够像杰出校友们一样：“今日我以北方工业大学为傲，明日北方工业大学定当以我为豪。”此外，我还积极参与了学院安排的四季青敬老院志愿活动。活动中，我与老奶奶闲话家常，帮她下载百度地图，教她使用智能手机，虽然能为老奶奶做的很有限，但是，这些简单的小事给我带来的快乐是其他东西无法比拟的。

我始终相信，敢于做梦，梦想才有可能实现。在逐梦的路上，可能会遇到“长风破浪会有时”的时刻，但也坚信会有“忽如一夜春风来”的惊喜，更会一直坚定“直挂云帆济沧海”的信念。我正在努力奔跑，因为我是新时代的追梦人。

追求卓越　一路向前

作者简介

秦玮婧，女，中共党员，计算机科学与技术专业计实验17班学生。在校期间，曾获国家奖学金、国家励志奖学金、优秀学生奖学金、体育奖学金，连续两年获思品奖学金、学习奖学金以及实践奖学金，科研竞赛方面曾获第十届“蓝桥杯”国赛一等奖、北京市一等奖，2019年天梯赛国赛银奖、北京市二等奖、CCPC（中国大学生程序设计竞赛）女生赛铜奖、北京市数学竞赛二等奖以及第三届全国大学生计算机系统能力培养大赛优胜奖等奖项，获评校级三好学生、院级优秀团员荣誉称号。

担当责任，奉献社会

“生逢伟大时代是我们的幸运，创造伟大时代是我们的责任”，作为一名新时代的青年，秦玮婧始终保持着积极进取、乐观向上的心态，希望在将来的某一天能够通过自己的双手与智慧去为国家做出贡献。在思想上，她积极向党组织靠拢，在初入大学时，就向学院党组织递交了入党申请书。她深知党员身上所肩负的社会责任，一直用党员的标准严格要求自己的一言一行。她认真学习党章和党的理论知识，关心国家大事和时事政治。经过党组织的考察与培养，她于2018年11月29日成为一名中共预备党员。她在成为预备党员后没有丝毫松懈，而是用更高的标准来要求自己，她努力发挥模范带头作用，听党的话、跟党走，做有信仰、有情怀、敢担当的优秀青年。

除了努力提升自己的政治素养外，她还用自己的方式为社会服务。成为一名志愿者，是她一直很骄傲自豪的事情。她曾参加故宫北门志愿者、四季青敬老院志愿者、清明节公墓志愿者和徒步大会志愿者等志愿活动。在这些活动中，她遇到了很多有趣可爱的人，与初次去敬老院拜访的奶奶结为好朋友。奶奶的性格活泼开朗，她每次去看望奶奶们的时候总会与她们倾心交流，分享自己生活中的新奇事。她还积极号召身边的同学和朋友踊跃参加学校组织的活动，因此她被评为2018年校级二星志愿者。所谓“赠人玫瑰，手有余香”，在帮助他人的同时，她的能力得到了锻炼，增强了团队合作的精神和集体观念意识。她喜欢做志愿者，将来还会一直坚持做下去。

学无止境， 天道酬勤

秦玮婧刚上专业课时，对编写程序一窍不通，面对专业课布置的最基础的上机编程任务，她毫无头绪，不知从何下手。从一个编程小白（新手）一步步成长到如今他人眼中的编程能手，这其中遇到的困难与挑战可想而知。

作为一名计算机科学专业的学生，最先接触的编程语言是C语言。因为以前从未接触过编程，她学得尤其认真，每节课都紧跟老师的思路，不想落下老师讲的每一个知识点。渐渐地，她喜欢上了写编程题，对编程的兴趣越发浓厚。每当看到自己编写的程序通过或者找到以前从未注意过的解题突破点时，她心里都会很有成就感。

她真正开始接触编程竞赛，是从大一上学期学院组织参加“蓝桥杯”竞赛开始的。她了解到“蓝桥杯”是一个计算机专业领域里比较知名的赛事，也是一个对自己编程水平好坏的衡量标准。她暗下决心，努力完成老师布置的每一项任务，希望能够在竞赛中取得好成绩。后来经过比赛中4个小时的激烈角逐，她拿到了“蓝桥杯”北京赛区的一等奖，进入全国决赛。参加竞赛她未曾想过自己会得奖，但如今有了成绩的肯定，她更加有信心去掌握编程这项技能。可以说这个时候，她正式踏入编程竞赛的大门。在初学编程的第一年中，她积极参加了多项国家级、省级竞赛，取得“蓝桥杯”省赛一等奖、国赛三等奖、天梯赛团体北京市三等奖等奖项，校级竞赛中也常有她的身影出现，并获得较好的名次与奖项。

在大二初期，她新接触到CCF计算机软件能力认证考试。这项考试为许多高校以及华为、百度、阿里巴巴等知名企业所认可。那个时候的她还没有接触到太多的专业知识，只能靠着大一所学的基础知识和自己对编程题目理解的思维逻辑能力去参加考试。尽管一起参加认证考试的同学大多数都比自己高一个年级，但她也没有害怕。在考试过程中，她按照自己的做题节奏一步步突破一道道难关，遇到困难问题，她冷静分析，尽自己所能解答题目。认证分数结果公布，她拿到了320分的成绩，这个分数已经超越了大部分高年级的学长。她看到自己的努力收获了丰硕的果实，更加坚定了自己以后要努力学习和进一步提升编程能力的决心。

但学习的道路不会一帆风顺，有坎坷的路途更能激发人的前进意识。在参加完 CCF 认证考试后，获得较好成绩的同学可以去参加计算机学会组织的 CCSP（大学生计算机系统与程序设计）竞赛。这场竞赛时长 13 个小时，是一场非常考验学生编程能力和身体耐力、精力的比赛。同时竞赛所用的系统是她之前从未接触使用过的系统，而且全部采用英文，这对于不太擅长英语的她真的是难上加难。

早上 8 点，她坐在机房进行比赛前的准备、熟悉电脑以及相应的调试。在比赛的过程中，看着不熟悉的界面，她尽力压下心中的紧张，努力平静自己，调整好状态，理解题目、分析题目以及尝试去解决题目，但却总是出现各种各样的错误，她看到身边的同学一直在不停地编写代码，而自己面对题目却束手无策，硬着头皮一遍遍修改，一遍遍提交，通过的题目数以非常缓慢的速度在增加。时间在一点点流逝，从白天坐到晚上，看着窗外的天空一点点变暗，她的信心和精力也逐渐耗尽。晚上 9 点，比赛结束，她整个人像一只泄了气的皮球走出了比赛现场。

这场竞赛最后的结果，可想而知，她只拿到了优秀选手奖。通过这次比赛，她知道自己还有很多不足，在学习编程的道路上还有一段很长的路要走。她对自己的编程能力有了一个准确的定位，在学习之余注重强身健体，培养自己良好的抗压能力以及心态。

从失败中总结经验，反思不足。经历了那场比赛后，她更加努力地学习专业课知识，在课余时间勤加练习，掌握更多的编程算法和编程技巧。再次到了“蓝桥杯”比赛开始的时候，她比去年自信和从容多了。有耕耘就会有收获，最终她获得了国赛一等奖，比去年的编程能力提升了一个层次。除了“蓝桥杯”以外，她还获得了天梯赛团体北京市二等奖、国赛银奖、CCPC 女生赛铜奖、北京市数学竞赛二等奖等奖项。经历了挫折后，她再遇成功，更多收获的是欣慰，这也许就是成长。

积极上进，心向阳光

刚来到大学时，她和其他新同学一样，满怀着对大学的期待与向往。踏进校门，开启崭新的大学生活，面对着从未接触过的专业，只能一点一点尝试，慢慢摸索，寻找在当前环境下真正适合自己的学习方式。经过对大学生活的适应和调整，她顺利地从高中模式转向大学模式。她课堂上认真听讲，课后遇到难题时会和身边的同学展开讨论。她的很多朋友在遇到编程问题时，都会向她请教，她都一一耐心解答。在日常生活中，她坚持早起，培养自己自律的好习惯。图书馆和自习室是她常出现的地方，在专业学习之余，她还拓展更多其他方面的课外知识。当大一、大二的课程学习结束时，她拿到了连续两年绩点年级第一的好成绩。

在丰富充实的大学生活中，她积极上进，希望成为更好的自己。在完成自己学业任务的同时，她还参加了学院组织的学霸讲堂，为下一届的学弟学妹讲解C语言课程，为他们答疑解惑，将自己的所学转换为输出，传递给他们，并获得学弟学妹们的一致好评。在学期末，她为班级同学串讲离散数学知识，圈画知识重点，分享学习经验。另外，她积极参加学校组织的体育活动和班级团队建设，在2019年校运动会上获得女子400米第7名，同时参加了女子团体4×400米接力跑。周末有时她会去看一看北京的美景，去故宫感受历史，去圆明园游览遗迹，去香山欣赏红叶以及玉渊潭踏青赏花。在生活中，她还有自己一直坚持的小爱好——写明信片，用传统的书信方式与素未谋面的“陌生”朋友分享生活，甚至还与外国友人互寄明信片，现已收到近千张明信片。她期待对方收到信件时的惊喜，也享受以这种方式接收到来自远方朋友的温暖与关怀。

如今，大学生活已然过半，她仍会满怀期待地去迎接接下来的学习与生活。人生是一条十分长远且需要努力拼搏的道路。在这条道路上，不论遇到什么困难与挑战，她都会尽全力去战胜它们，同时满怀信念与热情，一如既往，热爱生活，一路向前。

心怀长远　跬步不休

作者简介

刘雨晴，女，1998 年 9 月 20 日出生，中共预备党员，籍贯安徽省，现任电气 17-2 班组织委员，2019 级新生小辅导员，学校科学技术协会宣传中心副主任，曾任电气与控制工程学院学生会志愿者部副部长。大学前两年的平均绩点位列专业第一，获得 2018—2019 学年国家奖学金、国家励志奖学金。大学期间获得全国部分地区大学生物理竞赛三等奖、第五届中国“互联网＋”大学生创新创业大赛北方工业大学校内预选赛三等奖、“外研社”英语阅读竞赛初赛三等奖、全国大学生计算机应用能力与信息素养大赛北方工业大学校级二等奖等奖项，曾获得校级三好学生、院级优秀团员称号，并连续两年获得北京市星级志愿者称号。

刚进入大学时，我只是一名普普通通的大学生，和大家一样怀揣着对美好大学生活的向往与期待。在开学培训时，听到学校领导和学院老师对我们新生的热切期盼，看到优秀的学长学姐所获得的成就与荣誉时，我忽然明白大学远不是我想象中的那样轻松，我需要规划好我的大学生活，做更多有意义的事，才能不断地充实自己，成为更优秀的自己。正是有了这样的感悟，我在大学生活中一直用高标准严格要求自己，提前做好规划，努力做到全面发展。

首先，作为一名学生，我始终认为学习应当是我们的首要任务。因此在学习方面，我一直严格要求自己，从未出现早退、迟到、旷课的现象，并且一直保持着早、晚自习全勤的出勤记录。在大一上高等数学课时，刚刚接触复杂难懂的数学，令我十分头疼，但是后续专业课程会经常用到高等数学课的知识，因此每节课我都早早来到教室，提前预习本节课的内容，为保证能全身心地投入学习，我坚持选择坐在前排，常常提前一天去占好座位，保证自己能够达到较好的听课效果。周末除了做志愿活动之外，我会去图书馆学习，及时复习课上所讲的知识，整理笔记，总结一周的学习成果并查漏补缺。

我相信，付出总会有回报的。在高等数学课程上我取得了优异的成绩，也拿到了专业第一的名次。在期末的时候，我为班级同学开展高等数学课学霸讲堂，将典型例题、重要知识点做成笔记发到班级群里，针对检测试卷一道题一道题地进行讲解，对每一题考查的知识点进行扩充，帮助同学们理解知识点，最后同学们在考试中都取得了满意的成绩。

作为当代工科大学生，只会读书当然是远远不够的，学会将所学知识运用到实践中才应当是新工科学生的必备素质。于是在大二上学期，我便开始留意学院各实验室的项目，之后便报名参加了专业老师的直流电机控制研究项目，在实验室里，我利用电机实物学习其结构特点和运用原理，之后我们设计方案来检测电机的转速波形，利用方案进行一次次地试验，不断尝试修改，有时甚至在实验室待到断电才离开。经过两周的实验努力，我们终于通过最佳的方案观察到理想的电机运行仿真的波形以及电机运转转速的变化情况。

通过实验室的学习，我对科技竞赛产生了浓厚的兴趣，于是在大二时我加入了学校科学技术协会，学长学姐的指导、协会和北京科协举办的参观活动，这些都帮助我从一开始的茫然懵懂到后面渐渐理解实践出真知的道理，也让我有勇气去大胆实践。在大二下学期，我参加了大学生创业项目、电路制作大赛等活动，在大学生创业项目中，我们团队主要是承担对 Vienna 整流器进行研究的任务。我们首先学习电子分色电路知识中的整流部分，之后研究整流器的运行原理以及应用特性，通过实验仿真来观察整流器的运行结果以及波形的展示，从中我学到了如何将自己所学的专业知识调动起来完成研究和实验目标，同时我也认识到了自己在动手实践能力上的不足，为我以后的发展确定了奋斗的方向。

全面发展也需要在思想上争取上进，在大一时我提交了入党申请书，用党员的标准严格要求自己，努力向党组织靠拢。大二进入党支部后，我负责党支部会议以及活动新闻稿的撰写、推送的制作工作，在党支部会议的后期宣传工作中，我每次都会对会议的精神进行总结提炼，在日常学习中提高对总书记讲话精神的领会深度。之后作为党支部的纪律委员助手，我同时肩负着监督党员纪律的责任，负责每一次会议的党员签到。同时为了提高自己的党性修养，我积极参加党支部的各项活动，在党支部开展的“工匠精神”演讲比赛中，我精心准备材料，结合所学专业追求的工匠精神、国家的发展要求并且与党员责任义务相联系，发表了自己独特的见解，最后因表现优异，我获得了二等奖。

经过不断的努力，2019 年 5 月 23 日，我成为一名光荣的中共预备党员，同时我也深深意识到自己肩上所承担的责任，更加明确了以后要严于律己，发挥好党员的模范带头作用。

成为一名学生干部后，我一直秉承着为人民服务的宗旨，在实际的班级和学院工作中，履行着自己的职责。作为班级的组织委员，我积极配合班长和团支书的工作，在班级所开展的“五四”评优、庆祝新中国成立 70 周年等活动中，我配合团支书做好前期准备工作，提前找好会议地点，记录好会议中的各项流程，保证公平公正。此外，作为宿舍的宿舍长，我制定了宿舍的值日标准以及值日表，和舍友们一起打扫宿舍卫生，不放过任何一个死角，在每周内务检查中均达到 90 分，表现优秀。同时我会和舍友们一起学习，一起上课，一起探讨课业上的问题，互相学习，共同进步，宿舍的学习氛围十分优秀，获得学院“最佳学风”宿舍和最美宿舍评比大赛二等奖。作为 2019 级小辅导员，我会经常和学弟学妹们交流，解答他们的疑问，帮助他们尽快熟悉和适应大学。在开学初，为了提高新生班级的凝聚力，我也会积极组织班级的团队建设活动，调动班级活动气氛来加深彼此的了解。

郭沫若说：“读活书，活读书，读书活”，在大学这个人生舞台上我不想错过锻炼自己的机会，于是在大一时我便加入了电气与控制工程学院团委志愿者部，认真负责，积极主动地参与并且组织校内外的志愿活动，高效地完成了部长布置的任务，例如每年 3 次的“八大处”活动，每年都会举行的“温暖衣冬”活动，每周末开展的社区青年汇、亲子读书会活动，北京马拉松志愿活动，北京鸟巢半程马拉松活动以及在校内开展的校友日、3 月 5 日学雷锋活动等。这些公益活动锻炼了我的能力，也让我明白了自己在社会中的角色。到大二时，我依然选择继续留任志愿者部的副部长，继续带领更多的同学参与到志愿服务中来。在学生会担任副部长期间，我对部内的学习情况十分关心，经常向大家介绍每个科目的特点和必要的学习方法，在期末考试前主动为大家提供复习资料，帮助大家高效复习。同时作为副部长，我积极配合部长的工作，教给干事们对外开展活动、与他人交往的技巧，培养干事组织开展活动的能力。在带领干事参加“咪咕善跑马拉松赛事”活动中，我们主要负责为选手提供赛道服务和食物补给服务，在寒冷的天气下，志愿者们站在赛道旁为选手们指路加油，他们在寒风中毫不退缩，保持着高涨的情绪为选手们加油鼓劲。一整天的站立使志愿者们腰酸腿疼、筋疲力尽，但是听到选手们真诚的感谢和那一声声回应，真让人感动。一次次真实的活动收获让我体会到了自己的社会责任，并在以后不断地为之努力。

当代优秀大学生应当达到德、智、体、美、劳全面发展。身体是我们学习科研的本钱，我们要积极锻炼身体才能达到各方面的均衡发展。在大学期间，我主动参加校内外的体育活动，坚持相约晨光，也曾报名参加学院运动会长跑选拔赛，代表学院参加校运动会并取得了较为优异的成绩。同时我也积极组织同学们参加班级的活动，在学院组织的班级拔河比赛中努力贡献自己的一分力量，最终取得第一名的好成绩。学院组织的跳绳和羽毛球体育活动中，我同样努力拼搏，表现优异，获跳绳比赛二等奖、羽毛球比赛女子单打和女子双打一等奖。

在 2018 年暑假的时候，我和同学们一起就环保问题进行社区宣传，组织社会实践。我们早早带好所需的材料来到社区，鼓励大家和我们一起制作精美主题背包。我们通过使用防水涂彩在白色亚麻手提袋上进行自己创作，设计属于自己的独一无二的手提袋，以减少塑料购物袋的使用。我们从最初的害羞，不敢主动邀请大家参加，到后来渐渐聊开，像朋友一样和大家一起聊天创作，主动号召大家一起践行低碳环保的生活方式，保护我们的生态环境。这次社会实践让我走出校园、走进生活，锻炼了自己勇敢表达的能力，为以后工作实践积累了很多经验。

大学其实就是一个大舞台，心有多大，舞台就有多大。刚进入大学的我们所面对的机遇很多，但是，处在世界观、人生观、价值观正在形成过程中的我们，同样也面临许多挑战和诱惑，稍有不慎，也许就会铸成大错。因此，我从入学之初，就为自己制定奋斗目标，在这两年的大学生活中，我在各方面严格要求自己，坚持自律，努力使自己成为一名全面发展的优秀大学生。在老师和学长学姐的帮助以及自己的不懈努力下，我建立起了正确的人生观和世界观，端正了学习和生活的态度，明确了自己人生发展的目标，坚定信念，自律上进，不断向高素质人才靠拢，努力成为一个对社会有益、对国家有用的优秀工科人才！

珍惜光阴　积极进取

作者简介

张春梅，女，1998年1月出生，中共党员，籍贯山东省，曾任电气工程及其自动化16-2班学习委员、电气工程及其自动化本科学生第二党支部宣传委员。大学前3年的平均绩点为92.2，专业排名第二，英语四、六级均一次通过。获得国家奖学金、优秀学生二等奖学金、学习一等奖学金、创新与实践一等奖学金、体育二等奖学金、思想品德二等奖学金。曾获全国大学生英语竞赛C类一等奖、"西门子杯"信息化与网络化方向北京赛区一等奖、全国大学生电子设计大赛北京赛区二等奖、北京市大学生节能减排大赛二等奖、第十届"蓝桥杯"全国软件和信息技术专业人才大赛北京赛区单片机设计与开发大学组二等奖、"高教社杯"全国大学生数学建模竞赛北京赛区甲组二等奖、北京市第二十九届大学生数学竞赛三等奖等奖项。学习之余，积极参加各种志愿活动，获得校级二星志愿者荣誉称号。

时光荏苒，如白驹过隙，蓦然回首，大学的美好时光已经悄然流逝。我从刚刚入学的懵懂大一新生，转眼就变成了面临着毕业的大四学姐。回忆过去的3年，仿佛看到了我的成长过程。我少了些许刚来时的傲气和无知，多了几分成熟和自信。大三是至关重要的一个学年，如果说大一是用来适应大学生活的一年，大二是用来改变自己的一年，那么大三就是决定自己今后方向的一年。

从大三上学期开始，我开始关注身边的学长学姐的毕业生活，有的在考研的苦海里挣扎，有的在各个招聘会上疯狂投简历，也有的已经手握多个录取通知顺利保研的。在这个时刻，我知道自己必须要做出选择。看着自己排名第二的成绩，但却少得可怜的获奖证书，是保研还是考研？是工作还是读研？如果选择保研这条路的话，势必会有很大的风险，哪怕绩点还稳得住，但是参加竞赛和获奖却屈指可数。如果考研，看看自己排名第二的绩点，心里有点不甘。工作？不，我需要用足够的知识武装自己。思来想去，最终，我决定为自己的未来赌一把，放手准备保研。

既然如此，我的首要任务是要丰富自己的竞赛经历，但前提是要维持住自己的绩点。保研的第一场战役打响了，数学建模比赛匆匆来临。我连续两年参加数学建模比赛，积累了一定的经验，但是第一年的失利也让我认识到这个比赛的难度。四天三夜，是一场持久的战役。起初，题目的难度深深震慑住了我，我也萌生出了退赛的念头，但是看着身边依然有同学在坚持，我也选择沉着应对，绞尽脑汁终于解出了第一问。建模比赛的特点是一环扣着一环，当撕开一个口子后，渐渐地就会冲出重围。幸亏当时咬牙坚持了下来，我也因此获得了省级二等奖。

第二场战役是数学竞赛，重拾已经完全放手一年的数学知识，对我来说是一件很头疼的事。我拿出数学书一点点地看，概念一个个去理解，从刚开始基本题目不会做，到渐渐地可以解一些略有难度的考研题。数学竞赛准备得如火如荼，“蓝桥杯”比赛的校赛选拔又开始了，可是我从未接触过单片机。权衡了一下两个比赛的重要性，我决定把重心放在单片机上，从最初的只会点 LED 灯，渐渐学会了按键和数码管。由于自己没有学习过中断程序，导致自己在校赛时只获得了二等奖。

过了“蓝桥杯”的校内选拔，省赛才是重头戏。3 月 24 日比赛，从开学那一天起，我几乎把所有的精力都消耗在实验室里，只要没课就往实验室跑，朝八晚十，将近几年的省赛题目练了 3 遍以上。由于校赛时练习不足，准备省赛时着重实操却忽略了专业知识的学习，故而省赛结果也一般。

还没来得及从“蓝桥杯”比赛的伤痛里走出来，英语竞赛如期而至，10 天的时间只能背单词刷真题。我给自己定下目标，每天背 10 章单词，听 2 套听力，来来回回把《恋恋有词》背了多遍，近几年的六级听力也都听得滚瓜烂熟。终于，皇天不负有心人，我在全国大学生英语竞赛的初赛中脱颖而出，进入了决赛。初赛过后，决赛着重准备阅读和写作，积极背英语范文，做模拟试题，草稿纸上重复地默写重点单词和短语，最后我在国赛中取得一等奖的好成绩。

从每个比赛报名开始，我都抱着要拿奖的心态认真准备；每个赛前都会紧张到吃不下饭，睡不着觉；当比赛结果出来时，我颤抖的双手掩饰不了激动的内心。好在皇天不负有心人，基本每个比赛的结果都配得上自己的努力，唯一让我不太满意的是全国大学生节能减排大赛的结果。

因为我深知节能减排大赛的含金量，从比赛报名的那一刻起，我就非常重视这个比赛。一个个想法被否定，一次次头脑风暴，终于敲定了智慧烘干机这一方案。初赛主要考察论文说明，因此我全身心地投入到修改论文当中，保证其精简有意义。一周时间出初稿，一周时间钻研文字，调格式，文档打开了一遍又一遍，修改了数十个副本。哪怕是比赛截止前一小时，我都在慎重地改格式、磨语言。那是我最用心、最重视的一个比赛，犹记得提交成果的那个晚上，那种瞬间放松的心情无比美妙。回宿舍的路上，我还在和小伙伴商量进了复赛之后要怎么准备。我满怀信心地期待着这次比赛的结果，可是最终却连个三等奖都没有拿到。

虽然队友都在安慰我说没关系，我也告诉自己没什么大不了的，可是当我回到宿舍的那一刻，眼泪还是不争气地流了出来。也许冥冥之中自有安排，第二天上课的时候在励学二楼看到了优秀毕业生的展牌，第一眼就看了那句话：尽最大的努力，想最坏的结果。也许是我前期对自己的成绩抱了过大的希望，才导致结果出来后难以接受。从那以后，我开始学着每场比赛结束后，都提前预想好最坏的结果，做好自己的心理建设。

“西门子杯”的比赛是在大三上学期就开始着手准备的，经历两次校内选拔。我还记得上学期的校内选拔，因为缺乏对 PLC（电力线通信）模块的练习，导致自己痛失 12 分。因此，第二次选拔赛中，我积极练习每个模块，比如无线的配置、VLAN（虚拟局域网）、路由、冗余的配置等。可能过于看重二次选拔的结果，比赛的时候很紧张，导致自己平时得心应手的内容都配置有误，幸亏自己参加建模比赛积攒了论文写作经验，校赛的坎总算平安度过了。接下来就是省赛，省赛不只比功能实现的准确性，同时还注重时间的合理利用，因此分工明确很重要。我和一个队友负责网络配置，另一个队友负责 PLC 的配置，比赛时合作顺利，只用一半的时间就实现了所有的要求。可惜强中自有强中手，我们痛失进入决赛的机会。

又一个四天三夜到来，电子设计竞赛掀开了新篇章，我前期的重心放在准备电源类的题目。可我万万没想到，今年没有电源类题目，临时换方向，前期准备的电路板有的还可以用，软件方面一直在练习 STM32 单片机正好可以派上用场。我着重负责软件编程，另一个队友负责硬件设计，我们选择 F 题，设计纸张计数装置。每天熬夜到凌晨一两点钟，最后一夜完完全全在实验室度过，改报告搭硬件装置。屋漏偏逢连夜雨，马上就要装箱时整个装置出现了问题，测出的纸张数目完全不对。那一刻，我处于崩溃状态，定做的极板只剩两块，重新做一套，万一也有问题怎么办。再三考虑后，我们选择重新开始，顶着巨大的压力战战兢兢地完成每一个步骤，小心翼翼地测试，终于成功了！

在参加比赛的整个过程中，我学习与收获了在本专业领域内更高深的知识，得到了能力上的提升，这不仅包括知识领域上的提升，更提高了我的团队协作能力，培养了我面对重大比赛沉着冷静、乐观向上的心态。

大学期间正是学生形成世界观、人生观的阶段，在大三这一关键的时期，我坚定了自己的信仰，找到了自己的人生方向，也成功拿到了保研资格。“路漫漫其修远兮，吾将上下而求索”，我深知自己还有很大的进步空间，我不会满足于现状而停下自己前进的脚步。我走过的每一步都承载着汗水和泪水，每当我坚持不住的时候，我都告诉自己“天将降大任于斯人也，必先苦其心志，劳其筋骨，饿其体肤，空乏其身，行拂乱其所为，所以动心忍性，曾益其所不能。”我将以百倍的信心和万分的努力去迎接更大的挑战，用辛勤的汗水和默默地耕耘谱写更加美好的明天！

笃行求知　超越自我

作者简介

胡子佳，电气与控制工程学院自动化 16-2 班学生，中共党员，曾担任班级团支书。曾获得国家奖学金，获校级优秀团干部及三好学生等荣誉称号。在校期间，积极参与各种活动和重大学科竞赛，曾获得全国计算机素养大赛国家三等奖，中国机器人大赛二等奖，全国大学生物理竞赛三等奖，“恩智浦”杯智能汽车竞赛华北赛区三等奖，“西门子杯”华北赛区二等奖，“蓝桥杯”省赛三等奖，大学生创新创业项目校级一等奖，数学建模校级二等奖等。

时光荏苒，岁月如歌，转眼毕业了。回首大学生活，4 年的生活像一个舞台，我们开始时怀着懵懂踏入这个刚刚搭建起的舞台，后来舞台渐渐明亮，渐渐变得华丽，在这个属于自己的舞台上，在所有的灯光下，在所有的目光中，遵循着自己的步伐起舞。4 年中一幕幕的场景我都记忆犹新，我在努力脚踏实地地获取知识的同时，不断地挑战自我、超越自我。因为我明白要尽全力做最好的自己，才能不负这宝贵的韶华。

4 年前的我，在全班面前念个汇报都紧张，遇到机会选择逃避，很不自信。还记得最初我去学生会面试的场景，刚进教室就看到教室里已经坐满了人，第一排坐了几个学长学姐，他们面前放着一摞纸，讲台上站着正在做自我介绍的同学。看到这个场面，我第一反应就是想转身离开，但对设计绘画有很大兴趣的我不想错过这个宝贵的机会。于是，我在最后一排坐下，看着一个又一个同学走向讲台进行面试，我的手心开始冒汗，心里忐忑不安，反复想着一会儿上台要说的话。最后我硬着头皮走上台，讲话的时候大脑一片空白，手紧紧地拽着衣角，声音中还带着颤抖，下了台也不知道自己说了什么。后来，我很庆幸当时没有退缩，我顺利进入了学生会，在这里我收获满满，我学会了视频剪辑、新闻推送等技能。当我用自己所学的技能帮助党支部做新闻推送、插入视频设计排版得到一致好评时，心里非常开心。每一次学生会的活动对我都是一次历练，无论是在技能的应用上，还是在如何与别人相处上。我每一次付出的努力，都可能是未来的基石与铺垫。

从小身边优秀党员的修养与品德如缕缕清香，一直无声地影响着我，加入中国共产党对我来说是一种向往。我一入学就郑重地向党组织递交了入党申请书，但我总是默默无闻地缩在角落，没有为班级做过什么，所以没有被批准。我反思了自己的不足，通过电视网络等平台关注国家时事、社会信息，阅读和学习党的相关文献和书籍，积极要求进步。我努力以共产党员的标准来要求自己，尽我所能帮助同学们，我积极竞选并担任了班级的团支部书记，我明白责任和担当的重要性，所以无论做哪方面的工作，我都十分严谨和认真。我在班级积极帮同学们组织团日活动、团会、组织竞选等一系列活动。从一开始没有经验，不知道该如何传达好团组织的信息、完成好工作，到现在可以快速、有效地完成好工作并被多次评为“优秀团干部”，我们班也多次被评为“优秀团支部”。我很感激老师和同学们对我工作的支持与帮助，这些年的经历使我提升了自信心，现在的我可以面不改色、从容镇定地在几百人面前演讲，在国奖评选的时候，当主持人叫到我的名字时，几百人的目光都注视着台上，我从容地走向台中央，鞠躬，面对校领导和同学们声音洪亮、口齿清晰地讲述我的经历，自信地全方位地展现自己，最终成功获得国家奖学金。

同样，我也想对社会尽一分我的力量，学校给我们提供了很多奉献的机会。我曾多次参加北京马拉松志愿者、讲解员等活动，做一名志愿者让我感觉“被需要是一种幸福”。当把参赛选手的背包系好、细心放置并为他们加油打气的时候，当为那些脸上满是汗水的参赛者递上他们的背包或是一瓶水时，我的内心充满了满足感与幸福感；当我做科技馆讲解员时，看到小朋友们获得知识时的喜悦，心中是满满的成就感。还深刻地记得去儿童福利院的活动，这是我第一次与这些儿童近距离接触，那里的孩子小小年纪就饱受疾病的折磨，看到这些孩子们有的被疾病夺去了他们可爱的面容，有的人因为疾病夺去了自身感知生活的能力时，我为他们感到悲伤与遗憾。我们买了许多生活用品、食物玩具带给他们，陪着他们一起画画，教他们折千纸鹤，拉着他们的手在院子里一起玩耍。他们的小手紧紧抓住我的手，在院子里跑着笑着，他们脸上那纯真的笑容深深触动了我。这次活动让我认识到社会上有这么一个需要被关怀、被爱护的群体。作为大学生可能为他们做不了太多事情，但我可以花些时间多陪伴他们，这简单的陪伴可能就会化作他们心中的一束光，照亮他们人生的路。在服务过程中，帮助他人的同时，自我也得到了提高与发展，既是“助人”也是“助己”。为他人带去快乐的同时也为自己带来幸福，既是“乐人”也是“乐己”。我从内心想加入党组织，更好地为人民服务，经过努力，我光荣地成为一名入党积极分子。在每次党支部的会议上，我负责记录好每次党内活动的详细过程，并在党支部的公众号上大力宣传党支部的动态，让同学们了解和学习党支部。我积极参加每次的党支部活动，定期向党组织递交思想汇报。在党支部老师和身边优秀党员的指导帮助下，我不断提高自己的政治思想觉悟，弥补自己的不足，最后经过了党组织的考验，成了一名光荣的共产党员。

刚入学时，我不确定我选的专业是不是适合我，也曾对未来感到迷茫。“当你不确定方向时，先认真执着做好现在的事”，这句话一直激励着我。我开始严格要求自己，课堂上认真听讲，记好每一节课的笔记，课下总结整理笔记，遇到不懂的知识就进行标注并虚心向老师请教。我的英语一直不是特别好，特别是听力方面，经常是遇到一个词没听懂，后面就不知道在说什么。我当时对英语四级能否通过很担忧，学英语没有什么捷径可以走，只有努力。我开始练习听力、阅读，早上、晚上耳机里放的都是四级听力，还会刷四级练习册。学英语这件事，坚持很重要，一开始听英语听不懂而且越听越困，做阅读的时候也有许多词不认识。但“不经一番寒彻骨，怎得梅花扑鼻香”，我开始每天计划好要背的词汇量，听不懂的看完译文后反复听，进行标注，最后我顺利通过四六级考试。我坚持提前制订好学习计划，按照计划完成，并反省自己完成计划的情况和遇到的问题，不断去完善自己的计划和学习方法。世上没有白费的努力，也没有碰巧的成功，一切无心插柳，其实都是水到渠成，我的绩点因此一直不断进步，最终幸运地获得保研资格。

在学习课本知识的同时，我还会积极参加各种实践活动与重大比赛。因为我明白“纸上得来终觉浅，绝知此事要躬行”，“实践是检验真理的唯一标准”，我们只有在实践中不断地探索才能塑造出更好的自己。在准备比赛的过程中，我虚心地向他人学习，沉着认真地分析和思考问题，将平时课上所学与比赛内容相结合，做到知行合一。我曾获得中国机器人大赛二等奖、“恩智浦”杯智能汽车竞赛三等奖等，还参与了一些实验室开放项目的研究，像小型纯水机净化效果的研究、压力报警器等。记得曾经参加一个比赛，需要控制机器人，可是我没有相关经验，只能自己通过上网查阅学习资料并反复尝试研究，模仿别人的案例，自己尝试着编程，连接着电机一次又一次地点击运行程序，可是电机总是不转，每次想要放弃时，想着还有许多人和我一起并肩努力，就对自己说再坚持一下。最后在熬了几夜后，听到电机“嘶嘶”地开始转起来时，我真的很激动。在科学研究的过程中，我们总会遇到许多困难，出现许许多多意想不到的问题，只要自己尽全力地研究与探索，即使比赛没取得成绩又如何呢？一次次克服困难的过程会让我们学习到新的知识技能，获得宝贵的经验，获得团队间的友谊，这些无形的东西都会组成珍贵的记忆，一直存在脑海中。比赛和实验是一个很好的平台，帮助我们进步，增强我们的团队协作精神，提升我们的专业水平。正是这一次次实践的经历，让我找到了自己的兴趣，确定了未来奋斗的方向。

我深知自己还有很多不足，我会正视并努力改正不足。生活总是在不断创新和挑战中被赋予新的意义。不断挑战自我、超越自我会使自己不断进步。其实，超越自我不是一件容易的事，要走出自己的“安全区”，需要层层的挣扎和失败后谨慎的反思与改进。当你努力让自己变得更好时，很多事情就都容易了。感谢学校为我们提供可以充分展现自我、提升自我的机会与平台。时间还在继续，曾经的成绩不足以成为放松和停滞不前的借口，我将会踏踏实实地走好未来人生中的每一步，心中怀有梦想，人生设定目标。我会依然努力拼搏，毫无惧色地走向属于自己的舞台，演绎别样的精彩！

青春正当时　梦想须成真

作者简介

王昆仑，男，汉族，中共党员，北方工业大学机械与材料工程学院机械 17-2 班学生，现任学院学业辅导中心负责人、机械本科学生第二党支部副书记、班级学习委员。曾获校级优秀学生干部、校级三好学生等荣誉称号，获得国家奖学金、国家励志奖学金、优秀学生一等奖学金、学习一等奖学金、思想品德二等奖学金、实践与创新一等奖学金等，获得中国智能机器人格斗大赛二等奖、全国大学生数学竞赛三等奖、全国部分地区大学生物理竞赛二等奖、华北五省机器人大赛三等奖、北京市大学生数学竞赛一等奖、北京市工程训练大赛二等奖、北京市大学生机器人大赛二等奖等 13 项奖项。

初入大学的王昆仑，和大多数同学一样，对大学校园感到陌生。如何使 4 年时光更有意义，如何使自己更优秀，如何使视野更宽广，对他而言，都是一头雾水。然而不久后，他就豁然开朗，找到了自己所要奔赴的方向。随着他对大学生活熟悉度的增加，他对自己的大学生活有了初步的规划，他下定决心：只争朝夕，不负韶华，努力学习，全面发展，向学院里优秀的学长学姐们看齐，成为优秀的当代大学生。

着力融入组织，力求全面进步

大一上学期，他递交了入党申请书，积极向党组织靠拢，他下定决心，要通过自己的努力早日成为一名光荣的共产党员。成为一名入党积极分子之后，他接触到了支部里一些优秀党员。他非常珍惜和优秀党员们交谈学习的时间，认真倾听他们的经验分享，及时与他们沟通自己内心的困惑。和支部的党员交流后，王昆仑将自己和他们进行对比，发现自己之前的思想觉悟还不够高，于是更加注重自己思想的进步和发展。他认真学习党和国家的路线、方针、政策，坚持四项基本原则，拥护改革开放，始终把马列主义、毛泽东思想、邓小平理论、科学发展观、习近平新时代中国特色社会主义思想作为自己的行动指南，时刻对照党员标准要求自己的言行，注重培养自己正确的人生观、价值观、世界观。在入党联系人的帮助下，他对支部的基本情况有了一些了解，他积极地参加支部的各种活动，定期向党组织汇报自己的思想变化；而他自身的思想觉悟和政治素养也有了很大的提高，能够时刻注意以先进正确的思想和理念武装自己的头脑，牢记党的宗旨。

之后的一年，他积极参加入党积极分子培训，经过严格的审核，他成了一名党员发展对象，并认真完成了发展对象培训结业考核，于 2018 年 11 月 29 日，成了一名中共预备党员。不忘初心，方得始终。他并没有放松自我，降低对自己的要求；而是在平时学习、工作和生活中更加严格地要求自己，力争做到任劳任怨，时时处处在同学中起表率作用。在大三上学期，他从一名中共预备党员转为一名正式的中国共产党党员。

博观而约取，厚积而薄发

他还记得刚入大学的时候，学院老师安排优秀的学长学姐进行学习经验分享，学长学姐的言谈举止，一字一顿，在他那个满是求知欲的脑海里打下了深深的烙印。机械与材料工程学院是一个他选择的方向，也是一个他梦想开始的地方。如果要像学长学姐一样优秀，他该如何做呢？他要做的不是纸上谈兵，不是空谈想象，而是将自己的 4 年规划落实到每一件具体的事情上；这不仅要求自身勤奋付出，更要求自己对校园乃至社会有宏观的认识。人没有天生的信心，只有不断培养的信心，王昆仑在课堂上始终保持端正、谦虚的学习态度，积极配合老师工作，努力提高自己的专业知识水平；课下他虚心向同学请教，认真预习并及时完成老师所留的作业。经过他的不懈努力，他的学习成绩目前排名专业第二。

当然，光有理论是远远不够的，没有实践的理论就像空中楼阁，缺少根基。因此在学好专业课的同时，他还积极参加各种学科竞赛和暑期活动来提高自己的实践能力。但不得不承认的是，刚开始时经验稀缺导致他有些力不从心。“良好的开始是成功的一半”，那段时间，他咬牙坚持；为提高自身技能，他利用课余时间去图书馆翻阅相关书籍，为不出漏洞，他一遍遍检查，一遍遍校验，最终取得了很好的成绩：中国智能机器人格斗大赛二等奖、北京市大学生数学竞赛一等奖、全国大学生数学竞赛三等奖、全国部分地区大学生物理竞赛二等奖、北京市工程训练大赛二等奖、北京市大学生机器人大赛二等奖、华北五省机器人大赛三等奖、北京学院暑期集训项目“智能制造梦工场创新实践暑期集训”考核成绩为优秀。同时，他自觉扩展自己的知识面，课外长期坚持自学；在空余时间经常在图书馆或通过上网的方式查阅资料来充实自己，及时补充课堂知识的不足，这些经历拓宽了他的视野，丰富了他的知识。

积极主动接受， 踏实高效完成

除了学习以外，他对待自身的工作也尽心尽力。作为学院资助助理，在学工办勤工助学部工作两年的他对资助工作很熟悉，但他并没有因此感到轻松，而是更加认真负责地完成个人工作，积极主动地参与到各项工作中去。由于国家资助政策的变化，资助工作量比上年同期增加了许多，但他在学院老师的指导下，依旧用心完成每一项任务。这期间，汗水与笑容成了他的常态，他与老师一起分享每一次资助工作完成之后的喜悦，同时也体会到了老师们为了广大同学兢兢业业、认真工作的艰辛与不易。

作为学院学业辅导中心负责人，他和云平台的同学在课余时间一起收集各年级各专业的学习、出国、考研和保研的相关资料，整理好放到百度云盘，按照学院的安排分享给学院的学生；他在收集相关资料的时候也遇到了一些困难，但一想到自己的工作能够帮助学院的每位同学及时有效地获得第一手相关资料，顿时觉得自己和云平台的同学所做的工作是很有意义的。

作为机械本科学生第二党支部副书记，他用心辅助支部工作，发展党员和入党积极分子，及时整理入党积极分子的材料，组织党课学习及社会实践，起到了很好的模范作用；同时他尽力协助支部书记管理支部事务，积极组织活动，注重支部成员之间的交流，努力将支部打造成一个上进团结的集体。

作为班里的学习委员，他尽职尽责，经常帮助其他同学解决学习上的问题；和其他班委交流班里存在的问题，有效地分工合作，互相配合；做好班里学习方面的统筹工作，协调好班里每一门课程，让其都有人负责组织，保证班里各科目的学习和工作都能及时有效地完成。

夏雨绵绵不如你， 志愿服务正芳华

在课余时间，他积极地参加学校、学院和社会上的各种志愿活动，奉献自己，帮助他人，目前志愿服务总时长达到 128 小时。在校园开放日的前几天，学院招募校园开放日志愿者，得知此事的他，第一时间联系了负责人报名。这是他第一次做志愿服务，同很多第一次一样，感受到陌生、拘束，但同时也满腔热血。他很认真地配合身边的同学做志愿服务，热心地为来参观的家长和学生做引导，向对本学院感兴趣的家长和学生介绍学院的基本情况。在大二时他加入了北方工业大学青年志愿者协会，参与该协会里的扶残助教志愿服务、社区英语志愿服务和301医院门诊志愿服务，帮助那些需要帮助的人。他知道“赠人玫瑰，手有余香”。大二上学期，他参加了北京马拉松志愿服务，和其他同学一起负责参赛者的背包整理工作。除此之外，他还参加过3.17龙门支教志愿服务、养老院美食节志愿服务、智行基金99公益日路演（宣传）志愿服务、石景山古城地铁站城市志愿服务站志愿服务等，他用自己的实际行动来传递正能量，服务他人，服务社会。

每一代青年都有自己的际遇与机遇，都要在自己所处的时代条件下谋划人生、规划未来。尤其是当代大学生，更应当肩负历史大任，在报效祖国的成才路上实现个人的人生价值。他相信当代大学生一定能用自己的双手去创造属于自己的未来。时间还在继续，生活还在继续，他会依然拼搏并且努力着，把优秀的学长学姐当作自己学习的榜样，不断地提高，不断地挑战，争取在各个方面全面发展，相信明天会变得更加美好和灿烂！

道虽阻　行必至

作者简介

鞠婉迪，女，中共党员，工业设计专业，曾任工业设计 16-2 班团支书、工业设计本科学生党支部副书记。获 2019—2020 学年国家奖学金，连续 3 年获 4 项学校奖学金及优秀学生奖学金，两次获得国家励志奖学金，曾获校级优秀团干部、优秀共产党员等荣誉称号，获全国大学生英语竞赛二等奖、华北五省大学生机器人大赛二等奖、北京市机械创新设计大赛一等奖、北京市大学生机器人大赛二等奖、暑期社会实践团队全国百强以及其他校级奖项 6 项、院级奖项 10 余项。因表现优异，被保送至北京林业大学攻读硕士研究生。

每当有人问起鞠婉迪拿国家奖学金的经验时，她都会说，我和大家一样，都是为了梦想在努力地奋斗着，没有人生来就是成功的，不过是一次次的试错和一次次的坚持。“心浮气躁，朝三暮四，终究一事无成；迈稳步子、夯实根基，方可久久为功。”这便是她的经验总结和给同学们的建议。

歌德说：“思想是导游者，没有导游者，一切都会停止，目标会丧失，力量也会化为乌有。”正确的思想是行动的指南。在平时的生活中，她认真履行一名共产党员应尽的责任与义务；她关心时事，踊跃参加支部各种活动，在每次支部会议中，她和大家一起认真学习党的重要文献，积极发言探讨。平日生活里，她为人正直坦诚，积极参与团队协作，以身作则，每当同学需要她的帮助时，她都尽心尽力。有一次身边一位同学突发肠胃炎，她立即报告班导师，并连夜陪伴同学去首钢医院，帮忙挂号取药，一直陪伴同学到深夜。身为党员，她做好表率，希望以自己的认真、努力和负责带动身边的人积极加入中国共产党。她也积极督促宿舍人员学习，帮助同学解决学习上的困难，她所在的宿舍多次获得院级文明宿舍。平日里她积极参加支部活动，在“红色 1 + 1”活动里和支部其他成员一起为凤凰岭景区设计海报，打扫卫生，引导游客。她积极参加各种展览，在参与社会实践活动中默默奉献。通过学习优秀党员的先进事迹，她树立了正确的人生观、价值观，也认识到一个人只有在奉献中才能真正实现自己的价值。

宝剑锋从磨砺出， 梅花香自苦寒来

作为一名学生，大学生活应当丰富多彩，但是，苏格拉底说：未经审视的生活是不值得过的生活。处在人生观、价值观正在形成过程中的我们，却同样也面对许多挑战和诱惑，稍有不慎，也许就会铸成大错，使自己的这段人生蒙上污点。因此，鞠婉迪从入学之初，就为自己制定目标，在平时的生活中，始终牢记“学习是学生的第一要务”。她刻苦学习，努力务实，认真学习专业知识，她的绩点一直名列前茅。除了课堂上的知识外，她还广泛涉猎学科外的知识，拓宽视野，追踪前沿，关注本专业的国际动态，并且学以致用，不断提高自己的创新能力和分析解决问题的能力。在各种学科竞赛中，她不仅收获了各种奖项，还遇见了更好的自己，她曾获 2019 年全国大学生英语竞赛二等奖、北京市大学生机械创新设计大赛一等奖、2017 年及 2018 年两次获得华北五省机器人大赛舞蹈团体组二等奖、全国大学生环保知识竞赛优秀奖等奖项。在各种各样的实践活动中，她收获的不仅是能力，更是一种感悟，一种精神的满足，而这种精神力量，一直鼓舞着她不放弃，不懈怠，不断朝着更高的目标前进。

道虽通不行不至， 事虽小不为不成

大学期间她担任过许多职务，身为工业设计 16-2 班团支书，她积极为同学们答疑解惑，热心为同学服务，做好学院与班级沟通的桥梁；在班级的讲台上，她积极动员班级同学交流思想；当班级同学陷入思想误区时，她会组织班委去同学的宿舍与其促膝长谈，解开同学的心结。党的十九大召开时，她组织全班同学观看大会开幕实况，让同学们深切地领会党的十九大精神，并对这个新时代，对个人梦与中国梦有了全新的认识。平时她会组织许多班级活动，从春季踏青到参观国家博物馆，再到爬山团队建设，每次活动她都细心地查找路线，统计人数，做好后勤保障工作；活动的顺利进行，增强了同学们的凝聚力。在做好本职工作的过程中，她不仅加强了自身素养，也得到老师和同学们的大力支持与认可，先后于 2017 年及 2018 年两次获得校级优秀团干部荣誉称号；大二期间她担任院学生会科技部副部长、学校智能机器人协会副会长，她认真对待每一次科技活动，在科技晚会中，从搬运物资到现场协调，大大小小的工作她都亲历亲为，尽心尽力，哪里有需要，她就出现在哪里；大三期间，身为工业设计本科学生党支部的副书记，她认真负责，协助书记管理支部事务，积极组织各种志愿及学习活动，努力将支部打造成一个上进团结的集体，获得了学院“成才表率”优秀共产党员荣誉称号；作为工业设计 17-2 班的入党联系人，她时刻关注入党积极分子动态，定期与他们交流谈话，帮助他们端正入党动机，时刻提醒他们从思想上入党。“心浮气躁，朝三暮四，终究一事无成；迈稳步子、夯实根基，方可久久为功”一直是她工作中的座右铭。正是秉承着这样的信念，她才收获了老师和同学们的一致认可。

努力崇明德，皓首以为期

她珍惜校园生活的每一天，因为生活不能走回头路，她不希望今后的自己因浪费青春而懊悔。大学期间，她在课余参加了许多志愿活动，希望尽自己最大的努力去帮助别人。大学 3 年来，她参加过五棵松演唱会志愿服务，学校迎新志愿服务，两次北京马拉松志愿服务，两次温暖衣冬志愿服务，并多次进入学校周边小学以及培智小学支教。大二期间她跟随志愿团队顶着烈日穿梭在大街小巷，向人们普及临终关怀的意义，并和其他志愿者一起进入首钢医院，陪伴病床上的老人，为他们带去关心和欢乐。有的老人因为儿女忙于工作而缺乏陪伴，她便定期去医院陪伴老人，老人经常跟她讲起年轻时的工作经历，她便跟老人分享校园生活，科普当今社会先进的技术，在一次次的交流中，能明显地感受到老人越来越多的笑容，自己的微薄之力能为老人带来这么多的快乐，她深深地体会到了一种责任感。努力总会有收获，在一次次的志愿活动以及社会实践中，她收获颇丰。她和社会实践成员一起开展的“临终关怀”项目，获得了大学生暑期社会实践全国百强、暑期社会实践北京市最美故事评选三等奖等荣誉。

运动可以塑造人的精神

在平日她十分注重身体的锻炼，大学 4 年她积极参加各类体育活动，曾参加过长城马拉松、红楼跑主题马拉松、学院“一二・九长跑节”，还两次代表学院参加校运动会，均取得了名次。在一次次文体活动中，她不仅磨炼了意志，也收获了成长，更收获了精神财富。

问渠那得清如许，为有源头活水来

4 年的学习生活中，她通过各种奖学金、助学金以及平时的勤工助学，实现了经济独立，一路走来收获满满。大学的很多时光她都是在图书馆和自习室中度过的，她不仅刻苦学习专业知识，也广泛阅读文学、历史以及科普文化书籍，不断丰富自己的知识储备。她发现专业知识与人文知识齐头并进，能有效地改进思维方式，提升能力。这些学习时光丰富了她的知识，在一次次比赛中她锻炼了实践能力，在充实自己的过程中不断地成长起来、丰富起来。实践是检验真理的唯一标准，在实践中她知道自己还有什么地方不足，需要去努力改善。正如奥斯特洛夫斯基所说："青春应该是积极向上的，谁若游戏青春，虚度年华，谁就会一事无成，被社会所淘汰。"以梦为马，不负韶华，也正是坚信这个道理，3 年的刻苦努力终于有了收获，在大四上学期她被成功保送至北京林业大学攻读硕士研究生。

雄关漫道真如铁， 而今迈步从头越

新的旅程即将开始，她会牢记努力学习、全面发展的使命，脚踏实地，锐意进取。"路漫漫其修远兮，吾将上下而求索"，在今后的日子里，面对困境，挺直腰杆，相信一切都会迎刃而解；坚定地迈出脚步，前面的路才可能更广阔；敢于做梦，梦想才有实现的可能。她将始终保持积极向上的学习心态，乐于助人的奉献精神，时刻以高标准严格要求自己，在最应该奋斗的年纪不辜负自己！

兴趣化为力量　找准前进方向

作者简介

李欣瑶，建筑与艺术学院视觉传达设计专业，曾任院学生会宣传部副部长，现任浩学新媒体中心负责人。曾获国家奖学金，2018—2019年度学习一等奖学金、思想品德一等奖学金、实践创新一等奖学金、体育三等奖学金、优秀学生二等奖学金；获校级优秀团干部称号；获2017级艺术设计类英语综合能力竞赛一等奖，2018年北方工业大学暑期社会实践优秀成果奖，2018年“青年服务国家”首都大中专学生暑期实践百强团队一等奖，“毓科技之光，秀时代之魂”2018年创新创意成果秀虚体类优秀奖、最佳创意奖，2018年度玉兰新闻奖优秀新媒体宣传奖，2018年“大广赛”北京赛区优秀奖。

刚入校时的李欣瑶就是一个普普通通的大一新生，对自己的专业和新媒体方面并没有太多了解。开学伊始，她加入了建筑与艺术学院学生会宣传部，从一名干事做起，在这里，李欣瑶找到了自己努力的方向，她在各方面对自己更是高标准严要求。大一期间，李欣瑶同学在建筑与艺术学院学生会宣传部的工作包括参与创作浩学榜样、浩学风采、浩学加油站、浩学库等栏目。呈现在学院公众号上的几十个系列视频的背后是前期的拍摄和后期的剪辑工作，而这些工作，是她一步一步跟着学长学姐学习得来的。很快，她可以独当一面了，这些工作便逐渐由她一个人负责。与此同时，她也在接触新媒体方面的工作，学习微信公众平台的运营、微博账号的运营等。虽说宣传部的工作没那么有趣，但她乐在其中，在有些枯燥的工作中倾注很多热情。

经过一年的历练，她在大二成为院学生会宣传部副部长，承担了更多的任务。为了提高视频内容的质量，她添加了创新的元素，吸引了更多的同学、老师来观看，也扩大了学院及学校的知名度。在党的十九大召开前期，她制作了“青春喜迎十九大”系列视频，邀请各民族的同学发声，为祖国加油喝彩。在党的十九大胜利闭幕后，她制作了十九大微课堂，在嘉宾人选和技术创新上下功夫，并使用绿幕抠像技术完成了视频制作，在校内广受好评，进一步提升了同学们对党的十九大精神的认识和领会，这一视频也获得了第二届“玉兰”新闻奖优秀新媒体宣传奖。

国庆 70 周年之际，她独立完成了建筑与艺术学院的“我和我的祖国”视频制作，从选题到脚本再到拍摄，都是由她一个人完成。她邀请了来自老区延安、粟裕大将故乡、闽东新区等体现祖国 70 年发展历程的地区的同学表达对祖国的讴歌。该视频将学习成果和实践结合起来，把握时代主题，筑牢思想宣传主阵地。

与此同时，她凭借扎实的基础和不断的学习，以实习生的身份成为微博校园北京渠道的一员。在这段实习时间里，她不放弃每一次提升自己的机会，主动参与到各类项目的组织筹备工作中。通过实习，她拥有了一定的工作经验，也掌握了更多的专业技能：从摄影摄像到新媒体平台的使用，设计包装品牌，以及如何扩大账号的影响力，如何打造学校独有的品牌形象，如何从校内到校外扩大宣传，都是她在微博校园学到的内容，而这些内容也指导着她在校内的工作。

2018 年 6 月大一结束时，在学院的领导和支持下，她与一位学长和同年级志同道合的两位伙伴，一起创立了浩学新媒体中心，在校内建立起了以传播校园资讯为主、创新校园文化产品为辅的新媒体创意团队。利用微博、微信的新媒体平台优势，为工大新媒体发展提供了线上资源扶持、数据支持和运营指导等服务，到今日已经发展成为校内具有一定影响力的新媒体团队。

从校园新闻到工大人物，她们用心讲好工大故事。在拥有 3 万多粉丝的同时，她们的微博内容的阅读量可以达到每月 100 万以上、单条微博阅读量突破 70 万，正是这样的成绩，让北方工业大学的微博账号在 2019 年 5 月与中国农业大学、中国人民公安大学一起荣获北京高校十佳微博账号，这也是我们学校微博账号在微博平台第一次获奖。

除了在线上讲好工大故事外，她也带领团队积极挖掘工大 70 年文化底蕴。一直以来，缺乏创意的传统“学校 logo +”的纪念品形式同质化严重，饱受诟病，在人们更注重设计美感的新时代，校园文化创意产品如何实现转型升级一直是李欣瑶及团队成员们思考的问题。传播工大品牌文化，从本质上来说就是对工大精神的凝练与弘扬，经过一段时间的调研设计，比较首都各高校的相关作品，李欣瑶带领浩学新媒体制作“北方工大专属楼牌帆布袋”、浩学楼、毓秀园主题抱枕、励学楼、大石头主题帆布袋，以校园特色传播工大文化，弥补学校在文创产品这一方面的缺失。在去年秋季学期，李欣瑶带领的浩学新媒体团队以“钟灵毓秀”为主题继续设计工大校园文化创意产品，在推广和促进校园文化建设的同时，这些校园文化创意产品也可作为同学校友的精神寄托，增强工大学子对母校的认同感和归属感。

2018 年 3 月，她带领的浩学新媒体团队接到了设计 2018 级本科录取通知书的任务，这对于她和团队来说既是机会也是挑战，接到任务后，她和团队成员迅速分工、查找资料、开会协商、设计草图、与招生办负责老师沟通想法，每一次的交流都有新的收获，但也会有不知如何进行下一步设计的时候。经过团队一次又一次开会、一遍又一遍修改设计稿，团队设计出 6 份别出心裁的录取通知书，和老师讨论后，最终确定其中一版为 2018 级录取通知书，而这一年的录取通知书更是受到了新生们的好评。

同时她利用信息时代的优势，采取“优秀资源共享”的方式，营造良好的学习氛围。一段时间以来，同学们从最初进入工作室时的懵懂青涩到现在熟练运作各种新媒体平台，学习型组织的建设已经初见成效。工作室的同学们来自各个学院和学校宣传部、新闻部，他们把在工作室学习到的内容，应用在其他地方。在未来的工作里，她将继续完善学习型组织的建设，打造浩学新媒体品牌，真正做到从“学会技能到学好技能”的转变，做到全面发展。

搭建技能学习的培训体系，她需要学习更多的新媒体知识，还要考虑到不同基础的同学，如何最有效并有针对性地让同学们练习，使课程生动有趣。她和团队成员在第一次会议中确定了方向和环节，确保每位同学都能学会，都能学好，现在这一课程体系已经在工作室实施。她将继续完善学习型组织的建设，真正做到从“学会技能到学好技能”的突破，达到能力复制的目标。

在工作中，李欣瑶一直有着自己的信念，“在一个地方工作，就一定要有所收获，有所进步，不能白费这段经历。”所以，她在自身成长进步的过程中，向优秀的同学学习，也不忘积极带动周围同学。她能够利用自己的专业知识，结合团队中每个人擅长的方向，引导大家掌握新媒体运营的技术手段和相关技巧，毫无保留地把自己的经验分享给他人，与他人互相学习，共同进步。

习近平总书记曾说过：现在，青春是用来奋斗的；将来，青春是用来回忆的。她通过不懈的努力使自己的大学生活摆脱平庸，活得精彩。她总说：“不问前程，活好当下，才是最理想的状态。如果我留给别人的总是背影，那说明我在一直前行，即使没有人看到我脸上的泪水。”

以上便是李欣瑶同学在工作方面的情况，相信她会在今后的学习和生活中实事求是，戒骄戒躁，脚踏实地，积极进取，不断创新，取得更优异的成绩和更大的进步。

学海苦作舟　青春绽芳华

作者简介

李涵乔，女，汉族，中共预备党员，担任环境艺术设计 18-2 班生活委员、建筑与艺术学院学生会新闻部部长。获国家奖学金、优秀学生二等奖学金、学习一等奖学金、思想品德一等奖学金、创新实践二等奖学金。在中国高校美术作品学年展中获得“优秀作品奖”。获校级三好学生、院团委学生会“优秀干事”、校广播台播音部“年度优秀干事”称号。

刚刚过去的一个学年，是我步入大学生活的第一年，也是我人生中极为重要的一年。初入大学，我也曾疑惑迷茫，我要以何种姿态来书写我的人生新篇章呢？

“书山有路勤为径，学海无涯苦作舟”。学习的过程就是在攀登一座看不到山顶的高峰，因为只有站得更高，才能看得更远。翻开大学这崭新的一页，我应加倍努力学习，不断地拓宽眼界，丰富自己的知识储备，让青春绽放最美的芳华！

刚步入大学校园时，一切对于我来说都是陌生的。各种困难纷至沓来，对专业课学习的疑惑和不解便是其中之一。我作为美术生，虽然练习了很长时间的绘画，但是这些专业性很强的课程我完全没有接触过，它们让我看到了一个崭新的艺术世界，一个需要我去探索、去发现、去钻研的世界。最初的绘画作业成绩并不理想，我便经常找老师请教，一有空就会去图书馆，查阅大量相关专业课的书籍，从书本中逐渐了解所学习的内容，并应用到作业当中。面对崭新的、我从未接触过的“形式语言”课程内容，我还会在相关艺术网站浏览优秀作品，利用周末时间观看画展，学习和领会艺术家及画师们的想法及构思。经过一段时间的学习和积累，我的作业成绩逐渐得到提高，获得了老师的肯定与好评。记得在课堂上老师说过一句话：“要把每次的作业当作作品来完成。”这句话给我很大的触动，使我印象深刻。的确如老师所说，只有这样才可以将每一幅作业以高标准对待，完成得更加完美，同时也是对自己学习成果的一份尊重。此后，在每一幅作业的创作中，我经常推翻最初的构思，反复推敲，尝试多种材料的运用，以达到完美的效果，直至自己满意为止。在学期末结课时，我创作的多幅平面构成作业、色彩构成作业以及两次立体构成作业被老师作为留校作业留存下来，这是我不断努力的成果，为此我非常欣喜。

在平日里，我还会自学课外知识来丰富自己。大一时我接触了 PS（图像处理软件）课程，学习了一些基础知识，我还参加了学院举办的 PS 比赛，结果却没能获奖，这恰恰说明了我的技术还很生疏，学习的内容不够深入。我知道这个软件对于学习设计的同学来说是很重要的，一定要掌握，因此我在课下会去观看教学视频，在图书馆找到相应的书籍进行练习，我相信今后我的水平一定会得到提升。此外，我还积极参加了学院举办的“陶艺大赛”，参赛过程中也遇到了不少难题，我只是在陶艺课上学习过简单的平面技法，制作立体雕刻的泥塑作品完全不知道从何下手，因此我去听了学院老师在陶艺大赛之前的培训讲座，在网上查阅相关资料，了解到了很多技法，这对我的作品制作有很大帮助，可以更全面地表达我的想法。在自己没有涉猎过的领域中学习，我又掌握了一项新的技能。虽然技术还不够熟练，作品也略显粗糙，但却丰富了我的知识和技能，最终我获得了三等奖的成绩。

除此之外我还会在微博或者艺术网站自学喜爱的内容，在其中搜集各类绘画、摄影、雕塑作品作为素材保存下来；对喜爱的插画，漫画作品我会在速写本上临摹下来，反复进行练习；我还会观看相关的绘画教学视频，学习电脑绘画，为此我绘制的碳素笔素描作品《双面》在“第十届中国高校美术作品学年展”比赛中荣获“优秀作品奖”。此外，我还参加了学院举办的校园文化衫大赛、快题大赛，并获得了奖项。我深知自己获奖都得益于之前的积累与练习。

除了学习书本知识，工作中的学习也使我收获颇多。我积极加入了院学生会新闻部，主要负责排版和文字的编写工作。工作初期，“新闻”这个词汇对于我来说非常陌生，不知道报道新闻事件的流程以及如何对其进行编写，也从没有接触过公众号的排版。虽然部长们向我们介绍了工作内容，但是对于初来乍到的我来说，在工作中还是出现了很多难题和错误。因此，遇到不懂的问题，我会主动找部长们进行请教学习，除此之外我还关注了其他学院的公众号，学习“人民日报”“中国青年报”等公众号的文字编写方法。为了加强排版练习，我专门开设了自己的公众号。通过自己的努力以及学姐学长们的帮助，渐渐地我掌握了微信排版、策划以及文字编写的技能，通过这个过程我增长了知识，收获了成长。我明白了“时效性”对于新闻的重要性，总结出新闻要抓住当下热点并结合学院学生的学习生活、丰富多彩的学院活动进行报道。经过一年的努力，我荣获了“院团委学生会优秀干事”的荣誉称号，我很开心能够在这个部门和同学们一起学习、成长。

在加入院学生会的同时，我还加入了校广播台播音部工作，因为之前没有接触过，面试时也做好了被淘汰的心理准备。令我惊喜的是我通过了面试，这也给了自己十足的信心，让我在播音这个领域大胆尝试。开始时我站在话筒前非常紧张，语速和音调出现了很大的问题，在学长学姐们不断的鼓励与耐心指导下，我努力克服紧张的心理，在很短的时间里掌握了播音的技巧，顺利地完成了每次的播音工作。我也逐渐从一个新人变成了一名还算入门的“播音员”。为此我在参观新文化运动馆的活动中承担朗诵任务；在校运动会中，担任入场式的主持人以及加油词的播音工作。通过我的努力，最终荣获“月优秀干事”以及“年度优秀干事”的荣誉称号，这也是我在工作中的学习与成长。学生会和广播台的工作，不仅使我学到了新的技能，同时也锻炼了自己的表达、沟通与交往能力。在工作中学习，在学习中工作，这些活动不仅丰富了自己的人生阅历，也使我在知识的海洋里变得更加丰满。

除了对学习有很深的感悟之外，在思想方面我也积极要求进步。大一开完入党启蒙会后，我便积极向党组织递交了入党申请书，之后不久我便通过推优成了入党积极分子。为使自己成长、进步得更快，我每周都会找党支部的学长学姐进行谈话交流，定期向党组织进行思想回报，我很荣幸在环境艺术设计党支部结识了很多优秀的同学和老师。通过听党课、与党支部党员学姐学长的谈话，我进一步加深了对党的认识。

2019 年是新中国成立 70 周年，作为一名大学生，我很荣幸地参加了国庆联欢活动，用我的表演来表达对祖国的热爱之情。将近两个月的时间里，我每天都在炎炎烈日下进行训练，拖着疲惫的身躯往返于操场和宿舍之间。临近国庆，我还经历了多次的彩排，每次都是深夜两点多才回到学校，非常辛苦。直到演出那晚，当璀璨的烟花从头顶划过，当激情澎湃的音乐从耳边响起，当一张张笑脸在我身边闪现时，泪水浸湿了我的眼眶，心中不禁高喊：“此生无悔入华夏！”这段时间的辛苦早已褪去，我为我的祖国感到骄傲，也为自己作为新时代的一名青年人而感到骄傲，“今日之责任，不在他人，而全在我少年……少年强，则国强。”我要将自身命运同民族命运、国家命运紧密联系在一起，肩负起为中华民族伟大复兴而奋斗的使命。青春是用来奋斗的，我们用自己的奋斗为祖国保驾护航！

作为青年大学生，当下我们要做的就是在学习好专业知识的同时广泛摄取其他方面知识的养分，做到自主、自发、不懈地去学习，即使这个过程会伴随着犹豫、自我怀疑、痛苦、不甘……但这才是我们的青春，我们要为之努力奋斗的青春。只有足够的付出，才能收获更多的回报，才能为祖国的明天创造辉煌，创造无限可能！未来永远掌握在自己的手中，我将不忘初心，砥砺前行，遇见更好的自己！

选择远方　风雨兼程

作者简介

李琦，女，汉族，共青团员，2000 年 9 月出生，山东省青岛人，现任土木工程 18-1 班团支书，院学生会权益中心部长。获 2018—2019 学年国家奖学金，校级三好学生。曾获校数学竞赛三等奖、校测绘竞赛一等奖、全国高校计算机能力挑战赛 Excel 高级应用赛区域赛二等奖、Word 高级应用赛区域赛优秀奖等奖项。圆满完成 2019 年中国世界园艺博览会志愿活动任务，为庆祝中华人民共和国成立 70 周年群众方阵游行做出积极贡献。

在获得国家奖学金以后，常常会有同学询问李琦有关学习的经验和努力的过程，她总是简单地回答："既然选择了远方，那就坚定地向前行走。"

从踏入大学校门的那一刻起，李琦就决心一定要让自己的大学生活过得充实且有意义，要如化茧成蝶一般，在大学里绽放出属于自己的那份光芒。彼时她还未褪去属于高中学生的那份青涩，但是李琦信心满满地去面对陌生新奇的生活环境以及丰富繁杂的知识。在大学的时间里，李琦不忘初心，砥砺前行，让自己不断进步，默默成长。大一那一年，李琦对自己的专业产生了很大的兴趣与热情，她暗自下定决心：努力努力再努力，一定会让自己变得优秀。她上课的时候认真听讲，下课的时候钻研艰深晦涩的知识，这份对知识的渴望也为她在学习道路上的前行增添了动力。

李琦深知思想决定着一个人的高度。因为父亲是一名共产党员，在家庭环境的熏陶下，李琦一入学就提交了入党申请书。在这一年里，李琦坚守着"不忘初心，砥砺前行"的座右铭，以共产党员的标准严格要求自己，始终坚定不移地学习马克思列宁主义、毛泽东思想、邓小平理论、"三个代表"重要思想、科学发展观以及习近平新时代中国特色社会主义思想，践行社会主义核心价值观，自觉加强自身政治理论学习，自觉遵守党章，加强党性修养。在成为一名入党积极分子后，时刻牢记党的“全心全意为人民服务”的宗旨，培养自己强烈的责任意识、服务意识和创新意识，主动帮助有困难的同学，尽自己所能帮助同学们解决难题。同时，李琦还严于律己，不放松对自己的要求，力争做一名“奋斗、自信、开朗、青春”的新时代大学生。

此外，李琦积极组织所在的团支部开展以“青春心向党，建功新时代”为主题的团日活动，带领班级同学到八宝山革命公墓缅怀革命前辈，学习红色文化，得到了老师、同学们的一致好评，取得了显著的效果。

尽管大学生活丰富多彩，但学习始终是学生的第一要务。李琦始终铭记周总理说的那句“为中华之崛起而读书”，在开学时学院组织的新老生交流会上，李琦结识了很多优秀的学长学姐，他们无一不是土木工程学院的佼佼者，有着令人羡慕的成绩。榜样的力量，成为李琦努力学习的动力。大一期间，李琦坚持早早起床自习，有课的时候，她会争取每节课坐到第一排的位置；没课的时候，图书馆里总会有李琦的身影。李琦不断汲取新知识，刻苦钻研，对待必修课和选修课一视同仁，利用课余时间巩固每堂课的知识点。

在自身努力学习的基础上，李琦也热心帮助其他同学解决学习难题。李琦负责学院 2018 级期末高等数学部分的学霸讲堂，课前她将较为重点的习题细心准备好，经参与的同学们反映，李琦的讲解对他们总结复习知识点有很大帮助，提高了学院同学的高等数学课通过率。同学们的认可让她感到欣慰，也为她增添了为同学服务的动力。因表现优异，李琦获得了“院级优秀团员”“校级三好学生”等荣誉称号，荣获学校优秀学生二等奖学金、学习一等奖学金、思想品德一等奖学金、实践创新三等奖学金、体育三等奖学金等多种奖学金。

一年时间如白驹过隙，李琦收获良多，学生工作也成了她不可或缺的一部分。自从担任土木工程 18-1 班团支部书记以后，她积极组织班级同学竞选入党积极分子，认真对待每一件工作，成为辅导员和班导师的得力助手。大一期间她成为校团委办公室的一员，参与完成北京安全文化论坛志愿服务活动，协助完成“话剧《咏怀之歌》北方工业大学专场演出”场务秩序管理，获得“校团委办公室优秀干事”的荣誉称号；作为院学生会权益中心的一员，她完成到梦空间 App 活动签到、协助校学生会权益中心“3·15 权益周”学院学生意见统计等工作，获得“院学生会优秀干事”的荣誉称号，大二她成功留任权益中心并担任部长一职。“优于别人，并不高贵，真正的高贵应该是优于过去的自己”，这句话激励着李琦，让她坚定步伐，勇敢地向着目标前进。

李琦认为自己是一个能在实践活动中找到幸福感的女生，这种幸福感会让她充满自信地去面对生活。大一期间李琦积极参加各种竞赛活动，勇于挑战：她参加了北方工业大学数学竞赛，并取得了三等奖的好成绩；她参与学校的测绘竞赛，并取得团队一等奖；她以自作《一九一九》获得“激扬青春梦，启航新时代”演讲朗诵比赛三等奖；在校外比赛中，李琦荣获全国高校计算机能力挑战赛Excel 高级应用赛区域赛二等奖、Word 高级应用赛区域赛优秀奖等奖项。在竞赛中，李琦认识了很多优秀的同学，相互交流，共同提高，让她领略到参加比赛活动带来的新鲜感和获得感。李琦有幸参加了 2019 年中国世界园艺博览会志愿活动，和北京各个高校的志愿者一起为来自全世界的游客提供志愿服务。志愿者们通过合作变得像家人一样亲密无间，游客大叔给志愿者们真诚的点赞，帮助他人后得到认可，别人对于志愿者的辛苦工作的理解，这些让李琦印象深刻。在大一的暑假期间，李琦和同学们一起参加了庆祝中华人民共和国成立 70 周年群众方阵游行活动，并做出了积极贡献。

在课余生活中，李琦还考取了普通话证书（二级甲等）、国际人才初级考试通过证书，取得了良好的成绩，她努力提高自己的语言表达能力，让自己每天都可以进步一点。

通过不断的努力，李琦逐渐变得开朗大方。她勤俭节约，孝顺父母，尊敬师长，在与同学的交往中，李琦乐于助人，甘于奉献，积极尽自己所能为同学们排忧解难。同样，阅读也是她一直以来保持的好习惯，李琦喜欢在午后打开一本书，享受一个人的宁静。聆听动人的音乐是她课余放松的一种方式，伴随着心爱的吉他，她度过了丰富多彩的大一生活。

李琦还记得高中的物理老师曾在错题本上写过的一句话——“做一个优秀的女生”，这让她明白不必和他人一味攀比，努力胜于过去的自己就好。在个人生活中，李琦从来不相信考前突击的“自由”，她所向往并付诸实践的，是通过勤奋和努力实现更广阔的人生价值，做一个自律的人，从而实现真正的自由。她每天坚持早起，拥抱清晨第一缕阳光；每天课后她坚持去图书馆学习，直到闭馆时才返回宿舍；她深知身体是革命的本钱，因此每天坚持跑步，在小操场跑道上享受汗如雨下的淋漓畅快。

不忘初心，砥砺前行，即便前路艰辛也要奋勇向前，不能因为过去所取得的成绩而骄傲自满，也不能因为一时的困难和挫折而气馁。李琦希望自己做一个拥有大智慧的人，做一个经常帮助他人、努力为社会做贡献的勇者。要坚持努力，坚持到春暖花开；要努力前行，走到灯火通明！即便前路艰险，李琦依然选择奋勇前行，将优秀变成一种习惯，她希望有一天能在山巅和志同道合的伙伴们一起看这盛世繁华。

既然选择了远方，那就任凭风雨兼程，无怨无悔！

海阔凭鱼跃　天高任鸟飞

作者简介

徐遨蓝，男，共青团员，土木工程专业，曾担任北方工业大学乒乓球队队长。曾获国家奖学金，2016—2017 学年及 2017—2018 学年校优秀学生二等奖学金，2018—2019 学年校优秀学生一等奖学金；第九届和第十一届全国大学生数学竞赛二等奖，第二十八届和第三十届北京市大学生数学竞赛一等奖，第三十四届全国部分地区大学生物理竞赛一等奖；2018—2019 学年首都大学中职院校“先锋杯”优秀团员，2017—2018 学年校级三好学生，院级学习标兵；2018 年首都高校乒乓球锦标赛混合双打亚军、男子团体第七名及 2019 年首都高校乒乓球锦标赛男子团体亚军。

在别人问他为了争取国家奖学金都是如何要求自己时，徐遨蓝笑着说道：“我知道前方道阻且长，但心有多大，舞台不就有多大嘛，我只是为自己的梦想在一步一步踏实地走着。”回想这一路走来，为追求这份理想而努力拼搏的历程，他也万分感慨。

带着高中时期的羞涩，怀着对大学生活的向往，刚进入大学的徐遨蓝面对多彩的校园生活，有些迷茫，有些不知所措，但又怀揣着一种希望和信念，和许多同学一样，他渴望表现自己，去体现自己的价值，同时却又害怕不成功，成为同学们的笑柄。挣扎之后的醒悟往往是难能可贵的，他最终明白生活其实提供了许多尝试的机会，如果错过了一次又一次的尝试，就只能跟在别人身后，按部就班地走完“命中注定”的道路，所以他注重发现和培养自己的兴趣，去尝试那些他从没接触过的事物。他热爱打乒乓球，所以积极加入乒乓球社团；为了锻炼自己的人际交往和沟通能力，他踊跃竞选班委，加入院学生会；为了提高自身对理论知识的掌握，他积极参加各类学科竞赛和专业竞赛；为了增强社会责任感，他也多次参加社会公益活动，尽己所能。

经历大一的洗礼，徐遨蓝在学习和生活中得到了锻炼和成长，当然也通过自身的不懈努力，在不断地完善自我的过程中，学会了如何以高标准要求自己，养成了不松懈、不放弃的良好品质，提高了自己的思想政治和理论知识水平，在那一学年里，他取得了专业排名第一的成绩并获得了优秀学生奖学金。

如果说大一时他还是一个刚刚破壳的雏鸟，那么之后他便开始奋力地张开双翼，向广阔的蓝天翱翔、冲刺。大一那一年的尝试，让徐遨蓝明白组织领导能力和数理知识是自身的优势，所以他希望能在社团中继续任职，在更高的职位上发光发热，以体现自身的价值，同时也渴望利用自己的数理优势，为自己以及他人服务。

大二时，徐遨蓝积极竞选乒乓球社副社长职务，并且成功胜任；任职期间，他能够积极配合体育系和社团联合会老师的工作，和社员之间保持着良好的交流，每周按时组织社员开展社团活动，社员遇到动作或者技战术上的困惑，他总能及时给予合理的建议，耐心地解决社员们遇到的各种各样的问题。在帮助社员提高球技的同时，他也重视社员之间的团队协作精神，时常组织社员参加各种团队游戏，比如“多人花式转圈”等，让大家在游戏中分享自己的长处和优点。所谓“养兵千日，用兵一时”，经过大半年的刻苦训练，终于迎来了一年一度的“五四杯”首都青年学生乒乓球赛，徐遨蓝作为领队兼运动员带领社员在赛场上顽强拼搏、展示风采，一路杀进八强，八强进四强时，面对上届冠军北京师范大学，社员们互相鼓励，秉承“不抛弃不放弃”的体育精神，打出了自己的气势和技术水平，最终以大比分 3∶2 险胜北师大，挺进四强；半决赛惜败北京大学，最终获得了混合团体季军的成绩，该成绩打破了北方工业大学在该赛事的纪录，乒乓球协会也因此被评为 2017—2018 年度北方工业大学十佳优秀社团。在乒乓球协会任职的两年里，徐遨蓝一直担任副会长职务，他担任这个职务常被身边的朋友调侃，徐遨蓝总打趣道：“职位没有大小，只是分工不同，我只是在适合自己的职位上做着力所能及的事罢了。”

鲁迅先生曾说：“卑怯的人，即使有万丈的怒火，除弱草之外，又能烧掉什么呢?”自始至终，徐遨蓝深知大胆尝试的重要性，所以他鼓励自己去报名参加各类学科竞赛和科研活动，在备考英语竞赛期间，他养成了每天早读的习惯，图书馆的楼梯间、宿舍走道常常可见他的身影，面对不会的语法问题，他也向基础好的同学学习，向老师请教，尽管最后的结果不尽如人意，但他的英语水平在备考的过程中打下了扎实的基础。数理学科他具备优势，在备考期间，他不局限于书本上的知识，而是常常拿着往年的真题请教老师解题思路和答题技巧。他先后获得两届全国大学生数学竞赛二等奖，两届北京市大学生数学竞赛一等奖，一届全国部分地区大学生物理竞赛一等奖，这些丰富的竞赛经历不仅开阔了他的眼界，而且极大地锻炼了他的钻研精神。此外，为了更好地发挥自身的数理优势，大二下学期，徐遨蓝和同学一起申报了北方工业大学学生科技活动项目，课题为"装配式建筑施工安全风险管理研究"，在带队老师的辛勤指导以及自己半年多的不懈努力下，该课题顺利结题，他也成功发表了一篇学术性论文。在问及撰写论文的感受时，他说："撰写论文其实是一个艰苦而漫长的过程，回想起那些日子的点点滴滴，我痛苦并快乐着，一切仿佛历历在目，有过山重水复疑无路的疑惑，有过柳暗花明又一村的兴奋，在思考与探索中我学到了很多。"

奋斗人生的诀窍其实就是经营自己的长处，善于利用自身优势，能给自己的人生增值，徐遨蓝便是如此。作为国家二级运动员，入学之际他便直接破例进入校乒乓球队，他积极参加校乒乓球队组织的各种训练，即使再苦、再累，他也从未缺席过集体的训练，从未想过离开这个他流过汗、洒过泪的团队。遭遇技术上的瓶颈时，他也总是虚心请教，寻求突破。大学期间多次在校级、市级比赛中获奖，为自己、为学校争得荣誉，如连续三届首都高校乒乓球锦标赛男子团体前八名，一届首都高校乒乓球锦标赛混合双打亚军等等，由于他在比赛中的优异表现，被北京市大学生体育协会授予运动等级技能九级。

"人生须知负责任的苦处，才能知道尽责任的乐趣"，面对社会责任，每个人都需义不容辞、积极接受，徐遨蓝也是如此。他热心公益，积极参加了许多志愿服务工作，如世界园艺博览会志愿活动、八宝山人民公墓志愿服务、香山植物园一日环保、亲近夕阳敬老院慰问活动、"温暖衣冬"活动志愿者等。2019 年 5 月，他报名参加了中国北京世界园艺博览会志愿服务活动，志愿服务期间，他作为土木工程学院的小组长，主要负责统计园区各类商铺的经营许可证件、排队、明码标价、断货等情况，10 人的小组每日需走访 100 多家商铺进行调查统计，并将出现的问题及时反馈给市场管理部门；志愿服务期间他克服了脚趾磨出泡、皮肤被晒伤等诸多困难，积极配合园区领导及学校老师的工作，圆满地完成了既定的各项工作任务，展现了志愿者所应有的素养和品质。虽然这次志愿服务活动只有 7 天，徐遨蓝却从中深刻地领会了志愿服务的内涵。

徐遨蓝还担任了班级的纪检委员一职，任职期间，他能够认真督促班委严格履行自身职责，积极配合班长组织开展的各项工作。除此之外，他平时耐心解答同学们作业中的疑难问题，经常与老师沟通班级里同学们的学习情况，在顺利通过国家大学英语四六级考试之后，他督促英语四级未通过的同学认真准备下一次的考试。在班级建设工作中，他认真负责，与同学们关系融洽，共同与其他班委组建了一个温馨的大家庭。在日常生活当中，徐遨蓝性格开朗，热爱生活，严于律己，宽以待人，目前他是宿舍的“心理护航员”，与舍友之间一直保持着和谐融洽的关系，他们互相帮助，共同进步，为实现目标而共同奋斗。

由于前 3 年的突出表现，徐遨蓝顺利获得了保研的资格，本科毕业后到北京交通大学继续深造。他说：“我曾羡慕别人所取得的荣誉，但最后才发现光环总会成为‘过去式’，荣誉只代表过去，不代表现在，更不代表将来，凡事看淡一些，心放开一点，一个人只要学会沉下心，低下头，脚踏实地，砥砺前行，总会在漫漫人生路上做到最好的自己，实现自己的人生价值。”相信徐遨蓝也始终能以积极向上的心态和永不放弃的信念迎接并战胜人生中的每一次挑战，一定会前路光明，万事可期。

立足脚下　放眼未来

作者简介

王梦雨婷，汉族，女，中共预备党员，1999 年 8 月出生于湖北省宜昌市，北方工业大学经济管理学院会计 17-1 班本科生。在校期间成绩优异，曾获国家奖学金，并连续两年获得学校 4 项基本奖学金和优秀学生奖学金，多次获“学习优异生”“三好学生”等荣誉称号。该同学竞赛经历丰富，曾获 5 项国家级、2 项市级、20 余项校内奖项，包括全国商业经营挑战赛会计与商业管理案例竞赛二等奖、全国国际贸易商业精英挑战赛二等奖、全国大学生英语竞赛二等奖、全国大学生数学竞赛三等奖等奖项。

那是弥漫着北国花香的第一个盛夏。

阳光透过层层的新绿，在校园的小路上洒下一片斑驳，偶尔迎面吹来一股细碎的风，和着玉兰盛开时似有若无的芬芳，不急不缓地拂过每一个角落。踱步的影子被拖得狭长，我一个南方姑娘，第一次踏上了北方工业大学的这片土地。3 年时光转瞬而逝，当年的记忆显得有些模糊，可我依然能回想起站在这片土地上最初的感觉：好像乘着光，踏着风，满心都是抑制不住的渴望，或许这就是青春的向往吧。这样的我，带着心底那一点点不服输的倔强，开启了我人生中无比珍贵而又难忘的大学时光。

刚来到学校的我其实并没有很快习惯新生活。生活和饮食风格的差异，这些我以前从未曾想到过的问题，现在竟然成了窘迫的麻烦；我也曾一度感到迷茫，但是在不断的摸索和调整之后，我慢慢地找到了自己的生活节奏。或许你也觉得学校“三点一线”的生活枯燥乏味，但是生活就好像是一场孤独的长跑：当你竭尽全力、大汗淋漓地冲过终点线的时候，那一刻的喜悦是无法用语言来形容的。

大一时候的我有点慢热，对于新奇的事物总是想尝试却又害怕出错，最后当看到别人光鲜亮丽的一面之后又无比羡慕。我慢慢感悟到，只有勇敢地表达自己，才能拥有抓住机遇的入场券，哪里有那么多馅饼落到自己头上！当我迈出第一步后才发现，身边有着许许多多的机会正在悄悄等待有缘人，而那个人为什么不能是我呢？于是我逐渐学会了接纳各种新鲜事物，也希望能找到我想为之求索一生的爱好。

我加入了各种各样的社团和学生组织，在记者团的美术编辑部，我学会了怎么使用图像编辑软件做出好看的海报，也算是圆了我小时候期望的艺术梦吧。从开始笨拙地操作到后来越来越多的素材积累，虽然我能掌握的依然只能算是皮毛，但偶尔看到自己的作品得到表扬，心里真的很开心！在学院的团委学生会组织里，我从干事一路成长为部长。说实话，这一路让我学习到了很多很多，这里有很多优秀的、有趣的朋友，在不同的领域放射出自己的光芒。大学不单单是学习的地方，更是锻炼自己综合素质的地方；我常常告诉自己：大学是你在步入这个社会前付出的成本最低、得到的回报最高的地方了，在这里你可以接受自己一次两次的失败，只要好好复盘总结经验，下次不在同一个地方出错，那你就是进步的。这么珍贵的机会在手中，我怎么能不牢牢抓住呢？

到了大二，这也算是我大学生活的一个转折点吧。大二的生活节奏非常快。学习、比赛、学生工作，各种事情都会一股脑地朝你涌来，对我来说这种感觉可能格外明显——一方面是要适应完全陌生的老师和同学们，另一方面由于缺乏部分先导课程的缘故，学习的难度陡然增加。但是这些都不应该成为我退缩的理由，既然选择了这条路，就要坚定地走下去。我并没有因为客观环境的影响而降低了对自身的要求，相反我决定用加倍的努力去填补这段距离。除了学校课堂的内容，我还学习了国际注册会计师（ACCA）的课程；我的进度算不上快，但是一点一滴的积累以及由此带来的满足感让我感到欣喜和充实。经过一学期的努力，大二上学年我的绩点排名专业第一，同时也以高分通过了大学英语六级的考试。于是在大二期中表彰大会上，我作为学生代表和同学们分享了我的学习经验，我依然记得当时站在台上时那种微微的紧张、开心和喜悦。我知道山外有山，人外有人，比我努力、比我聪明的人有太多太多，我要踏踏实实地走好每一步。长路漫漫，有坎坷，有疲惫，有时崎岖的路会让人望而却步，厚重的迷雾会遮住人的双眼，可是我还有心中的烛火，这种火光会照亮脚下的道路，我会一步步踏踏实实地踩在地面上行走，难道这不是最让人安心的吗？

除了学习之外，大二我还尝试接触了许多各级各类的竞赛活动，这段经历是我弥足珍贵的记忆。虽然从大一起我就参加过很多校内的竞赛，但大多数比赛依然归属个人赛的范畴，准备起来并不复杂，这和国家级、省部级的大型竞赛活动是完全不同的，你需要全身心地投入备赛过程中，也需要花费很多的时间。站在经济学的角度理解，高风险往往也伴随着高收益，尤其是经历过一个个呕心沥血的日夜后，你会收获比你想象的更多。在校期间我一共参与过 30 余项大大小小的竞赛以及评比活动，获国家级奖项 5 项、省部级 2 项、院校级 20 余项。可以说是竞赛改变了我，让我变成一个勇于表达、敢于尝试、坚持不懈的人，更让我发现了未来无限的可能性。比赛让我成长很多，让我变得更加善于表达自己，也更清楚自己的不足之处，让我学会如何与队友合作，齐心协力去做好一件事，去克服各种各样的困难，如何去调节自身的各种情绪，更让我收获到了无比珍贵的友谊。我记得在河北的会计案例分析的商业精英赛上，一遍又一遍的排练、背稿，每一个动作都要细细地琢磨，有时从深夜到天明；我记得在南京的国贸商业精英赛上，从布置展厅到发布会现场，所有事情都需要我亲自去完成，一天下来大家都累得头一沾枕头就睡，甚至还要在突发情况出现时安排“危机公关”……每一场比赛都很辛苦，但每一次都让我受益匪浅，或许结果有时不尽如人意，抑或过程中留有这样或者那样的遗憾，但是能真真切切地体会这么一遭，对我而言就是十分珍贵的财富了。大二的生活忙碌而充实，虽然事情很多，压力很大，但当你投入其中后，时间就过得很快；有时你只管大步向前走，等到神思清明，回首望去，身后早已在不经意间留下了深深浅浅的印迹。

大二暑假期间，我来到了国家级贫困县江西萍乡莲花县开展为期 22 天的支教活动。当地条件十分艰苦，再加上正值南方 7 月的湿热酷暑，即使是在南方长大的我也有些不太适应。学校硬件设施严重落后，教室没有空调，再加上老师少孩子多，每日教学任务很重，在实践期间中暑、发烧我们都曾经历过，但是全程却没有人喊过一声苦。我们深知短短的 22 天也许并不能给孩子们带去什么深奥的知识，但每个人都努力将外面世界中的新思想带进这片土地，鼓励孩子们要用知识改变命运，未来走出山村、走向世界。支教的生活让我迈出了了解这个世界的真实的一步，我还记得走的那天和孩子们说的话，“老师期待和你们在未来更广阔的天空下重逢”。我后来才明白，在这段特殊的时光里，他们带给我们的，要比我们带给他们的还要多。

现在的我依然在努力地向前奔跑着。面对着未知和崎岖，只要心中有了方向，一切也就有了意义。国家奖学金对我而言是一份巨大的荣誉，它肯定了我两年来付出的努力，它或许更像是一种鞭策，也承载着一份传承的力量。“希望你一如既往地勇敢坚强，站在迎着光的地方，活成自己想要的模样。”这是我在国家奖学金候选人宣传片里说的一句话。我不知道明天将会是怎样，我需要把握的是现在的时光，或许现在的生活平淡无奇，但是只有当你的内心丰富了，才能真正走出一成不变的生活。如果有什么想去做的，那就行动起来；如果有什么想说的，那就大声说出来；如果有什么渴望的和热爱的，那就去奋力追逐。如果仅仅待在你自己的舒适圈里，又怎么能见识这个世界的灿烂盛大呢？

生活明朗，万物可爱。人间值得，未来可期。

滴水穿石　跬步千里

作者简介

李哲，女，1997 年 9 月出生，中共党员，籍贯北京，金融 16-3 班班长。曾多次获得校级优秀学生干部、优秀团员、优秀实习生和三好学生等荣誉称号。曾获国家奖学金、国家励志奖学金、思想品德一等奖学金、学习一等奖学金、实践与创新一等奖学金、体育二等奖学金、优秀学生一等奖学金。获全国大学生英语竞赛三等奖、全国商业精英挑战赛二等奖、第八届国际贸易实务大赛知识赛特等奖、北方工业大学国际贸易商务精英挑战赛特等奖、2019 年全国大学生计算机应用能力与素养大赛北方工业大学院校赛 ppt 应用赛项三等奖、北方工业大学暑期社会实践优秀成果等奖项。因在校期间表现突出，被保送到中央民族大学经济学院攻读研究生。

刚踏入大学校园时，我的人生目标和自我定位都很模糊。我清晰地记得，开学不久，班导师李老师组织班级同学开了一个新生班会，向我们介绍了班级的情况，当我间接了解到我的高考成绩处于班级中比较靠后的位置时，心情很复杂。班会中老师多次提及一位曾经获得国家奖学金并保研成功的学姐，学姐的励志故事深深感动了我，我期盼着像学姐一样优秀。我暗暗下定决心：4 年后一定要成为更加优秀的自己。正是这次的班会让我明确了人生努力的方向。

大一上学期，我加入经济管理学院学生会办公室担任干事，我认真完成主任交给的各项任务，积极参加学生会的各种活动，如“舞林大会”志愿者和“校庆”志愿者等。在学院学生会工作的这一段时间，我结识了许多好朋友，自己的工作能力也得到了锻炼。经过一年的历练，我在大二留任学生会并成为办公室副主任，主要负责学生会的排班工作；排班的工作让我的沟通能力与管理能力得到了很大的提升。

从入学到现在，我一直担任班长一职。作为班长，我视同学为自己的兄弟姐妹，以“大家是相亲相爱的一家人”为理念，处处为同学着想，事事以同学利益为重，在同学中间树立了较高的威信，这使得班级各项工作都开展得很顺利，所在的班级被多次评为“优秀班集体”荣誉称号。我在平时的学习和工作中十分注意积累工作经验，积极和其他班级的班干部交流思想，取他人之长，补己之短。在担任班长职务后，我积极地帮助有疑难问题的同学，希望能用一己之力帮助到同学们；我也鼓励班级同学参加学校举办的各种竞赛活动和讲座，如笔记大赛和宿舍风采大赛等。正是因为老师和同学们对我工作的肯定，我多次获得“优秀学生干部”荣誉称号。

怀着对党的极大热情，我在刚刚进入大学时就向党支部递交了入党申请，积极参加校系组织的各项活动，在思想上、政治上、行动上积极向党组织靠拢。我通过参加党课，认真学习了各种政治理论知识，在思想上有了质的飞跃。在老师和同学们的帮助下，在大二上学期我成为入党积极分子，并多次荣获“优秀团员”称号。获得这样的荣誉，我内心十分感恩，想用自己的实际行动来回馈同学、老师和学院的肯定。在成为入党积极分子后，我定期进行思想汇报，并向大家宣传党的知识，用自己的行动影响和带动周边同学。

至今我仍记得自己大一时的成绩并不理想，尤其是英语基础较差，一次又一次的英语模拟考试，于我而言，就像是一次又一次的打击，那个时候的我特别焦虑。通过与老师的交谈，我发现我的学习方法存在问题，于是我调整了学习方法，每天都会去图书馆学习英语，尤其是在备考大学英语四六级时，每天更是早出晚归。我每天往返于寝室、图书馆、食堂三点一线，虽然过得很辛苦，但是我从来没有抱怨过，反而很享受这种充实的学习生活。平日里上完课，如果没有特殊情况，我会主动去图书馆写各科作业或者学习专业课知识，我不是一个拖延的人，只要是今天能完成的事我不会拖延到明天。自律和慎独，让我的学习成绩有了质的飞跃，让我的大学生活过得很充实，让我离梦想越来越近。

自从上了大学，我结识了许多有趣的朋友。在与大家的接触中，我看到了他们身上各自的闪光点，也认识到自己的不足；我意识到在当今这个竞争激烈的时代，只有把自己打造成为全面发展的新一代大学生，才能在今后竞争日趋激烈的社会中立于不败之地。因此我广泛涉猎和学习各种新的文化思想和专业知识。同时，我始终牢记，作为一名学生干部，应当在各方面做同学们的表率和带头人。于是，我开始不断突破自己，参加各种各样的活动与比赛，在老师们的指导、同学们的帮助和自己的努力下，我获得多项竞赛的奖项，例如全国大学生英语竞赛三等奖、全国商业精英挑战赛二等奖、“互联网+”创新创业大赛校内预选赛二等奖、第八届国际贸易实务大赛知识赛特等奖、全国大学生计算机应用能力与素养大赛北方工业大学院校赛三等奖等。与此同时，我还参加了学校老师的一些科研项目，并从中学到了很多课程之外的知识。

2017年3月，我作为核心成员加入了“中国股权众筹发展研究”课题组。该项目的研究内容主要包括：①股权众筹的含义及运行方式；②中国股权众筹的兴起与发展状况；③中国股权众筹发展所面临的问题；④推进中国股权众筹发展的建议。目前，在指导老师的指导下，我已经顺利在《产业与科技论坛》发表论文《中国股权众筹发展研究》。

2018年12月，我作为核心成员加入了“集体经济发展影响因素研究——以北京市石景山区为例”课题组。该项目结合北京市“十三五”规划纲要、“十三五”时期石景山区国民经济和社会发展规划纲要等政策文件进行相关文献梳理和研究。基于全球信息化进入全面渗透、跨界融合、加速创新、引领发展的大背景，我进一步认识到促进农村集体经济转型发展的重要性，着手研究乡村振兴背景下的集体经济转型问题，力求保护农村集体经济组织的合法权益，探索农村集体经济转型发展新路径。在老师的指导和帮助下，我已经顺利在国际期刊 *Journal of Simulation* 发表论文《Study on the Influencing Factors of Collective Economic Development—Take Shijingshan District of Beijing as An Example》。同时，获得一项软件著作权。

两次的科研经历，让我学到了很多知识，并且锻炼了自身的能力。在两次的科研经历中，我有幸担任科研小组组长一职，科研的经历大大提升了我的沟通能力和团队合作能力，也让我认识到了“团队精神”对于科研工作的重要性。在课题遇到困难时，我们不能轻言放弃，要积极与身边的老师和同学进行沟通，冷静分析，沉着应对。同时，大量文献的查阅以及项目申请书、文献综述、终期论文等各种文档资料的撰写使我提前锻炼了一名科研工作者应该具备的基本能力。

学习的过程是很艰难的，但是因为有一个清晰的目标和坚定的信念，我一直乐在其中。除了努力提升自己的学习成绩和积极参加竞赛活动外，我也十分热衷于参加志愿活动和体育活动，如参加北京第十届民族传统体育运动会志愿活动和北京马拉松志愿活动，志愿活动的过程让我体会到为他人服务的快乐，也使我拓宽了自己的视野。

我比较擅长跑步，所以我参加了运动会的跑步项目，我共参加过学校的3次运动会，我很享受将汗水挥洒在赛场的过程，也喜欢在跑步中一次又一次地突破自己身体的极限。很多时候，我看重的并不是结果，我享受的是不断突破和勇于尝试的过程。我坚信：尽吾志也而不能至者，可以无悔矣。曾经我也为如何协调竞赛和学习之间的关系而担忧，其实二者并不冲突。任何事情尽力而为，就是最好的结果。

没有白走的路，每一步都算数。当我走过大学 4 年这一段长长的路时，我发现很多不可能都会变成可能。4 年的努力，我获得了国家奖学金，并且被保送到中央民族大学攻读硕士研究生。我也渐渐明白，每一条路，都有认真去走的理由。

一切的成绩终属于过去，以后的道路还需要自己坚定地向前走，在未来的日子里，我将会更加努力地学习、工作，希望能在不久的将来为国家和社会贡献自己的力量。我相信：滴水穿石，跬步千里，做好平时一点一滴的积累，把握将来的机会，命运总是垂青有准备的人。

积水成渊　不断进取

作者简介

林尧禄，男，汉族，出生于2000年1月，共青团员，北方工业大学经管学院经济与金融专业2018级本科生。目前担任馨斋811宿舍长、金融19班小辅导员，曾任班级文体委员以及学院助学联盟小讲师。获学校思想品德一等奖学金、学习一等奖学金、实践一等奖学金和体育一等奖学金，优秀学生一等奖学金以及国家奖学金。学习成绩优异，被授予学院“学习优异生”和三好学生等称号。

机会不是等来的而是自己争取来的，一直以来，我始终坚信这句话，并把这句话作为自己的人生格言。

初入大学时，一切对我来说都是未知的、新奇的，这让我产生了浓厚的兴趣，想要一一去了解。因此，我一直保持着强烈的好奇心去探索未知的事物，努力拓宽自己的眼界，学习更多东西，体验精彩的大学生活。记得刚入学那段日子，熟悉学校环境是我最大的乐趣，教学楼、图书馆、运动馆和大操场，甚至食堂的每一个窗口，都留下了我的足迹。在很短的时间内，我对学校有了基本的了解，这也为我接下来的学习和生活带来了不少便利。

与此同时，我保持着一颗热情的、积极向上的心，不断充实和提升自己，为自己创造更多机会。入学前，利用那段假期的空闲，我对即将到来的大学生活做了不少规划。通过与学长学姐的联系，我对大学的学习和生活有了全面的认识，明确了自己的目标，这在入学后给我带来了不小的帮助，有更大的优势抓住提升自己的机会。在我看来，机会面前人人平等，每个人都可以抓住很好的机会，只不过愿意去争取的人更容易把握住罢了。而我今天所有的成绩，无不是自己努力争取得来的，机会来临时不退缩，哪怕过程中会有许多艰辛，但最终收获的肯定是美好的结果。

从小到大，爱国、诚信和友善一直是我所追求的美好品德。身为一个中国人，爱国更是中华民族的优秀传统。因此，在大学期间，我努力地向党组织靠拢，大一入学便积极申请入党，希望能为祖国、为党贡献我的一份力量，让个人价值在集体中发挥到最大。

乐观外向、友善待人亦是我追求的目标之一。上了大学后，随着思想的逐渐成熟，我越来越懂得责任的含义：面对家人，我会承担起家庭需要我承担的责任，以孝顺之心对待父母长辈，尊老爱幼；面对师长，保持着一颗敬畏的心，有学习生活上的困惑我会主动与师长沟通，寻求帮助，与师长构建亲密的关系；面对朋友，则友善相待，乐于帮助他们，经常与他们分享自己的喜悦和烦恼，牢记朋友之间坦诚包容是最重要的原则。由此，在校期间，我结交了许多朋友，其中不乏外国朋友；在和他们的相处过程中，我感到很愉快，不仅仅从他们身上学到很多有意义的东西，同时也能自省，发现自己的不足，不断提高自己。

大学期间，学习依旧是最重要的事情。在学习方面，我从来都不会吝啬时间和精力的投入，因为学习是一条没有捷径的道路，今天抄近道，必然会在未来付出更大的代价。我身边不乏想靠小聪明来提高成绩的同学，这些同学想抄近道来给自己增加更多的娱乐时间，这些都是不可取的。

对于学习，我一直保持着一颗敬畏的心，因为学习才是大学生活的主要任务，其他事情只是锦上添花。我们只有在大学里努力学习，才不会辜负父母和老师的殷切期望，更不会辜负大学 4 年的美好时光。为此，我制订了学习计划，在规定的时间内完成相应的学习任务，并规划好未来一段时间内的学习进程。这在避免学习手忙脚乱的同时，也给自己增添了更多的成就感和自信心，在学习道路上不断挑战自己。经过了一年的努力，我收获了勤奋学习带给我的回报。学习成绩上的体现就是：我的成绩保持 90 分以上，位居专业前列，同时在大学英语四级考试中取得了近 600 分的好成绩。

除了课堂上的学习之外，我还热衷于学习课外有价值的知识。首先是英语，通过考取国际英语人才证书，我锻炼了自己的英语运用能力与口语表达能力，提升了自己的英语水平。其次是计算机能力，我计划学习计算机基础操作和办公软件的使用，以此考取全国计算机二级证书，这将对之后的学习和工作有不小的帮助。关于创新创业方面的学习我也一直在努力进行着，我认为，有关创新创业方面的知识和实践是许多大学生的薄弱之处，这些内容在大学课堂中并不常见，但实际上创新创业却是我们毕业后不得不面对的选择。为了提早做好进入社会的准备，建议大家花一些时间进行有关创新创业的学习，并参加相关的竞赛活动，借以充实自己，提高自己的能力。此外，语言和社交能力我也在不断学习，我曾去法国参加过短期的交流活动，学习了基础法语，体会到了不同语言的魅力。

在社交方面，我通过担任一些大型活动的主持人以及学习交际舞，锻炼了自己的胆量和社交能力，改善了自己的人际关系。人际交往是大学生们不得不面对的重要问题，宿舍关系、班级关系乃至社团关系，都是我们平时需要注意和维护的。良好的人际关系能够丰富大学生活，拓展人际交往范围，给自己带来更多机会。

对于志愿服务，我一直保持着热情。刚进入大学，我便积极报名参加学校组织的新生志愿者，提前抵达学校接受培训，熟悉流程，在新生报到的日子里协助其他新生顺利完成开学报到。在大学生活中，我曾为家乡的孤寡老人送去寒冬需要的保暖衣物，为国家大剧院的演出维持秩序，为学校军训提供后勤保障，还为游乐园提供无偿志愿服务等。对我而言，志愿服务能够为我带来极大的成就感和满足感，无偿奉献让我感到愉悦，正是这种无偿奉献的精神不断激励着我，让我想要继续参与更多的志愿服务活动，温暖他人，为社会贡献自己的一份力量。

除了专业学习以外，我还热衷于参加竞赛。通过一系列专业竞赛和体育比赛，我接触并学习到了很多新的东西，能够将课内所学的知识更好地运用到课外实践中去，也提高了自己的身体素质和运动能力。在实践竞赛过程中，团队合作的重要性毋庸置疑，一个优秀的团队是能够互补的、配合良好的，也是相互坦诚的。只有这样的团队才能够克服困难并取得最终的胜利。

在课余生活中，我是一个具有好奇心、喜欢尝试新鲜事物和体验不一样生活的人。在我的广泛爱好中，我对阅读和旅行情有独钟。古人曾说：读万卷书，行万里路。我们从书中认知和学习的东西更要在现实中进行实践和感悟，所以旅行便是我学习之余感悟生活的途径之一。我曾去过许多城市，从南方到北方，从国内到国外，见过许许多多的人和景，也体验过不一样的生活方式，这使我能够从更多的角度去看待世界。大一暑假，我报名参加了学校的暑期交流项目，前往法国特鲁瓦进行短期学习交流。在那里生活学习的一个月，给我带来了很多不一样的感受。我参与学习交流的课程包括法语和项目管理。首先是法语，一个月的时间里我学习了法语基础课程，对法语有了初步的掌握，结课成绩良好。其次是项目管理课程，在这门课上，我学习了有关项目管理的原理和系统理论，并进行了计算机实操，最后参与了课堂小组展示，最后同样取得了不错的成绩。总结此次暑期交流，我对项目管理有了更深的认识，同时语言学习能力有了一定的提升，英语口语表达也更加流利。此外，在这次出国生活学习的过程中，我体验到了不一样的生活学习方式，很大程度上拓展了我的眼界，也给我带来了更多的自信去迎接未来的挑战。

课余时间里，我积极参与宿舍和学院事务，担任馨斋 811 的宿舍长，在宿舍成员共同的努力下，我们宿舍的卫生检查成绩始终保持优秀，获得了学院环境优秀宿舍称号以及“十佳宿舍”的荣誉。宿舍成员们学习上也十分努力，6 个人中有 4 个获得了奖学金，两人获得了优秀学生奖学金，并且大多在团委学生会中任职。我还曾担任学院助学联盟小讲师，讲授高等数学基础，为同学们答疑解惑，帮助他们更好地掌握高等数学这一门学科。此外，我还担任过多次大型活动的主持人，例如学校第五届劳动者晚会主持人、社团火种节主持人等，积累了不少的主持经验。

荣获国家奖学金是对我的努力最大的肯定，激励我在今后的学习和生活中继续努力，我将克服更多的困难，争取更进一步。同时也感谢帮助过我的老师和同学们，你们给了我很多有益的建议，让我在奋斗的日子里不孤单。更要感谢我的父母，他们在背后不断地支持我、鼓励我，是我前进道路上最大的依靠。而我自己也会再接再厉，不断进取，向着下一个目标努力。

保持优秀是一种习惯

作者简介

杨晓阳，女，1998年2月出生，辽宁省沈阳人，中国共产党员，曾任国际经济与贸易16-1班班长，经济系第二学生党支部组织委员。曾获国家奖学金、优秀学生一等奖学金，曾获全国商业精英挑战赛商务谈判竞赛一等奖、“法大杯”国际商务谈判精英全国赛一等奖及最佳谈判手、全国高校商业精英挑战赛国际贸易实践赛二等奖、全国大学生英语竞赛二等奖、POCIB（国际贸易从业技能综合实训）全国外贸应用能力大赛团队及个人三等奖等奖项。已获得北京师范大学免试研究生资格。

我的专业是国际经济与贸易，但是在我来到北方工业大学那一刻，还不是很了解自己的专业，所以我抱着有点好奇、有点憧憬的心态开启了4年的专业学习。我大一时和其他经管学院的同学们一样，都在不停地上公共课，像高等数学、经济学基础等课程，在学习的过程中我会有很多想法，思考这些知识和课程到底对未来是否有用。我的大一班导师李老师告诉我们，这些基础性的科目都是为了未来专业课的学习打基础，就这样，我放平自己的心态，一门一门地认真学习。我发自内心地庆幸，在大一开始自己就打好基础，避免了很多同学大三时重新刷绩点的情况。在过去3年的学习生活中，我养成了认真对待每一门课的好习惯，我的学习成绩位列专业第一名，连续3年获得学习和实践创新一等奖学金。

大学4年的学习生活是很短暂的，真正可以上课的时间只有3年，第一年，大家都很认真，因为保持了高中的学习惯性；到了第二年、第三年，有的同学就会有一定的放松，我自己也有过这种情况，但是我会及时地调整自己。下面是我的经验分享。

首先，大家一定要认识到认真学习专业知识的必要性，国际贸易专业有很多十分重要的科目，比如国际贸易实务、国际商务谈判，这两者结合起来是国际贸易从业者很重要的知识来源；而更加实用的课程像商务英语可以教会我们如何写邮件、如何去发盘还盘等一些沟通上的表达方法；非常有趣的国际经济学，这门课就是帮我们理顺国际贸易发展脉络，可以夯实我们专业的基本功。另外，坐在教室里静静地听课会比较枯燥，我也经常出现上课犯困的情况，这个时候只有让我们的大脑转动起来去思考，在心里不断地进行提问“为什么是这样?”然后自己去尝试回答，反复利用专业知识去证明自己的推论，这种学习方法对于专业课的学习是十分有效的。

最后，也是最重要的一点：我会尝试找出每一门课的独特之处。比如上课的形式、老师的讲课风格等，以此来增加自己的学习兴趣。兴趣就是最好的老师，当你爱上了这门课，就不会有枯燥的感觉。4 年学习过程很辛苦，但我有兴趣作伴，也取得了比较满意的专业课成绩：国际贸易理论与政策 96 分；中级微观经济学 95 分；国际贸易实务 95 分；国际商务谈判模拟（双语）98 分；国际经济学 98 分；商务运营综合实训 97 分。

接下来是竞赛方面的介绍，我对竞赛有十分浓厚的兴趣。实践出真知，我认为不会用的知识，或者停留在书本上的知识，就如同从未学习过，所以我会抓住很多检验自己的机会。其实，大学里我们学习理论知识的要求并没有那么高，在参加竞赛的过程中，既可以同其他院校的同学比赛，又可以给自己紧迫感，逼迫自己提高更多方面的能力。如果大家有机会参加团体赛，我相信那会更加有趣：因为整个过程中，既会有不同的人、不同的思维碰撞产生火花，又可以在整个过程中提高我们每个人的团队合作能力，协作这个词是要在团体中培养的。大一入学的时候我还是很内向的，会有一些不自信。但是经历过很多次竞赛后，我学会了敢于表达，并会去积极思考：怎么样进行团队合作？如果我是队长或负责人，我应该怎么来安排这件事？大学同高中的区别就在于我们的生活不仅仅是坐在教室进行学习，更主要的是全方位专业能力的提升。

大学 3 年里，我参加了 20 多项竞赛，其中在商务谈判领域参与了 4 项国家级竞赛，中英双语均包含，取得了比较好的成绩。全国高校商业精英挑战赛、“有道商创杯”商务谈判竞赛全国总决赛中，有 41 所院校 72 支参赛队近 500 人参加，在 4 位老师的带领下，我们充分分析题目案例，把握角色，准备多种谈判预案，整个团队发挥了扎实谈判功底、谈判技巧、团队合作的力量，最终获得一等奖 2 项；同时还荣获了现场谈判最高分，并获得 3 000 元奖金的奖励。另外，我还参与了“法大杯”未来国际商务谈判精英全国赛。作为队长与主谈，我认真规划谈判小组的比赛，积极备赛，利用国际贸易谈判与经济法等综合知识，对真实的纠纷案例进行深刻剖析，正确找准我方角色与立场，在同中国政法大学代表队的谈判过程中据理力争，最终取得一等奖的好成绩。

在本科生涯中，许多同学可能都会对论文的撰写感到头疼，尤其是大四的毕业设计环节。其实论文的本质就是选择自己感兴趣的研究题目，在此基础之上进行分析和论证。我也是从论文新手开始，一步一步加深对论文的了解。大一的时候第一次参加北京市大学生创新创业大赛，经济大类是需要完成对应题目的论文。那个时候自己完全不了解论文，我作为团队中搜集资料任务的承担者，便开始一点一点地去了解；连续 3 年参加大学生创新创业大赛，就是我不断进行论文知识积累的过程。原来科研并不是写一篇文章这个静态的动作，而是要经过选题、读文献、列出大纲、文献综述、建模、论文写作等一系列复杂的环节，每个环节都要有规范的做法。从不知道去哪儿找文献，到进行大量中外文献阅读，这些都是循序渐进的过程，需要耐心以及不断深入探索的决心。本科期间，我参加了 3 次北京市大学生创业大赛，发表过 3 篇文章。除此之外，针对国际贸易中服务贸易问题，我研究并撰写了《中国高等教育服务贸易竞争力分析》。每一次的科研经历都让我获得了较为完善和系统的科研训练，每一次都会有新的收获，并且从中我养成了独立分析和思考的习惯，锻炼了论文写作能力。

大学生活除了学习，我们还有大量的空暇时间需要计划和支配。在课余时间，我学习了美国金融风险控制师的相关内容，其中包括风险管理基础、金融市场、估值与模型、定量分析，并且在 2018 年 11 月通过了 FRM（金融风险管理师证书）一级考试（全英语）考试；很多身边的同学会问到我为什么去参加这个考试，我的想法是：首先是在大二阶段，专业课并不是很多，自己又很渴望学习和接触到比较专业的知识，所以选择了考证。全英语的长达 4 个小时的考试极大地提高了我的英语阅读能力，而且接触到很多与金融相关的实操知识，对自身会有拓宽眼界的作用。因为我喜欢挑战，不想仅仅局限于校园之中，也不想每天过着安逸的大学生活。另外，我还担任了国际贸易 16-1 班班长，我希望自己能够为更多同学服务，为形成团结、奋进的班级氛围贡献自己的一份力量。当我不断地接触学生工作、不断地提高对自身的要求时，我光荣地成为一名中共党员。因为爸爸妈妈都是党员，在我心中，入党是一件十分光荣的事情。现在，作为一名中国共产党党员，也是经济系第二党支部的组织委员，我要求自己必须认真负责，准时、高质量地完成工作任务。

每年暑假我都会积极参加社会实践活动，参与党支部组织的“红色 1 + 1”活动。我曾到北京市西黄村八角中里社区开设经济课堂，朗诵《精忠报国是我一生追求的目标》，作为队长带领小组参加 2018 年“‘天翼’互联网 + 教育”进乡村全国大学生暑期社会实践专项行动，也曾深入北京市华奥小学进行为期一个月的支教。

大学生活中怎么能少了兴趣爱好！我的爱好是慢跑，并多次参与马拉松项目，我很崇拜那些可以跑全程马拉松的前辈。从迷你马拉松跑起，目前我已经参加了秦皇岛马拉松、北京彩跑迷你马拉松项目，并担任过北京马拉松志愿者。

从大三下学期确定保研的目标后，我就在不断努力。保研前期的过程十分曲折，2019 年 7 月，我提交了 20 多个学校的申请，均石沉大海。那时我真的很绝望，并陷入完全的自我否定中。但是我没有放弃，而是暑假期间选择留在学校，每天准备相关内容。假期里，我每天自学各种版本的微观经济学和宏观经济学；每日练习口语，背诵专业知识，自己进行模拟面试，润色文书材料。幸运在绝望之中和努力之后降临。9 月份，我以专业第一名、绩点 93. 37、综合成绩第一名 95. 24，拿到本校推荐免试研究生资格后，又收到了 16 个学校的复试通知。我参加了 9 次复试之后，收到 8 个 offer（录取通知）和一个 waiting（候补）；最终我选择了北京师范大学继续攻读硕士研究生。

一直以来，我认为人生最重要的，是洋溢在脸上的自信，是铭刻在生命中的坚强。让坚持成为我们的船桨，让优秀成为我们的习惯！

道阻且长　长歌而行

作者简介

林洪艺，女，汉族，1999年9月生，中共预备党员，法学17-3班班长。曾获2019年国家奖学金；获全国大学生英语竞赛三等奖、第四届全国“绿能杯”高校法学研究生暑期调研竞赛二等奖、第十一届北京市大学生模拟法庭竞赛三等奖、第四届北京市“学宪法，讲宪法”知识竞赛高校组三等奖、第一届“金企鹅杯”网络法学模拟法庭大赛三等奖、第二届“淮海·玉龙杯”全国高校模拟法庭大赛优秀团队奖、第十二届中国大学生计算机设计大赛北京市级“朔日杯”三等奖等；荣获第二届“淮海·玉龙杯”全国高校模拟法庭大赛优秀辩手，2018年、2019年连续获得学校“三好学生”荣誉称号。

鲁迅先生曾说：“愿中国青年都摆脱冷气，只是向上走，不必听自暴自弃者流的话。能做事的做事，能发声的发声。有一分热，发一分光，就令萤火一般，也可以在黑暗里发一点光，不必等候炬火。此后如竟没有炬火：我便是唯一的光。”进入大学后，林洪艺努力地发光发热，积极追求进步，向目标前进，志存高远，脚踏实地，不断实现自我价值。

不忘初心，砥砺前行

林洪艺出生于一个普通但不平凡的家庭，她的父亲是一名光荣的共产党员，他用自己的一言一行为她树立了良好的榜样，为她指引了精神方向，使她不断地要求进步。进入大学后，林洪艺便积极响应党的号召，向党支部递交了入党申请书。林洪艺在法学本科学生第三党支部学习沙龙团队中担任负责人，配合支部书记承担了一年多沙龙活动的工作，策划举办了多次学科竞赛，获得了老师和同学们的一致好评。如今身为一名预备党员，她更加严格地要求自己，时刻贯彻党的宗旨，坚持全心全意为人民服务，不忘初心，砥砺前行。走得再远、走得再辉煌，也不能忘记为什么出发。在新中国成立 70 周年之际，林洪艺作为一名志愿者，参加了国庆 70 周年志愿活动，为祖国母亲庆生，这进一步加深了她对党曲折历史的认识，同时也更加坚定了她的理想和信念。她在不断的成长中，逐渐明确了作为一个新时代的青年，尤其是共产党员所担负的责任。她牢记党的教导，不断进步，争取为我国的社会主义事业添砖加瓦，全心全意为人民服务，为最高理想——实现共产主义而奋斗终生。正因为如此，林洪艺主动承担了两年文法学院的迎新工作，在迎新过程中担任小辅导员。面对新生，她是他们的学姐，在迷茫的时候为他们指点迷津；她更是他们的朋友，分享他们的喜怒哀乐。除此之外，在大一、大二学年中，林洪艺一直在学生组织和社团组织中发挥着一颗螺丝钉的功能。从当初面试的紧张忐忑，再到担任干事时的兢兢业业，她积累了很多为人处世的经验，成了学生组织的中坚力量，有更多机会参与到学生自主管理的工作中。她先后参与策划了元旦晚会、毕业晚会等大型活动。如今，这些活动就像是刻在她人生坐标轴上的刻度，令她的大学生活熠熠闪光。与此同时，林洪艺身为法学 17-3 班的班长，为同学们服务令她的生活充实而快乐，在班级管理的过程中，她学会了如何使一个班级更具凝聚力，如何调动每一个人的积极性。她尽最大努力完成好学校和学院布置的每一项工作任务，在为大家服务的过程中，她明白了奉献二字的价值。与集体共同成长是她前进的动力，她希望自己能在以后的日常生活中继续发光发热，为社会贡献自己的一分力量。

探索求知，永不停止

尼采曾说："每一个不曾起舞的日子，都是对生命的辜负。"北方工业大学是一个舞台，而林洪艺认为自己不能只当一个观众。专业学习是她生活的重心，经过大学两年的知识积累，她对法学专业愈发热爱。因为热爱，所以专注，她认真听好每一门专业课，及时复习巩固。她在课堂上注重理解，在课后会进行深度思考，将所学知识真正吸收，培养自己的体系化思维。林洪艺善于在不断积累和分析中进行总结和提炼，在她的不懈努力下，她绩点成绩达到 93.34，连续两年获得专业第一名的好成绩。她深知法学专业对于知识面的要求，因此，她利用课余时间尽可能地大量阅读法学著作和期刊论文，希望能从中受益一二。

林洪艺不仅专注于书本知识，还致力于法学专业实践的学习和应用。身为模拟法庭辩论队的负责人，林洪艺代表学校参加各类比赛，并荣获第十一届北京市大学生模拟法庭竞赛三等奖、第四届北京市"学宪法，讲宪法"知识竞赛二等奖、第一届"金企鹅杯"网络法学模拟法庭大赛三等奖、第二届"淮海·玉龙杯”全国高校模拟法庭大赛优秀团队奖。在过去的几年内，令她印象最深、收获最大的是她参加北京市模拟法庭大赛的经历。在比赛的过程中，她和团队发挥协作精神，完成了案例分析、文书写作、模拟对抗等环节。虽然在准备比赛的期间曾遇到种种困难，但是他们没有放弃，而是不断求索，做最充分的准备。每一份辩护意见都凝聚着大家的付出和心血，每一次法庭证言都蕴藏着大家的思考与智慧，他们秉持脚踏实地的精神，认真做好每一个细节。他们收获的是对法学专业实务整体过程的了解，收获的是对模拟法庭专业知识的点滴积累，收获的是历经自我怀疑、屡屡受挫之后的坚毅果敢与扎实认真。

在英语学习方面，林洪艺利用每一个可以学习的碎片时间，制订适合自己的学习计划，她积极响应学校的相约晨读活动，荣获 2019 年“四级晨读之星”的荣誉称号，并成功通过大学英语四六级。她获得 2019 年大学生英语竞赛三等奖以及其他各类校级和院级的英语类奖项，这对她的专业学习起到了良好的促进作用。明心知往，力行求至，经过两年的努力，林洪艺在学习方面取得了一些成绩，但她仍有很大的进步空间。所有的努力都不会徒劳，探索求知，她一直在路上。

勇于尝试，突破自我

如果要给林洪艺入大学以来的生活提取一个关键词，那应该是“尝试”。北方工业大学是一所工科为主、文理兼容的学校，在北方工业大学学习和生活，她对工科和计算机等专业产生了极大的兴趣。于是，她做出了勇敢的决定，她与几名计算机专业的同学共同策划，创建了北方工业大学第一个学生自主创立的小程序平台“我的北方”，此小程序集教学教务、权益中心、WEBVPN（内网访问控制系统）等诸多功能于一体，目前正在被同学们广泛使用。在“我的北方”项目团队中，林洪艺既担任法律顾问又承担方案策划等工作，充分地发挥了她的专业特长。同时，她身为团队的一员，以该小程序作为项目参加第十二届中国大学生计算机设计大赛北京市级“朔日杯”并荣获三等奖。除此之外，林洪艺参加了北方工业大学“互联网+”创新创业大赛，他们团队申请了“App 相关法律问题资讯平台”项目，通过前期的调研分析，他们不断改进，提高了该项目的可行性和实用性，该项目最终获得校内预选赛三等奖。不仅如此，林洪艺还带领团队进行北京市大学生科学研究与创业行动计划的课题研究工作，他们的课题研究主要围绕“数据权访问分析与研究”问题，分别从不同维度对数据权立法进行分析，目前已经形成了 5 篇论文成果，即将在国家级期刊上发表。眼中有路，心中有光，在学习的过程中，林洪艺发现了自己的兴趣所在，也明确了今后努力的方向。大学生活中，她尝试了许多不敢想的“第一次”，更重要的是，她越来越踏实稳重，认真负责，而这种态度也影响到了她的为人处世。经世致用，崇德尚能，法学专业的学习不仅仅是课本上的内容，更要做到在实践中时刻关注现实，学以致用。

道阻且长，行则将至

凭着对法学的热爱与坚持，林洪艺不断付出着、坚持着、努力着。两年的坚持和积累，凭的并不是一时的热情，而是真正的热爱。正如伯尔曼所言，法律事业更需“人们满怀激情地献身”。又如“纵横意气连江海，浩荡深谋走惊雷”，法治千秋大业，舍激情朝气断不可为。作为一名法律专业的学生，她怀着对法律的崇敬，严肃且深情地专注于专业的学习。

值得一提的是，在林洪艺不断的成长过程中，她悟出一个道理：大学生活就像是一条河流，看清本心，再蜿蜒的路都可走得磅礴无悔。“学其上，仅得其中；学其中，斯为下矣。”一个人的眼界和态度决定了他（她）的人生格局。大学 4 年是一个人青春中最美好的年华，这是美好的 4 年，是积累的 4 年，亦是逐梦的 4 年，要把握好这美好的大学时光，实现自己的人生价值。

泰戈尔曾说过：“我们热爱整个世界时，才是真正活在这个世界。”林洪艺有幸在最好的年纪遇见如诗如画的北方工业大学、温暖有爱的老师与勤勉拼搏的同学，在他们的陪伴下，储备了知识和经验，蓄积了奋发向上的力量。她会砥砺前行，直至梦想实现。

不忘初心　力学笃行

作者简介

赵一心，女，中共党员，曾任文法学院团委办公室副主任，现任英语 17-1 班团支书、英语系学生党支部副书记，曾获校级三好学生、校级优秀团干部、校级优秀学生干部，“青年服务国家”首都大中专学生暑期实践“乡村振兴青年作为”阳光使者专项百强团队二等奖、首都高校武术集体项目比赛集体自选项目 F 组第三名、北方工业大学日语书法比赛特等奖、“外教杯”跨文化大赛二等奖、“外研社杯”写作大赛三等奖、学术英语词汇竞赛三等奖、“英语莎剧学习与表演”二等奖，国家奖学金、优秀学生一等奖学金等荣誉和奖项。

2017 年，中国共产党召开第十九次全国代表大会，也正是在这一年，赵一心满怀憧憬地踏进了北方工业大学的校门。与每一位刚刚进入大学校园的学生一样，她既青涩又好奇，满脸稚气又信心满满。面对在课堂上侃侃而谈的学长学姐，面对在丰富多彩的学生活动中大放异彩的同龄人，面对在学生组织中乐于奉献、帮助他人的学生干部，她不甘于旁观，决心加入他们的队伍，在参与中实现自己的价值。

不忘初心，牢记使命

大一入学伊始，在党的十九大“不忘初心，牢记使命”精神的激励下，赵一心竞选成为班级团支部书记。此后，她始终牢记自己为班级做贡献的初心，时刻谨记团支书的职责，积极工作，团结同学，认真完成固定的团费收缴工作，秉承着“公平、公正、公开”的原则开展推荐优秀共青团员、评选优秀、组织生活会等基础工作，召开班会时提前安排合适的时间与地点并通知大家，为节约大家的时间，自己提前模拟班会的流程，会后耐心解答同学们各种各样的问题。除此之外，在日常生活中，赵一心还时刻学习团组织、党组织的新思想、新理念，并将这些理念与班级团日活动相结合。例如，通过召开“党的十九大和十九岁的我”主题班会，她向同学们宣传党的十九大会议内容和会议精神，使同学们进一步加深对我国国情的认识和理解；通过组织“伸出援手，捐出一本书”“温暖‘衣’冬，温暖有你”等书籍、衣物捐献活动，班级凝聚力得到了增强，班级同学的社会责任感也得到了提高；通过组织“好书伴成长”主题活动，班级同学养成了看书的好习惯；通过组织“接力雷锋精神，你我皆是践行人”活动，班级同学在实际生活中践行了雷锋精神。功夫不负有心人，赵一心的工作成果得到了老师和同学们的认可。在班委、老师和同学们的共同努力下，英语 17-1 班获得了五四“优秀团支部”、优良学风班集体、校级先进班集体、首都大学及中职院校“先锋杯”优秀团支部等荣誉称号。

班级工作虽然繁重，但赵一心从未放松过对自己学习的要求。她知道自己在词汇方面是弱项，就坚持每天早起背单词；她的理想是成为一名笔译工作者，所以就抓住每次机会参加各种学科类竞赛，以赛代练，不断提高自己的专业水平；此外，她还结合自己感兴趣的学习内容，参加了实践创新项目，在实践中巩固知识，扎实基础。在锲而不舍的努力下，她每年都获得学习一等奖学金，并在英语专业四级考试中取得了良好的成绩。

在文法学院团委办公室兼职从事学生工作两年，赵一心从一名干事变成了团委办公室副主任。身份虽然转变了，不变的却是初心与担当。在院团委的各类工作中，她认真学习各项工作技能，在学院组织的大小型活动中不断积累经验。无论是文法学院的新生晚会、毕业晚会还是团委学生会工作总结大会，每次她都会在活动前认真筹备，仔细检查每一份座位签的格式，端正贴好每一份座位图，并在晚会结束后进行报销工作，认真细致。因为她知道，这些幕后的工作虽然细微，却必不可少，把这些工作做好也许并不能为一场晚会增色多少，但如果出了一点差错，就会给工作人员和观众们带来极大的不便。除了各大晚会的筹备工作和善后工作，在文法学院团委办公室任职的两年中，最繁重也最细致的工作就是对“形势与政策”课的筹备与协助工作。由于涉及人数众多，每次在开课前两周，她就在全体文法学院团委范围内对相关部门成员进行排班，确保每堂课、每个班都有相对应的负责人。在开课前一周，她还会将每个班级的作业纸、考勤表、签到表整理排序，按照班级人数分配相关材料。为了减少正式上课时可能出现的作业纸或其他材料不足的情况，她每次都要将每个班级分配的材料数量仔细清数 3 遍。在发现有值班学生干部不明白的工作内容时，她会组织针对所有参与成员的培训会，以简明清晰的方式让大家了解负责人在“形势与政策”课中的责任与任务，这样大大减少了工作中的失误。宝剑锋从磨砺出，有付出就有收获，赵一心的工作受到了老师和同学们的一致好评，她被评为校级三好学生、校级优秀团干部、校级优秀学生干部等荣誉称号。

不忘初心，砥砺前行

“亲身下河知深浅，亲口尝梨知酸甜”，赵一心深知“实践才能出真知”的道理，因此，她在课余时间踊跃参加学院和学校的各项志愿活动，比如北京马拉松志愿者活动、“呈现未来”关爱自闭症儿童活动、校园交通学雷锋活动等。为了实地调研国家对偏远贫困地区的精准扶贫计划落实情况，在 2018 年暑假期间，她参加了以“乡村振兴，青年作为”为主题的阳光使者专项活动的暑期社会实践，对内蒙古自治区乌兰章古地区的精准扶贫开展情况进行了调研。在整个实践活动期间，通过走访村民、采访村支书，她深切感受到了乌兰章古地区精准扶贫、特色养殖给农民带来了增收；通过给村中孩童发书和上课，她深深为孩子们求知的眼神所感动。通过这次实践，她切实感受到了改革开放 40 年来我国取得的新成就、农村出现的新面貌，她在生动的实践中受到了教育、增长了才干，并在实践中尽自己所能，为学校和国家做出了自己的一份贡献。

最令赵一心感到自豪的，还是在 2019 年这样特殊的一年，作为国庆远端集结的工作人员以及城市志愿者，她为祖国母亲的 70 周岁诞辰献出了自己的一份绵薄之力。这是令她终生难忘的一份经历，严格的训练、细致的培训、宏伟的仪式、凌晨时分街道上偶尔驶过的车辆、其他参演志愿者一声声的道谢……都成为她记忆中不可磨灭的印象，激励着她不忘初心，砥砺前行。

不忘初心，方得始终

在大一入学之初，赵一心就立志要加入中国共产党这个光荣的组织。于是，在年满十八周岁以后，她立即撰写了入党申请书，并提交给了党组织，成为班级第一批入党积极分子。其时她还并不十分了解入党的流程，入党动机也仅来自家中长辈的鼓励及自己的一腔热血。在申请入党后，她常常与入党联系人交流思想，请教问题，在优秀党员学长学姐的帮助下，赵一心通过积极参加党支部组织的各次活动，在实践中找寻自己的初心，端正了自己的入党动机，并立志要以共产党员的标准严格要求自己，不断提高自身素质，不断磨砺自己，在各方面起表率作用。作为班级团支书，她承担起了联系党支部与班级的桥梁和纽带作用。在为班级同学介绍入党流程、组织学习党的理论的过程中，她收获了帮助他人的喜悦和满足，同时明确了自己真正的入党动机就是为人民服务、为大家服务。

经过大一一年的锻炼，通过党组织考察的赵一心成为班级里第一位预备党员，为此她感到非常自豪，同时也意识到自己身上承担的责任。在这一年中，她与班级入党联系人之间的交流更加密切，在定期与入党联系人交流的过程中，她找到了许多解决班级问题的新途径，使班级同学对入党有了更加明确而清晰的认识。在党支部的工作中，她承担起了活动策划、活动宣传等任务。一开始，她并不会使用制作推送的工具，做出的推送预览也频频出错。为了减少学姐和老师审核的麻烦，她经常花费很多时间完善一篇推送，在将每一篇推送发送给老师和学姐检查之前，她首先要自己检查两遍，力争做到尽善尽美。最终，在她的努力下，推送的制作水平越来越高。

大三时，经过党组织的考验，赵一心成为一名正式的中共党员。作为英语系学生党支部的副书记，她全身心地投入到支部建设当中。在疫情来临之际，作为党员，她本着“我是党员我先上”的初心，决心在后方、在基层为抗击疫情尽自己的一份力，她通过加入社区防疫志愿工作、录制加油视频、为医护人员写一句话、学习新冠病毒有关知识、捐款、在新媒体平台宣传等方式，展现党员冲锋在前的使命担当。

不忘初心，继续前进

如今，赵一心已经是一名大四的学生了，回顾过去 3 年的大学生活，她由衷地感受到充实与满足。她很庆幸自己在大学里担任了团支书，很感激自己加入了文法学院团委这个大家庭，也很自豪自己成为了一名中共党员。在服务他人的过程中，她不断成长着，进步着，“百尺竿头，更进一步”，在未来的日子里，她将不忘初心，继续前进。

千里之行　始于足下

作者简介

赵越，女，文法学院广告 17-2 班，中共党员，籍贯北京市，现任班级心理委员、广告本科学生党支部宣传委员、建筑遗产介绍工作室公共宣传组副组长。曾获北方工业大学第五届“互联网 +”大学生创新创业大赛文法学院赛三等奖、全国大学生计算机应用能力与信息素养大赛 office 商务应用能力赛项简报设计子赛项本科组二等奖、北方工业大学 2018 年一星志愿者、2019 年北方工业大学优秀心理委员，获国家奖学金、国家励志奖学金、优秀学生二等奖学金等荣誉。

国家奖学金的评选和最终结果已经过去半年时间了，但是每当回想起申请评选的过程和上台答辩的情景时，赵越心中依然激动不已。她充满热情，但不是特别自信，正是在所有帮助、鼓励和陪伴她的人的共同努力下，她克服了许多困难，最终获得了这个荣誉。

回首进入大学的两年多，她秉承着“敦品励学，才德并懋”的校训，在学校严谨的学习氛围中，积极努力，不断向着自己的理想前进。作为一名大学生，她深知要想成长为一个对社会、对国家、对人民有用的人，必须坚持德、智、体、美、劳等各方面全面发展，品学兼优，综合素质过硬，且有所专长。也正是如此，进入大学以后，赵越始终严于律己，全方面发展，培养自己的兴趣爱好，向着既定目标不断努力奋斗。

赵越的家庭生活条件不算优渥，刚入学的时候，她的生活阅历及工作能力和同学相比起来都不算优秀。一开始她胆子很小，不敢面对人和事，缺乏自信，通过不懈的坚持和努力，她拓宽了自己的认知和视野，不再缺乏自信。大学这个平台不仅仅是获取知识，而且能够提高自己为人处世的能力。虽然经济生活并不富裕，但她坚信只要自己肯努力，任何差距都可以改变。“天行健，君子以自强不息”，她以此作为自己的座右铭，敢于拼搏，敢于挑战，不断改变和提升着自己的能力，只为迎接更好的明天。

初入校园的她，对自身的特长没有清醒的认识，被很多学生组织“迷”花了眼。经过认真筛选和面试，她最终进入学校学生会的文艺部和学校艺术团的主持人队伍。大一的时候，作为文艺部策划组的干事，在和蔼可亲的学长学姐的带领下，在她和大家共同的努力下，圆满举行了多场大型晚会，例如以“初心永不忘，逐梦新时代”为主题的元旦晚会，还有以“毓秀之旅，圆梦工大”为主题的毕业晚会。他们为了确定一个晚会的创意，甚至只是为了做好一个开场视频，有时候会绞尽脑汁熬一个晚上。现在回想起讨论方案的过程，真是心酸又快乐。有些不自信的她，在学长学姐的鼓励下勇敢提出自己的想法，锻炼了自己的表达能力和多角度思考能力，学会了如何策划一场完整的晚会，也结识了很多优秀的朋友。这是她在大学生活中迈出的第一步，在不断挑战和克服困难的过程中，赵越愈发热爱主持和朗诵这项工作，他出任多场主持，包括“挑战主持人大赛”、艺术团公开课、清明祭扫、“五四”表彰大会、2019 年毕业生晚会串场等重要活动。她在工作中表现良好，认真负责，受到了学长学姐以及老师的赞扬和认可。

自从她进入大学，中国共产党对她的影响越来越大，在这人生成长的重要阶段，党引导她思想上不断进步和发展，逐渐走向成熟，从而培养了她正确的人生观、价值观和世界观。在新生入党启蒙大会上，她又认识了很多优秀的学长学姐，他们深入浅出地讲解共产党诞生和发展的历史，给她留下了深刻的印象。这些优秀党员思想进步、政治觉悟高，给大家起了很好的模范带头作用，她非常渴望加入这样的组织，因此入党也成为赵越在大学生活中的一个重要目标。

她积极向党组织靠拢，大一时递交了入党申请书，在各方面严格要求自己。她抓紧每一分每一秒的课余时间，努力学习专业知识，同时关注时事热点，拓宽知识面。“宝剑锋从磨砺出，梅花香自苦寒来”，她作为班级的一名心理委员，和其他班委一起每天上早读，坚持做英语听力和阅读，给其他同学做出了表率。在老师的指导和帮助下，她取得了比较理想的成绩，并且在两年的大学生涯当中，获得了国家励志奖学金、学习二等奖学金、优秀学生二等奖学金和校级“三好学生”等诸多奖项。

赵越在各类活动和组织中逐渐找到自己的优势，慢慢地变得自信，勇于表现自己，性格也越来越开朗。同学们都知道她不仅乐于助人，而且经常是一个小团体当中的开心果，所以谁遇到什么困难，也都愿意和她倾诉一番。经过一年多的适应，她开始主动帮助学弟、学妹解决学习生活中的困难，申请担任了新生的小辅导员，也成为学生党支部工作的中坚力量。有时候会有人跟她说，学习都顾不过来，给学生老师做工作，事情又多又杂，不如放弃吧。但是这些学生岗位的工作对于她而言，是经验的积累，也是回馈学校的一种方式。她懂得学弟学妹在初入校园时的无助和迷茫，因而希望更好地帮助到他们。这些工作可能不起眼，也不会获得什么荣誉，但是在默默奉献中给大家带来了很多方便，她也在尽心尽责的工作中收获了满满的成就感。

同时，赵越作为广告学专业的学生，她深知创新实践能力的重要性。因此，在学习专业知识的同时，她积极参加各项课外活动，将专业知识付诸实践。她参加了学院的“互联网+”创新创业大赛，并获得学院大赛两个三等奖；参加全国大学生计算机应用能力与信息素养大赛 office 商务应用能力赛项简报设计子赛项本科组二等奖等。她参加校内及校外志愿者服务活动，如“北京希望马拉松”，和聋哑爷爷奶奶一起去爬山，为北京地铁贡献一份力量，担任大型体育场演唱会志愿者，参加国庆 70 周年远端集结志愿活动等。她在节假日也会参加很多社会实践活动，包括课余时间做家教、婚礼服务工作、在贸易公司做媒介等，这些培养了她的耐心，让她见识了社会上的苦和乐，也磨炼了她遇事不乱的性格。

无论是学习、工作还是社会实践，每一项任务和活动的完成，她都会认真对待，从不会因为某种理由而打折扣，她认为那些所谓的理由与借口，只能是自己懦弱的体现。如果想要让自身更加优秀、更加强大，就要肯静下心，褪去身上的浮躁，脚踏实地，按照计划不断前行。

她说每个人在社会中扮演着多种角色，也意味着每人身上肩负着不同的责任，“在其位谋其政，任其职尽其责”，无论是作为学生还是其他身份理应担负的责任，她都会毫无怨言地去承担，并努力做到最好。

“路漫漫其修远兮，吾将上下而求索”，在未来的生活中，挑战是未知的，但是这些经历带给她的自信和勇气足以支撑她去迎接更大的挑战。在她看来，一名当代大学生不仅学习上要有优异的成绩，更应该全面发展，把握青春。她认为作为青年一代学生，不应该害怕挫折，要勇于选择、勇于承担，这样才能成为建设中国未来的脊梁！

天道酬勤　厚积薄发

作者简介

水倩倩，女，理学院 2017 级统计专业，预备党员。曾任理学院学生会组织部副部长。多次获得北方工业大学理学院三好学生、优秀干部等荣誉称号，获得国家奖学金、国家励志奖学金、思想品德一等奖学金、学习一等奖学金、实践创新一等奖学金、体育二等奖学金、优秀学生一等奖学金，获得全国大学生计算机素养大赛 Excel 项目一等奖、全国大学生数学竞赛三等奖、北京市大学生数学竞赛二等奖、首都高校大学生手语歌大赛二等奖、计算机素养大赛校赛 Excel 项目第一名、北方工业大学“NBD（网络）”数据大赛二等奖等奖项。

“执着于理想，纯粹于当下”这句话出自诗人北岛。阿德勒哲学认为，人生并不是一条通往某个目的地的线，而是无数个“点”的连续。每一个当下、每一个瞬间都应该好好珍惜、好好体会、好好享受，一步一个脚印，踩出属于自己的美好人生。

我来自安徽省临泉县的一个小村庄，父母因家庭条件不好没有接受良好的教育，但他们却深知知识的重要性，他们走南闯北，终于在北京这座大城市扎下了根，而我也对这座城市产生了深厚的情感，渴望着在这座城市过上自己想要的生活。

2017 年 6 月，结束了高中三年的学习生涯，高考的失利让我开始怀疑“天道酬勤”这 4 个字是否是真理。但“得之坦然，失之淡然，顺其自然，争其必然”这句话点醒了我，如若此时放弃，那就是向命运低头，你真的甘心人生就这样吗？不！我绝不做泰戈尔笔下的麻雀，为孔雀负担着翎尾而做无谓的担忧。我要做鲁迅笔下的太阳，有一分热，便发一分光。

因家境不富裕，我一向比较独立，曾承诺上了大学后经济上要独立自主，不再依靠父母。我利用高考后的 3 个月暑假，打工赚取了大学的学费和部分生活费。在之后的两年里，我申请了学校的勤工助学岗位，利用周末的时间在校外兼职助教；再加上国家和学校的奖学助学政策帮扶，我基本上实现了经济独立。

满怀期待地踏进了大学校门，我希望一切能够像自己憧憬的那样度过 4 年时光，通过自己的努力，展现最好的自己。我积极结交朋友，发展兴趣爱好，参加志愿活动，增加社会阅历，充实地过好每一天，为自己的每一个目标奋斗着。

我不喜欢打没有准备的仗，不喜欢一切临时抱佛脚。所以我习惯于做计划，将自己的时间安排妥当，大一一开学我便制订了 4 年的计划，从每天背单词、听听力这些小事，到确定考研目标；从学习到生活、从身体素质到技能学习，我将一个个目标都写在纸上，而我也相信，坚持下来就能够成就不一样的我。

“那些咬牙坚持和日日锤炼，终会成为我赖以战斗的力量。”

在我看来，自律并不是枯燥的生活或学习方式，可能只是长年累月的睡觉前读 15 分钟书，可能只是每天坚持背英语单词，甚至就如康辉在其自传《平均分》中所说的一样：在用完东西之后将其放回原位，摆放整齐都是自律的表现。大家总是看到别人成功的那一瞬间，却没有关注过他们为了最后的收获而不断积累的漫长过程。所以在培养习惯和自律的过程中，我们要真正理解“厚积薄发”的含义。我们的心态要平和一点，要一点点去积蓄力量。而我，正是在自己身上践行着我所信奉的这段话。

曾有人问我：“你所坚持的这一切，真的使你进步了吗?”其实在看似没有进步的过程中，我每天都在积蓄力量。每一次在培养一个新习惯时，我总会给自己积极的心理暗示，我相信我所坚持的一定会以我看不到的方式在进步。真正想要的东西，不只是踮踮脚尖那么简单，要想有所收获，一定要全力以赴。

大学生活和过去的 12 年学习生活很不相同。比起小学生和中学生，大学生的思想意识需要面临更大的挑战。我从小就很崇拜英雄，小时候曾幻想着自己能够拯救世界；而如今，我更希望为国家贡献自己的一份力量。我一进入大学就提交了入党申请书，在思想上主动追求进步，积极向党组织靠拢。我通过学习党课不断深化自身的政治理论知识，努力提高自己的道德修养，并于 2018 年 6 月成为入党积极分子，2019 年 6 月成为中共预备党员。在此期间，我一直关注国内外政治时事，不断加强自己的党性修养，不断学习党的基本理论知识，始终以党员的标准严格要求自己，时刻发挥先锋模范作用。

我以为一切都能够按照我所计划的有条不紊、按部就班地进行着，直到大一一次期中考试失利给了我沉重的打击，我陷入了迷茫。大一的课程并没有给我很大压力，由于希望自己经济独立，我将大部分时间放在了兼职上，这也导致了学校里许多学科竞赛、实践活动等我都没有参加，那时认为自己能力还不够，不敢尝试。然而当我拿到 70 分的成绩的那一刻，我疑惑了，到底什么才是重要的呢？我该怎么选择呢？

学习和工作是矛盾的，也是统一的，关键是要找到平衡点。我努力调整自己的状态，重新调整自己的计划，力求更好地分配时间。大至参加各项竞赛、提高成绩，小到坚持每天运动、听英语听力，我都认真地进行了安排。

坚持好的学习习惯是提高学习效率的重要方法。在学习中，我要求自己做到每一科课前预习，认真记录课堂笔记，课后及时完成练习，早读、晚自习从不缺席。我每天坚持 6 点左右起床，早早地去教室听英语听力，空余时间利用图书馆各种资源，学习专业知识，充实自己。在不断坚持和实践的过程中，我找到了适合自己的学习方式，成绩也有所提高。从大一到大二，我的绩点平均为 92，专业排名第二。

虽有乌云蔽皎月，但只要坚持，也会守得云开见月明。“人们眼中的天才之所以卓越非凡，并非天资超人一等，而是付出了持续不断的努力。1 万小时的锤炼是任何人从平凡变成世界级大师的必要条件。”我坚信格拉德威尔的 1 万小时定律。我坚持每天听英语听力、背英语单词；坚持运动，坚持每天睡前半小时读书。正是因为这些坚持，我取得了不错的成绩。

在过去两年，我参加了很多竞赛和实践活动。在首都高校手语歌大赛中，我和学校红十字会成员共同完成了手语歌的展示，取得了首都高校手语歌大赛二等奖的成绩；在全国大学生计算机素养大赛国赛中，我和项目组的选手一起探讨复习、互帮互助，最终，取得全国大学生计算机素养大赛 Excel 项目国赛一等奖的成绩，北方工业大学 Excel 项目组取得团体冠军的好成绩。在“NBD”数据大赛中，我和队伍中另外两个同学团结协作，进行了 3 天的封闭研究；通过有条不紊的分工合作，我们最终获得了大赛三等奖；在全国大学生数学竞赛中，我认真复习大一所学的高等数学知识，遇到自己不理解的题就及时去问学院数学系的老师，最终取得全国数学竞赛三等奖的成绩。为了拓展自己的视野，更好地将专业学科知识和其他技术相结合，跟上社会的进步与发展，我利用暑假空余时间，自学了统计软件操作以及简单的计算机编程语言。通过几次竞赛实践活动，我和同伴结下了深厚的友谊，收获了荣誉，也得到了成长。宝剑锋从磨砺出，梅花香自苦寒来，当面对迷茫和未知时，自信、勤奋和坚持就是指引前行的明灯。

从大一开始我加入了理学院团委组织部，一开始我有很多事情不懂，工作也不熟练，做事情有些拖拉。经过同学和老师们的指点，我认真审视自己的工作态度，虚心向老师、学长学姐学习工作方法，并在大二学年任职理学院团委组织部副部长。我在工作中认真阅读学院团委下达的各项任务报告，向各班团支书传达活动要求，参与各班活动会议，审阅上交的每一份文件，核对文件格式与数据；并顺利完成了理学院团费收缴、五四评优、“一二·九”评优、推优入党、学习党的十九大精神等各项团组织工作，协助完成学院举办的各项活动。每次完成任务之后，我都会反思总结，并将自己的工作心得传授给学弟学妹们。

与此同时，我加入了学校红十字会社团、青年志愿者协会，参加了各种志愿服务活动。在北京马拉松志愿活动中，我们为参赛选手寄存物品，在终点看到他们胜利的笑容时，我觉得一天的疲累都烟消云散；在八大处聋哑人志愿活动中，我们和聋哑人士一起爬山，他们以一种安静的方式向我们表达了感谢；在青协举办的扶残助教活动中，我们为残疾人家庭子女辅导功课长达一年时间，孩子期末考试取得进步向我们报喜的那一刻，我感觉自己做了一件有意义的事情；在新中国成立 70 周年国庆志愿活动中，我们积极引导游客参观，在举国欢庆的日子，感受着祖国的繁荣昌盛。或许我不能像小时候所幻想的那样拯救世界，不能像军人一样守卫祖国，但我会尽我所能为国家、为社会贡献自己的力量。

奥斯特洛夫斯基曾说过：“人最宝贵的是生命，生命属于每个人只有一次。人的一生应当这样度过：当他回首往事时，不会因为碌碌而为、虚度年华而悔恨，也不会由于为人卑劣、生活庸俗而愧疚。”再苦的任务，只要用心做过，就没有遗憾；再难的挑战，只要努力拼搏，就会有所收获。大学的奋斗路上有太多艰难险阻，我为每一次付出而自豪，为每一次进步而骄傲。

我们每一次与命运的抗争，都为改变人生轨迹埋下了伏笔。当感觉命运束缚了脚步时，与其一直渴望幸运之神的眷顾，不如竭尽全力奋斗一把，用这种不屈服、不放弃的精神去改变命运。真正的强者，从来不会祈求好运从天而降，而是用自己的努力去改变命运。

“人生在勤，不索何获?”如今的我更坚信“天道酬勤，厚积薄发”的道理，我会坚持自己的梦想，辅以千里路，佐以躬身行。